市场机制
与企业竞争力
——基于要素市场化配置视角

杨发琼 著

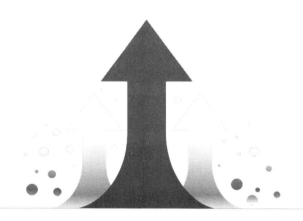

Market Mechanism
and Enterprise Competitiveness
——From the Perspective of Market Allocation of Factor

中国财经出版传媒集团
经济科学出版社
Economic Science Press

图书在版编目（CIP）数据

市场机制与企业竞争力：基于要素市场化配置视角/
杨发琼著 . -- 北京：经济科学出版社，2022. 11
ISBN 978 - 7 - 5218 - 4353 - 8

Ⅰ. ①市…　Ⅱ. ①杨…　Ⅲ. ①市场机制 - 影响 - 企业
竞争 - 竞争力 - 研究　Ⅳ. ①F271. 3

中国版本图书馆 CIP 数据核字（2022）第 223637 号

责任编辑：孙怡虹　魏　岚
责任校对：刘　昕
责任印制：张佳裕

市场机制与企业竞争力
——基于要素市场化配置视角
杨发琼　著

经济科学出版社出版、发行　新华书店经销
社址：北京市海淀区阜成路甲 28 号　邮编：100142
总编部电话：010 - 88191217　发行部电话：010 - 88191522
网址：www. esp. com. cn
电子邮箱：esp@ esp. com. cn
天猫网店：经济科学出版社旗舰店
网址：http://jjkxcbs. tmall. com
北京季蜂印刷有限公司印装
710 × 1000　16 开　18. 25 印张　235000 字
2023 年 1 月第 1 版　2023 年 1 月第 1 次印刷
ISBN 978 - 7 - 5218 - 4353 - 8　定价：78. 00 元
（图书出现印装问题，本社负责调换。电话：010 - 88191545）
（版权所有　侵权必究　打击盗版　举报热线：010 - 88191661
QQ：2242791300　营销中心电话：010 - 88191537
电子邮箱：dbts@ esp. com. cn）

前　言

　　社会主义市场经济体制改革，是中国最伟大的改革实践。逐步探索、建立和不断完善社会主义市场经济体制是中国改革开放 40 多年以来的一条主线。进入中国特色社会主义新时代，我国经济由高速增长阶段转向高质量发展阶段，对深化社会主义市场经济体制改革提出了更高要求。2020 年 5 月，《中共中央　国务院关于新时代加快完善社会主义市场经济体制的意见》正式发布，提出了"全面深化经济体制改革，加快完善社会主义市场经济体制，建设高标准市场体系"的指导思想，指出要"以要素市场化配置改革为重点，加快建设统一开放、竞争有序的市场体系，推进要素市场制度建设，实现要素价格市场决定、流动自主有序、配置高效公平"。为推动要素市场化配置，2020 年 4 月，中共中央、国务院印发《关于构建更加完善的要素市场化配置体制机制的意见》，明确提出"坚持深化市场化改革、扩大高水平开放"的要求，并具体提出要通过"深化户籍制度改革"等措施引导劳动力要素合理畅通有序流动；通过"稳妥推进存贷款基准利率与市场利率并轨"等措施加速要素价格市场化改革。破除要素自由流动的体制机制障碍，充分发挥市场在要素资源配置中的决定性作用，是我国充分"利用国际国内两个市场、两种资源"的保障；也是打造公平的市场竞争环境，促进市场主体平等获取生产要素，推动要素优化配置，实现效益最大化和效率最优化的保障；更是国内、国际双循环畅通发展的重要条件。可见，在当前社会主义市场经济体制改革时期，市场机制是影响企业竞争力的重要外部因素。在当前商品和服务已经基本完成市场化配置的情况下，要素市场化配置就成为企业所面临的重要外部环境，也是企业竞争力的重要外部来源。企业竞争力是决定企业在市场竞争中生死存亡的关键因素，也是构成一国产业竞争力和国际竞争力的微观基础。由此，本书基于要素市场化配置视角，全面系统地研究了市场机制对企业竞争力的影响。

市场机制由价格机制、供求机制、竞争机制三个基本要素构成。生产要素资源的特征及其扭曲原因的差异，导致在不同要素市场化改革中，政策的着力点不同：外资自由化立足于竞争机制进行改革，主要通过引入竞争调节资源的利用效率；利率市场化立足于价格机制进行改革，主要调节资本（内资）要素在不同主体间的配置效率；劳动力自由流动立足于供求机制进行改革，主要调节劳动力资源配置的流量。本书以资本（包括外资与内资）要素和劳动力要素的市场化配置作为市场机制资源配置作用的具象化过程，研究市场机制对企业竞争力的影响，具体内容安排如下：

第一章，绪论。主要介绍了本书的研究背景、研究意义，阐明了本书的研究思路与研究内容，并分析了研究取得的创新，最后说明了研究方法。

第二章，理论基础与文献综述。理论基础部分，基于"市场与市场经济"的基本概念及相互关系，引出市场经济与市场机制的理论逻辑，并进一步阐明市场机制三个基本构成要素的内涵及相关理论；分别阐述了资本（包括外资与内资）要素和劳动力要素市场化的相关理论；分析了市场机制与要素市场化的理论关系；阐述了企业竞争力的基本内涵及相关理论；分析了要素市场化配置与企业竞争力的理论关系。文献综述部分梳理了市场机制、要素市场化及企业竞争力的相关研究，并对其进行了评述。

第三、第四、第五章为实证分析。

第三章，竞争机制与企业竞争力——基于外资自由化视角。外资自由化是外资要素市场化配置的重要途径，有助于市场实现充分竞争，在事实上促进了竞争机制有效运行。因此，本章以外资自由化为例，研究竞争机制对企业竞争力的影响。具体研究内容如下：基于1998~2007年中国工业企业数据库制造业企业数据，以2002年外资管制放松作为外资自由化的工具变量，研究外资自由化对内资企业竞争力的影响效应及影响机理。研究结论显示：（1）外资自由化总体上对内资企业竞争力具有显著的促进作用。（2）基于福斯特、霍尔蒂万格和克里赞的分解方法（decomposition method of Foster，Haltiwanger and Krizan，FHK方法）对企业竞争力进行分解，发现由于我国当前市场机制不完善、竞争机制未能充分发挥作用，出现了"退出效应"为负的情况，造成了资源低效配置和社会经济效率损失。外资自由化有助于矫正"退出效应"，从而提高社会资源配置效率；存续企业是企业竞争力"总效应"的最大贡献者，并且是外资自由化的最大受益者；新进入企业也在外资自由化的过程中获得了更多机会。（3）外资自由化通过多渠道促进了企业竞争力提升，但"行业产品销售难度"渠道却表现出了显著的"遮掩效应"，可见竞争机制的作用具有两面性。（4）实证检验结果表明，"资源利用型"外资和"混合型"外资有利于内资企业竞争力提升，但"市场占领型"外资却对内资企业竞争力具有显著的负效应。

第四章，价格机制与企业竞争力——基于利率市场化视角。利率市场化，就是让利率遵循市场规律形成及变化波动，发挥价格机制在资本要素配置中的积极作用，推动资本（内资）要素市场化配置。因此，本章以利率市场化为例，研究价格机制对企业竞争力的影响效应及影响机理。具体研究内容如下：基于2003~2019年A股上市公司数据及《中国城市统计年鉴》数据，构建利率市场化指数，并检验了利率市场化对企业竞争力的影响及其作用机制。研究结论显示：

（1）总体上看，利率市场化对企业竞争力的提升具有积极的促进作用。（2）利率市场化不仅能够通过降低企业的经营成本促进企业竞争力提升，还可以通过降低企业不良资产风险促进企业竞争力提升。（3）城市经济发展水平和企业规模对利率市场化与企业竞争力关系具有显著的负向调节作用，可见价格机制可以在一定程度上缓解地区间或者经济主体间发展不平衡的问题。（4）利率市场化改革对非国有企业竞争力的促进作用比国有企业更大，可见价格机制有助于实现竞争中性。

第五章，供求机制与企业竞争力——基于劳动力自由流动视角。劳动力作为一种重要的生产要素，其供求关系的建立和维护需要遵循普遍的市场规律和商品交易原则，即供求机制在劳动力市场的有效运行需要以劳动力自由流动为条件。因此，本章以劳动力自由流动为例，研究了供求机制对企业竞争力的作用。具体研究内容如下：基于1998～2013年中国工业企业数据库、居住证制度改革政策数据、《中国城市统计年鉴》数据，以城市层面的居住证制度改革作为促进劳动力自由流动的政策冲击，构建多期双重差分模型（difference-in-differences model，DID模型）进行研究，并进一步检验了劳动力自由流动对企业竞争力的影响机理及影响的异质性。研究结论显示：（1）总体上看，清除劳动力自由流动的制度性障碍，促使劳动力要素在供求机制作用下自由流动对企业竞争力的提升具有积极的促进作用。（2）劳动力自由流动并未引起工资水平显著下降，也未通过工资水平的作用渠道促进企业竞争力提升，仅通过劳动效率的作用渠道促进企业竞争力提升。这一结论在一定程度上超出了供求机制理论中关于供求关系与价格相互影响过程的分析。深入研究发现，其原因在于供求机制理论有一个隐含的前提假设，即商品具有较强的同质性。但劳动力要素作为一种特殊商品同质性不强，因此其供给增加时企业没有降低工资，而是选择雇佣更高劳动技能的劳动者以提高劳动效率。这一选择不但促进了企业竞争力的提升，还具有重要的社会经济意义。（3）异质性检验结果显示，劳动力自由流动对劳动密集型企业竞争力的作用不显著，而对资本密集型企业竞争力具有显著的促进作用。其原因首先是我国当前劳动密集型企业需要的低技能劳动力供过于求，但资本密集型企业需要的高技能劳动力供不应求；其次是高技能劳动力比低技能劳动力更有能力进行自由流动。因此，资本密集型企业竞争力的提升将成为我国产业结构升级的重要推动力。

第六章，结论与政策建议。对前文的主要研究内容进行了总结，并基于前文的研究结论提出了相应的政策建议。

本书的创新主要体现在研究视角、边际贡献两个方面，具体如下：

研究视角创新：（1）与已有的从市场机制总体层面进行的实证研究不同，本书深入市场机制的三个基本构成要素——价格机制、供求机制和竞争机制展开实证研究。（2）已有研究多将企业竞争力的外部来源归结于产业、行业范围内的环境因素，本书则将企业竞争力影响因素的研究视野拓宽到社会经济发展的大趋势、大环境中，厘清市场机制是当前我国企业竞争力重要外部来源的基本逻辑，探索促进企业竞争力提升的新路径。（3）本书以资本（包括内资和外资）要素和劳动力要素市场化配置改革为例，研究了市场机制对企业竞争力的影响，具有一定的创新性。

边际贡献创新：（1）本书研究发现，只有当市场竞争保持适度水平时，竞争机制才有利于促进资源利用效率提高；过度竞争与竞争不足同样会造成效率损失，如"市场占领型"外资进入，对我国内资企业竞争力具有显著的负效应。（2）本书研究发现，是否接受以及在多大程度上接受价格机制的激励取决于企业的特征；且价格机制通常从内部和外部两个渠道影响企业竞争力；此外，价格机制还具有协调地区间经济均衡发展及促进实现竞争中性的作用。（3）本书研究发现，在商品高度同质化的前提下，供求机制调节的"流量"简单表现为商品的"数量"；但在商品同质化程度较低的情况下，"流量"则又表现为商品的"质量"。如本书研究中，劳动力供给增加并未使得工资下降，而是为企业提供了雇佣高技能劳动力的机会。

目　　录

第一章　绪　　论

一、研究背景

　　以建立社会主义市场经济体制为目标的经济体制改革，是中国最伟大的改革实践；坚持社会主义市场经济体制改革，使市场在资源配置中起决定性作用，是贯彻落实新时代中国特色社会主义思想的重要工作。2017 年，党的十九大报告指出要"坚持社会主义市场经济改革方向，推动经济持续健康发展……着力构建市场机制有效、微观主体有活力、宏观调控有度的经济体制，不断增强我国经济创新力和竞争力"，并强调要"加快完善社会主义市场经济体制"。可见，社会主义市场经济体制改革及市场机制的完善，是中国经济发展的重要推动力。回顾中华人民共和国（以下简称"新中国"）经济发展的历程，高度集中的计划经济体制曾在新中国成立初期推动了经济迅速发展，奠定了良好的工业发展基础。但随着时间的推移，计划经济体制的缺陷开始凸显，为进一步解放和发展生产力，1978 年，党的十一届三中全会做出了改革开放的重大决策。其后，改革工作有序推进，1992 年，党的十四大明确指出"我国经济体制改革的目标是建立社会主义市场经济体制"和"让市场在资源配置中发挥基础性作用"。

从理论上厘清了市场经济与计划经济是资源配置的两种不同方式，与特定的社会经济制度无关。自此，中国开始了建立、发展和完善社会主义市场经济体制的改革实践，并从实践经验中认识到，市场经济有利于调动经济主体的生产积极性，优化资源配置，推动社会生产力发展。2002年，党的十六大提出建成完善的社会主义市场经济体制是全面建设小康社会的内在目标之一，为完善社会主义市场经济体制提供了理论指导。2012年，党的十八大提出要在"更大程度更广范围发挥市场在资源配置中的基础性作用"。2013年，党的十八届三中全会进一步提出要使市场在资源配置中起决定性作用和更好发挥政府作用。从改革开放前到社会主义市场经济的建立完善时期，市场机制经历了从"几乎不发挥作用"到"在资源配置中起决定性作用"的转变。

要素作为最重要的经济资源，实现其市场化配置是当前我国市场经济体制改革的重要内容，"为深化要素市场化配置改革，促进要素自主有序流动"，构建"更加完善的要素市场化配置体制机制"，2020年4月9日，中共中央、国务院印发《关于构建更加完善的要素市场化配置体制机制的意见》，要求"坚持深化市场化改革、扩大高水平开放"，并明确提到通过"深化户籍制度改革"等措施引导劳动力要素合理畅通有序流动；通过"稳妥推进存贷款基准利率与市场利率并轨"等措施加速要素价格市场化改革。深化阻碍要素自由流动的体制机制改革，充分发挥市场在要素配置中的决定性作用，实现要素价格市场决定、要素供求市场引导、要素配置公平高效，是我国充分"利用国际国内两个市场、两种资源"的保障；是市场主体在要素市场公平竞争的环境下，依据市场规则和市场价格实现要素资源配置效率最优化和使用效率最大化的保障；更是国内、国际"双循环"畅通并发展的重要条件。这是作为市场经济基本单位及最重要市场主体的企业所面临的重要外部环境。同时，也成为企业竞争力最重要的外部来源。换言之，在当前的社会主义市场经济体制改革和完善时期，市场机制已经成为影响企业竞争力的重要外部因素。企业竞争力是决定企业在市场竞争中生死存亡的关键因素，正如陈蔓生和张正堂（1999）指出的"企业在市场激烈的竞争中所表现出的能力即企业竞争力决定了企业的成败"。根据竞争力理论，企业竞争力既是构成一国产业竞争力和国际竞争力的微观基础，也是促进其提升的重要力量。为此，国家相关政策和领导人的讲话多次指出，发挥市场机制的作用促进企业竞争力提升。2001 年 11 月，国务院办公厅转发了《关于发展具有国际竞争力的大型企业集团的指导意见》，提出按照"以企业为主体，市场为导向"的工作原则发展"一批具有较强国际竞争力的大公司和企业集团"。2014 年 7 月，国务院总理李克强在经济形势座谈会上强调，企业作为市场主体和经济的基本细胞，决定了国家经济的发展，企业兴则经济兴；李克强总理还指出，发展经济既要有坚定的信心，又要有迎难而上的精神，要通过深化改革和加强创新，来提升企业创造力和企业竞争力。2017 年 4 月国务院办公厅印发的《国务院国资委以管资本为主推进职能转变方案》也指出要"遵循市场经济规律和企业发展规律……激发企业活力、创造力和市场竞争力"。2017 年 11 月，国家发展和改革委员会（以下简称"发改委"）制定并印发了《增强制造业核心竞争力三年行动计划（2018—2020 年）》；党的十九大报告也强调，我国"经济体制改革必须以完善产权制度和要素市场化配置为重点，实现产权有效激励、要素自由流动、价格反应灵活、竞争公平有序、企业优胜劣汰"，并要"培育具有全球竞争力的世界一流企业"。由此可见，优化市场机制是提升我国企业竞争力的主要途径。随着社会主义市场经济体制改革的深入，中国企业竞争力快速提升。代表性的事实是，中国进入《财富》世界 500 强企业的数量大幅增加，从 1997 年的 6 家企业增加到了 2020 年的 133 家企业[①]，如图 1 - 1 所示。

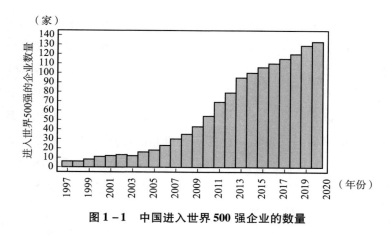

（家）

图 1 - 1 中国进入世界 500 强企业的数量

进一步结合宏观层面市场经济体制改革政策与微观层面工业企业相关统计数据进行分析，可以发现，在市场经济体制改革的每一个重要时点上，市场机制的作用都在加强，并且与企业竞争力都有显著的相关性。这种相关性在不同企业间表现出了差异：部分企业的竞争力在市场经济改革中不断提升，利润额增加；而部分企业的竞争力则在市场经济改革中逐渐削弱，出现亏损甚至被淘汰（退出市场）；还有部分企业，在市场经济改革中找到了机会，进入市场参与市场竞争，力图在市场竞争中提升自己的竞争力。

首先，从工业企业的进入、退出及工业亏损企业占比来分析市场机制与企业竞争力的相关性。1978 年，中央作出改革开放的重大决策，开始探索发展新的经济体制，由此，市场机制开始逐渐发挥辅助性的调节作用。1982 年，党的十二大强调，经济体制改革中一个根

① 资料来源：财富中文网（https：//www.fortunechina.com/fortune 500/c/2022 - 08/03/content_415683.htm）.

本性的问题就是要"正确贯彻计划经济为主、市场调节为辅的原则"。在这两个改革政策发挥作用的阶段，即 1978 年至 1991 年末，工业企业单位数量总体都处于增长趋势，说明在市场经济体制改革的过程中，大量企业找到了机会进入市场参与竞争；而工业企业单位数量的曲线在增长趋势下却表现出了较大波动，可见这一阶段，部分企业竞争力不足或削弱，被淘汰退出市场。1992 年，党的十四大提出了"建立社会主义市场经济体制"的改革目标，并指出要"让市场在资源配置中发挥基础性作用"，自此，市场机制在资源配置中的作用进一步加大，由"辅助性作用"发展为"基础性作用"。在这一改革的作用时期，1992～1997 年，工业企业单位的数量仍然保持了在波动中上升的趋势。但是，1997～1998 年，工业企业单位的数量却从 534000 个减少为 165100 个，将近 70% 的企业退出了市场。显然，导致大量企业退出市场的主要原因不是市场经济体制改革，而是1998 年的东南亚金融危机。危机之后直至 2002 年，工业企业单位的数量都处在改革开放后的最低水平上。结合工业亏损企业的占比（简称"亏损企业占比"）来分析，可以发现，1978～1997 年，伴随着工业企业单位数量总体上增加的趋势，亏损企业占比也在增加，说明部分尚未被淘汰退出市场的企业，其竞争力在减弱，步入了亏损企业的行列，这部分企业大多在东南亚金融危机中被淘汰退出了市场。而在 1998 年，工业企业单位数量降到最低的时候，亏损企业占比却上升到了 40 年来的最高峰 28.86%，说明东南亚金融危机中没被淘汰的企业也经受了沉重的打击。2002 年，党的十六大强调"建成完善的社会主义市场经济体制"是全面建设小康社会的内在目标之一。在这一政策的作用时期，一批新的工业企业进入市场，工业企业单位数量再次上升，且亏损企业占比随之下降。2012 年，党的十八大提出要在"更大程度更广范围"发挥市场在资源配置中的基础性作用。通过改革，继续创造发展机会，吸引新企业入场。值得高兴的是，自

1998 年后，工业亏损企业的占比就逐渐下降。综上所述，除东南亚金融危机时期外，市场机制表现出的与部分企业竞争力正相关，可能成为部分企业竞争力的外部来源；与新企业的进入数量正相关，可能是市场机制改革创造出了更多机会吸引新企业进入市场；部分企业退出市场，可能是市场机制淘汰了部分竞争力弱的企业。具体情况如图 1-2 所示。

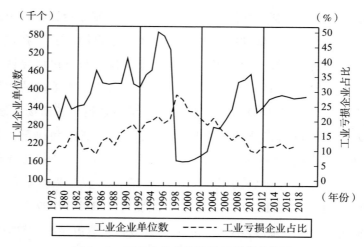

图 1-2　工业企业单位数及亏损企业比例

资料来源：国家统计局网站，http：//www.stats.gov.cn/。

其次，从工业企业利润和亏损情况来分析市场机制与企业竞争力的相关性。从整体上看，1978~2019 年，工业企业利润总额从 5.99 百亿元增加到了 749.16 百亿元，可见改革开放四十年，工业的发展成绩斐然。以 2002 年为界，又可以将工业企业利润总额的变化分为两个阶段：第一阶段（1978~2002 年），工业企业利润总额变动较小，发展较为平缓；第二阶段（2002~2019 年），工业企业利润总额变动较大，发展迅速。但在 1990~1999 年，工业企业亏损总额与工业企业利润总额的比例（简称"亏损比例"）居高不下，甚至在 1998 年亏损总额超过了利润总额，亏损比例达到了119.13%。对比图 1-2，可见工业企业单位的数量在这段时间也经历了从最高峰到最低谷的急剧变动。究其原因，亏损通常情况下意味着企业的竞争力较弱，因此亏损比例上升，大量竞争力弱的企业就会被淘汰退出市场。同样，在市场机制改革的关键年份 2002 年以后，工业企业利润总额快速上升，同时，亏损比例也下降并保持在了较低水平，工业企业数量也相应增加，这再次验证了市场机制与部分企业的竞争力呈负相关，与部分企业的竞争力呈正相关。具体如图 1-3 所示。

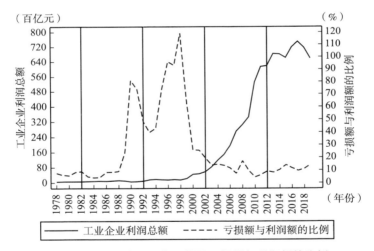

图 1-3　工业企业利润总额及亏损额与利润额的比例

资料来源：国家统计局网站，http://www.stats.gov.cn/。

　　综上所述，从理论上讲，市场机制改革是当前我国企业竞争力的重要外部来源；从数据上看，市场机制与企业竞争力具有相关性，但其相关性却有正有负，即其在不同时期表现出了差异。因此，本章初步判断，市场机制对企业竞争力有影响，但其影响却不是简单的促进或削弱企业竞争力，市场机制的不同方面对不同企业竞争力的影响方向、影响效果、影响机制都可能存在差异。因此，本书拟从市场机制的三个基本构成要素：价格机制、供求机制、竞争机制出发，基于要素市场化配置的视角，分别研究其对企业竞争力的影响。

二、研究意义

社会主义市场经济体制改革是中国企业当前面临的最重要的外部环境，也是企业竞争力的重要外部来源。伴随着市场经济体制改革的深化，市场机制在资源配置中的作用逐渐增大，到 2022 年，我国商品和服务已经基本实现了市场化配置，但要素市场化配置的程度还相对较低，这对企业的竞争力产生了复杂且重要的影响。本书基于要素市场化配置改革的视角，研究市场机制对企业竞争力的影响，具有如下三个方面的意义：

（1）本书的研究有助于提升对市场机制作用的理论认识。深化市场经济体制改革，核心是要处理好市场和政府的关系，使市场在资源配置中起决定性作用，同时更好地发挥政府作用。处理好市场与政府的关系，是实现资源优化配置的必要条件；但处理好政府和市场的关系，还不足以实现资源的优化配置，还需要处理好市场和市场主体的关系。企业是现代经济中最重要的市场主体，资源配置中的很大部分也表现为资源在企业间的配置。因此，研究探索市场机制如何影响企业竞争力、通过哪些渠道影响企业竞争力以及对不同企业竞争力的影响是否有差异等问题，一是能为市场机制可能的作用范围和作用强度提供经验证据，为处理好"政府调节和市场机制"的关系提供依据；二是能为政府制定市场经济改革的各项具体措施提供参考，力求各项政策措施能在渐进性和有效性间找到最佳平衡点，让市场机制能有效充分地发挥资源配置的作用；三是能为企业制定自身竞争力提升策略，应对激烈的市场竞争提供参考。

（2）本书的研究将市场机制的作用具体化和数量化，为进一步深化市场经济体制改革提供了更为具体准确的经验参考。市场机制改革涉及多方面、多层次的具体政策措施改革，而这些政策措施改革往往需要立足于价格机制、供求机制或竞争机制三者其一，然后再在三个构成要素的协调配合及互动下发挥作用。本书基于外资自由化、利率市场化和劳动力自由流动的改革实践，分别从竞争机制、价格机制、供求机制三个维度探讨市场机制对企业竞争力的影响，实质上是将市场机制的作用具体化和数量化，用实践经验丰富市场机制理论，为继续深化改革、进一步完善和发展我国社会主义市场经济提供一定参考。

（3）本书的研究为企业竞争力影响因素问题提供了新的经验证据。企业是市场经济的基本单元，竞争力是企业能否生存的决定性因素，同时企业竞争力也是组成产业竞争力和国家竞争力的基本要素，因此，企业竞争力无论是对企业本身还是对其所在产业、地区和国家都有重要意义。市场机制是企业竞争力的重要外部来源，但到目前为止，极少有研究提到市场机制与企业竞争力的关系，缺乏对社会主义市场经济体制改革背景下，促进企业竞争力提升的路径与方式的探索。本书的研究为探索企业竞争力的影响因素，促进我国企业竞争力的发展提供了新的思路和经验证据。

三、研究思路与主要内容

本书的研究思路如下：首先，阐明本书研究的理论基础，并梳理相关文献。其中，特别阐明了市场机制由价格机制、供求机制和竞争机制三个基本要素构成。实现要素资源市场化配置，就是让价格机制、供求机制、竞争机制在要素资源的配置过程协调运作。然而，生产要素资源的特征及其扭曲原因的差异，导致在不同要素市场化改革中，政策的着力点不同，因此价格机制、供求机制和竞争机制的作用也不同：外资自由化是立足于竞争机制进行的改革，主要通过引入竞争调节资源的利用效率；利率市场化是立足价格机制进行改革，主要调节资本（内资）要素在不同地区、不同行业、不同部门、不同企业的配置；劳动力自由流动是立足供求机制进行改革，主要调节劳动力资源配置的流量。其次，依据市场机制的相关理论及不同生产要素市场化配置改革的特征，分别以外资自由化为例研究竞争机制对企业竞争力的作用、以利率市场化为例研究价格机制对企业竞争力的作用、以劳动力自由流动为例研究供求机制对企业竞争力的作用。最后，对全书进行总结并提出政策建议。图1-4描绘了全书研究的技术路线。

本书研究的具体内容安排如下：

第一章，绪论。介绍了本书的研究背景、研究意义，阐明了本书的研究思路与研究内容，并分析了本书研究创新及边际贡献，最后说明了研究方法。

第二章，理论基础与文献综述。（1）理论基础部分。基于"市场与市场经济"的基本概念及相互关系，引出了市场经济与市场机制的理论逻辑，并进一步阐明了市场机制三个基本构成要素的内涵及相关理论；分别阐述了资本（包括外资与内资）要素市场化的相关理论和劳动力要素市场化的相关理论；分析了市场机制与要素市场化的理论关系；在清晰界定"企业""竞争力"及"企业竞争力"内涵的基础上，分别阐述了基于市场结构、能力及资源的企业竞争力理论；分析了要素市场化配置与企业竞争力的理论关系。（2）文献综述部分。该部分分别梳理了市场机制、要素市场化以及企业竞争力的相关研究，对其进行了总结分析，并指出了当前研究中存在的不足。

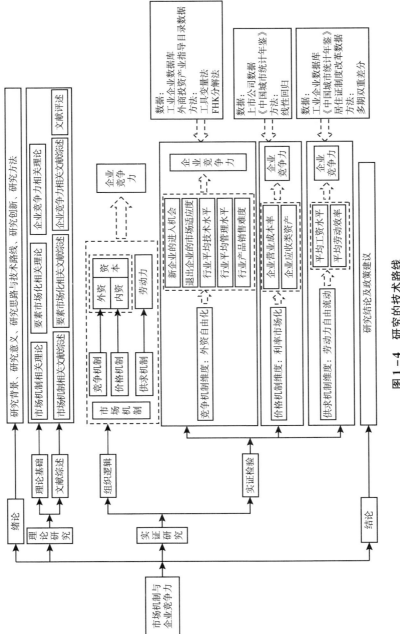

图 1-4　研究的技术路线

第三章，竞争机制与企业竞争力——基于外资自由化视角。本章以外资自由化为例描述了竞争机制，研究了竞争机制对企业竞争力的影响效应及影响机理。首先，分析了外资自由化与竞争机制的关系，并以外资自由化为例描述了竞争机制的合理性；其次，梳理了外资自由化的进程，明确了当前外资进入中国市场将促进企业间充分竞争，有利于竞争机制更有效地发挥作用；最后，以外资自由化改革中力度较大的一次改革——2002年《外商投资产业指导目录》的调整作为外资放松管制的政策冲击，将双重差分模型引入到工具变量法中，采用两阶段最小二乘法对模型进行回归，研究竞争机制对企业竞争力的影响。

第四章，价格机制与企业竞争力——基于利率市场化视角。本章以利率市场化为例描述了价格机制，研究了价格机制对企业竞争力的影响效应及影响机理。首先，分析了利率市场化与价格机制的关系，以及以利率市场化为例描述价格机制的合理性；其次，梳理了我国利率市场化的进程，阐述了我国当前利率市场化改革取得的成果及未来的推进方向，说明了利率市场化改革的目的就是要发挥价格机制在资本要素配置中的积极作用；最后，借鉴王舒军和彭建刚（2014）的研究构建利率市场化指数，以利率市场化指数作为衡量资本要素市场化的代理指标，构建模型研究了价格机制对企业竞争力的影响。

第五章，供求机制与企业竞争力——基于劳动力自由流动视角。本章以劳动力自由流动为例描述了供求机制，研究了供求机制对企业竞争力的影响。首先，分析了劳动力自由流动与供求机制的关系，以劳动力自由流动为例描述了供求机制的合理性；其次，梳理了我国劳动力实现自由流动的历程，即我国进行户籍制度改革，破除劳动力自由流动障碍的历程；最后，收集了我国城市居住证制度改革的数据资料，以居住证制度改革作为促进劳动力自由流动的政策冲击，构建多期DID模型研究供求机制对企业竞争力的影响。

第六章，结论与政策建议。本章对前文尤其是第三章、第四章、第五章的主要研究内容进行了总结，并基于本书的研究结论提出了相应的政策建议。

四、研究创新

(一) 研究视角创新

已有文献对市场机制作用的实证研究通常是从总体层面进行的，本书依据市场机制相关理论，深入到市场机制的三个基本构成要素——价格机制、供求机制和竞争机制——进行实证研究，为市场机制作用研究提供了新的经验证据。

已有研究多将企业竞争力的外部来源归结于某些具体的外部因素或者行业、产业范围内的环境因素，本书结合中国社会主义市场经济体制改革的大背景及科技进步与经济一体化发展的现实，突破行业竞争结构和产业环境范围，将企业竞争力影响因素的研究视野拓宽到社会经济发展的大趋势、大环境中，理清了市场机制改革是当前我国企业竞争力重要外部来源的基本逻辑，探索了促进企业竞争力提升的新路径。

本书基于要素市场化配置改革视角，以资本要素（包括外资与内资）和劳动力要素的市场化配置作为市场机制资源配置作用的具象化过程，深入系统地探讨了市场机制对企业竞争力的影响，具有一定的创新性。

(二) 边际贡献

本书对市场机制与企业竞争力问题的研究具有以下边际贡献：

（1）本书研究发现，竞争机制不一定有利于提高资源的利用效率，也可能降低资源的利用效率。只有当市场竞争保持适度水平时，竞争机制才有利于促进资源利用效率提高；过度竞争与竞争不足同样会造成效率损失，如"市场占领型"外资进入，就对我国内资企业竞争力具有显著的负效应。

（2）本书研究发现，企业（微观经济主体）是否接受以及在多大程度上接受价格机制的激励受制于其固有特征，如价格机制作用在国有企业和非国有企业间的差异。同时，基于某一特定企业视角，一方面，价格机制有助于其通过内部因素的作用渠道提高资源配置效率，从而促进其竞争力提升；另一方面，价格机制对其他企业资源配置效率的调节，改善了该特定企业的外部环境，进而通过外部环境渠道促进了其竞争力提升。由此可见，价格机制通常从内部和外部两个渠道影响企业竞争力。此外，价格机制作为市场机制的核心要素，还具有协调地区间经济均衡发展及促进实现竞争中性的作用。

（3）本书研究发现，在商品高度同质化的前提下，供求机制调节的"流量"简单表现为商品的"数量"；但是，知识积累及科技进步使原本自然属性上同质的商品在社会属性上出现了分化，即商品间表现出了差异，同质化程度降低，从而使"流量"在某些情况下又表现为商品的"质量"，由此出现了供给增加但价格却未随之下降的情况。如本书研究中，由于劳动力要素的同质性不强（即不同劳动力教育水平、技术水平等差异），其供给增加并未使得工资下降，而是为企业提供了雇佣高技能劳动力的机会，从而促进企业竞争力提升。

五、研究方法

本书的研究采用了文献研究、定性分析与定量分析、计量分析、比较研究等方法，具体如下：

（1）文献研究法。对已有文献中关于市场机制、要素市场化配置、企业竞争力的相关理论和文献进行了梳理和归纳，厘清了市场机制影响企业竞争力的理论机理和影响路径。

（2）定性分析与定量分析法。在第二章用定性分析的方法研究了企业竞争力的内涵，之后在第三章至第五章用定量分析的方法来量化企业竞争力。在第三章至第五章，分别先用定性分析的方法从理论上探讨以外资自由化描述竞争机制、利率市场化描述价格机制、劳动力自由流动描述供求机制的依据及其合理性，再使用定量分析的方法具体量化识别外资自由化、利率市场化及劳动力自由流动。通过定量分析和定性分析相结合的方法对本书涉及的基本问题进行研究，为其后的计量分析做准备。

（3）计量分析法。本书分别采用工具变量、双重差分、多期双重差分、面板数据线性回归等方法研究了竞争机制、价格机制及供求机制对企业竞争力的影响；采用多重中介效应、中介效应等方法检验了其作用渠道和影响路径；采用分样本回归、交互项等方法进行了市场机制作用的异质性检验。

（4）比较研究法。本书用比较研究的方法结合不同的政策改革措施，对比分析了竞争机制、价格机制和供求机制对企业竞争力的影响；并在第三章、第四章和第五章中采用了不同方法进行实证研究，与其基准模型的实证结果进行比较，以检验模型的稳健性。

第二章　理论基础与文献综述

一、理论基础

（一）市场机制相关理论

下文基于"市场与市场经济"的基本概念及相互关系，引出了市场经济与市场机制的理论逻辑，并进一步阐述了市场机制的基本构成要素——价格机制、供求机制、竞争机制——的相关理论。

1. 市场与市场经济

市场，是商品生产和社会分工的必然产物，最初仅指商品交换的场所。因为在商品经济发展的前期，商品流通往往在同一时间、特定区域范围内发生；但随着商品生产和社会分工的发展，市场的内涵延伸至了商品的交换关系；社会分工进一步深化、细化，经济资源逐渐以市场为导向、根据价格信号进行配置，市场便成为社会资源配置的一种方式。

西方经济学者普遍将市场经济看作是完全由市场自发调节资源配置的一种经济运行制度，认为市场经济以资本主义私有制为基础，甚至直接将市场经济等同于资本主义。刘伟（2017）指出从早期的重农主义、重商主义到当代的货币主义、新凯恩斯主义等流派，或从英国古典经济学到新古典理论，再到凯恩斯主义、新古典综合和新古典宏观经济学等西方主流经济理论，都认为社会主义公有制与市场机制不可能结合，集中计划才是社会主义公有制的运行及实现形式，而市场机制是资本主义私有制的运行及实现形式。这是因为他们将公有制与市场经济对立了起来，所以认为公有制社会不可能借助市场机制获得效率。

社会主义经济学者则普遍将"市场"看作是与"计划"相对的一种资源配置手段，既可以为资本主义所用，也可以为社会主义所用。基于私有制的资本主义经济可以产生市场经济，基于公有制的经济也可以在某种程度上存在市场经济的作用。1992 年初，邓小平南方谈话明确指出"计划经济不等于社会主义，资本主义也有计划；市场经济不等于资本主义，社会主义也有市场。计划和市场都是经济手段"。这一开创性论断为社会主义市场经济的提出奠定了基础。厉以宁（1992）指出市场经济本身没有姓"社"还是姓"资"的问题。

2. 市场经济与市场机制

市场经济是通过市场机制进行社会资源配置的一种经济体制，市场机制是市场经济条件下进行资源配置的有效手段。市场经济是市场机制运行的前提和基础，市场机制是市场经济配置资源的手段和方式，二者相辅相成。只要各市场要素（包括资本、劳动力、商品、技术信息等）存在于市场经济之中，且都适应市场经济的要求，那么要素之间就会在市场机制的作用下相互影响、自由流动，从而使市场主体的市场活动得到调节。市场机制要发挥作用，必须以市场经济体制的建立为基础；反之，在市场经济体制下，市场机制或其中的某些具体机制必然会发挥资源配置的作用。

3. 市场机制的基本构成要素

市场经济是以市场机制为手段配置经济资源的一种经济体制，而市场机制是在价格机制、供求机制和竞争机制的有机联系过程中发挥作用的。卫兴华等（1987）指出，市场机制是市场机体内的竞争、价格、供给和需求等要素之间互为因果、互相制约的联系和作用。徐世义（1994）认为，在市场机制中，价格机制、供求机制、竞争机制是市场的三大机制。价格机制、供求机制、竞争机制是相互联系、相互作用、相互制约的。三大机制的整体功能，就是相互联系、相互制约作用，共同调节社会资源的优化配置，实现社会生产和社会需求的平衡。柯继铭（1998）指出，资源的机制系统在运作过程中是以供求机制、价格机制和竞争机制作为表现形式的，这三种表现形式相互联系又独立发挥作用。张银杰（2006）指出，市场机制的内容主要由三个要素构成，即价格机制、竞争机制和供求机制。逢锦聚等（2008）主编的《政治经济学》中有如下阐述："市场机制是价值规律作用的机制，价格机制、供求机制和竞争机制是最主要的市场机制"。杨瑞龙（2008）主编的《社会主义市场经济理论》将市场机制定义为"在市场交易关系中形成的以价格、供求、竞争三位一体的互动关系为基础的经济运行和调节的一套有机系统"。谢地和宋冬林（2013）主编的《政治经济学》中有如下阐述："市场机制对经济运行和资源配置发挥基础性作用。市场机制包括供求机制、价格机制、竞争机制等，其中价格机制是市场机制的核心"。

综上所述，市场机制的基本构成要素有三个：价格机制、供求机制、竞争机制。张银杰（2006）指出，市场机制的三个构成要素互为条件、相互制约，又各自独立地发挥作用。价格作为供求关系的信息传递者，是市场机制的基本要素，竞争作为利益再分配的手段，是市场机制的动力要素，供求则主要是通过价格和竞争表现自己，反映整个市场的运行状况。价格机制、竞争机制和供求机制都是研究价格、竞争和供求三者之间的关系，只是研究的视角不同。讨论价格机制，是把价格作为自变量，竞争和供求作为因变量，研究价格是如何影响竞争和供求的；讨论竞争机制，是把竞争作为自变量，供求和价格作为因变量，研究竞争是如何影响供求和价格的；讨论供求机制，是把供求作为自变量，价格和竞争作为因变量，研究供求是如何影响价格和竞争的。

参考萧成（1996）、张银杰（2006）、谢地和宋冬林（2013）、梁小民（2014）等人的研究，本章对价格与价格机制、供求与供求机制、竞争与竞争机制的内涵及相关理论阐释如下：

（1）价格与价格机制。价格是商品价值的货币表现，是市场机制运行的开始，也是市场机制运行的结果。价格能决定和调节市场各方的利益，包括产业间、行业间和企业本身的利益及社会收入的分配，各市场主体间的竞争最终的焦点都会集中到价格上。

价格机制，是市场价格变动对市场供求、市场竞争产生的影响，及其相互作用的机制。价格机制包括价格形成机制和价格调节机制。

广义的价格机制不仅包括一般商品的价格机制，还包括生产要素的价格机制，如利率机制（资本的国内价格）、汇率机制（资本的国际价格）、工资机制（劳动的价格）、地租机制（土地的价格）等（张银杰，2006）。在实践中，价格机制是通过价格的形成和波动，调节商品和生产要素的供给量和需求量、买方市场和卖方市场的竞争，引导生产、经营和消费的经济运行机制的。从这个意义上讲，价格机制是市场机制的核心。

米尔顿·弗里德曼（Milton Friedman）把价格机制在经济中的作用归纳为三种：一是传递商品和要素供求状况的信息；二是促使生产者采取措施使生产成本最小化，将可获得的资源集中配置在最有价值的商品生产中；三是通过市场交换决定产品在市场主体间的配置，即收入的分配。梁小民（2014）对这三个作用进行了进一步解释，认为是价格解决了资源配置中"生产什么""如何生产""为谁生产"的问题。"生产什么"，就是通过价格将资源配置到效率最高的行业或领域；从"生产什么"这一问题来考虑价格对经济的调节作用，包括以下几个方面：

第一，价格可以灵敏地反映市场供求的变化。受各种因素的影响，市场的供求几乎时刻都在发生变化，并通过市场价格变动的形式表现出来。某种商品价格上升，说明这种商品供不应求，价格下降，说明其供过于求。

第二，价格变动可以调节消费者的需求。为实现效用最大化目标，消费者通常会根据价格的变动调整自己的消费量。某种商品价格下降，消费者就会增加购买，反之，价格上升，消费者则会减少购买；在市场经济条件下，消费者的购买行为只受到价格的支配。

第三，价格变动可以调节厂商的供给。为了实现利润最大化，厂商依据市场价格的变动情况来组织其生产与销售活动。某种商品价格下降，厂商就会减少生产，从而减少市场供给；反之，价格上升时，则增加生产，从而增加市场供给。在市场经济条件下，厂商具有组织生产的自由，其生产行为只受价格的支配。

第四，价格变动可以促进资源优化配置。在价格的调节下，市场的供求可以实现均衡状态。均衡状态时生产资源通常可以得到充分利用，实现消费者效用最大化，及生产者利润最大化。

价格机制发挥作用的基础是：市场主体拥有独立的产权、等价交换原则，以及利润的实现。企业具有独立市场主体的地位，以实现利润最大化为目标时，价格机制才能发挥有效的调节功能。

（2）供求与供求机制。供给和需求是市场经济中两种最基本、最重要的力量。供给是企业（生产者）在某一时期内，在每一价格水平上愿意而且能够供应的某种商品量，价格是影响供给变化最重要的因素；此外，在价格水平既定的条件下，技术、管理、规模经济等都会影响供给。需求是消费者（买方）在某一时期内，在每一价格水平上愿意而且能够购买的某种商品量，价格也是影响需求变化最重要的因素。在价格既定的条件下，消费者偏好、收入水平、商品的价格、预期等因素都会影响需求量的变动。

供求机制，是供求关系对市场竞争、市场价格的影响以及相互作用的机制。供求机制的作用是调节供给与需求间的矛盾，并促进供给与需求向均衡状态发展。当市场出现持续的供过于求时，卖方之间的市场竞争加剧，使买方在交易中处于有利地位（即形成了所谓的买方市场），价格朝有利于买方的方向变动（即价格下降），从而使供给减少，需求增加；当市场出现持续的供不应求时，买方之间的市场竞争加剧，使卖方在交易中处于有利地位（即形成了卖方市场），价格朝有利于卖方的方向变动（即价格上涨），使得需求减少，供给增加。

从理论上讲，在供求机制的持续作用下，市场的供给和需求趋于均衡。然而，在实践中，供求均衡是暂时的、相对的、有条件的，而供求不平衡则是常态。不同商品的供求矛盾构成了整个市场的供求矛盾，因为不同商品各有特点，供求矛盾复杂多变，所以不同商品的供求矛盾千差万别。作为市场主体的企业，为减小或者规避生产的盲目性，通常会对自身所处行业及所生产商品的市场形势进行调查分析、研究预测，以做出适应市场需求变化的生产安排。当微观市场主体（企业）的生产安排与市场需求相适应时，宏观上的总供给和总需求失衡的问题得到缓和，社会资源利用效率提高。

（3）竞争与竞争机制。竞争，是市场主体为了实现其经济利益而进行的较量。参与竞争的市场主体包括企业（商品和要素的供给者）和居民（消费者），市场竞争可分为买方之间的竞争（简称"买方市场竞争"）、卖方之间的竞争（简称"卖方市场竞争"），以及买卖双方的竞争。

竞争机制，是市场主体之间的竞争对市场价格、市场供求产生的影响及其相互作用的机理；是基于机会均等的条件下，优胜劣汰、适者生存的机制；是市场主体获取自身利益的重要手段。竞争机制是市场经济条件下资源有效配置的必要前提，是市场机制进行自动调节及市场主体对市场信号做出反应的基础。在市场经济中，市场的供求变化和价格信号对市场主体的行为起着导向作用，竞争则促进了要素的流动，促进了资源利用效率的提高。

竞争机制是社会经济发展的强大推动力。竞争性是市场经济的本质特征：一切经济资源都将通过市场来配置；商品是否符合社会需要，以及在多大程度上和多大范围内符合社会需要，都通过市场来检验——都是消费者用手中的"货币选票"来决定的。竞争的动力源于市场主体利益最大化的目标；竞争既是市场主体实现自身利益的手段，又是市场主体之间解决利益冲突和矛盾的方式；竞争激励市场主体积极进取、努力提高自身的生产效率、争取优势地位战胜竞争对手；竞争机制的运行主要包括部门内部竞争、部门间竞争和开放经济条件下的国际市场竞争（萧成，1996）。部门内部竞争，可以实现经济资源在微观经济主体间的优化配置；部门间的竞争，可以促进生产要素向市场供给短缺的产业（或生产部门）转移，从而实现资源在产业间（或不同生产部门）的配置；开放经济条件下的国际市场竞争，可以促进生产要素向具有比较优势的国家或地区转移，从而实现资源在全球范围内的优化配置。竞争机制的作用体现在以下四个方面：第一，维护和实现市场公平，促进竞争主体的利益更为充分地实现；第二，通过竞争形成优胜劣汰的机制，实现资源的优化配置；第三，在竞争压力下，市场主体为实现利润最大化目标，必须不断改进技术，加强经营管理，提高劳动生产率，降低产品生产成本，最终实现微观效率的提高；第四，竞争机制发挥作用，最终会促进整个社会技术水平的进步和生产力水平的提高。

张银杰（2006）认为，有效的市场竞争应该具有以下特点：一是竞争公平，企业在市场准入、生产要素获取、法律保护和政策支持等方面应享有公平的竞争环境和平等的竞争机会；二是竞争相对充分，应消除阻碍企业进入和退出市场的各种行政性和经济性障碍，保证竞争相对充分；三是竞争有序，应有效规范竞争秩序，避免不正当竞争。

（二）要素市场化相关理论

本书以资本要素（包括外资与内资）和劳动力要素的市场化配置作为市场机制资源配置作用的具象化过程，下文阐述了资本（包括外资与内资）市场化的相关理论和劳动力市场化的相关理论。

1. 资本要素市场化的相关理论

（1）外资自由化的相关理论。库尔特·勒布（Kurt R. Leube）认为，芝加哥学派鼓励完全自由市场，认为放宽对市场主体的约束，无政府政策干预，有利于完善市场竞争机制。基于资源市场化配置的角度，发展中国家开放市场引入外资，实质上是市场机制跨越国界对生产资源的配置进行了调节（陈飞翔，2002）。后发优势理论、技术差距理论、"双缺口模型"理论等都是发展中国家开放市场引入外资的理论基础。其中，格申克龙（Gerschenkron）提出的后发优势理论认为，发展中国家在工业化过程中，在面临困难和障碍的同时也具有如下后天优势：一是可以节省漫长的技术进步时间，直接利用发达国家已有的先进科技成果；二是可以发挥比较优势引进外资，从而加快本国的资本积累；三是可以通过承接发达国家的产业转移，促进本国产业结构升级；四是可以学习和借鉴发达国家及跨国公司的先进管理技术和管理经验。阿伯拉莫维茨（Abramovitz）和伯利兹（Brezis）等基于后发优势理论进一步指出，经济落后的国家可以通过引进外资、学习和借鉴发达国家的先进技术和成功经验实现经济的飞跃发展。以波斯纳（Posner）为代表的技术差距理论认为，国家间的技术差距是造成技术溢出的原因。格申克龙（Gerschenkron）发现，技术差距越大，外商直接投资的技术溢出效应对东道国技术提升的促进作用就越大。芬德利（Findlay，1978）的研究也指出，技术差距决定技术"追赶"空间和"追赶"速度：技术差距越大，东道国企业的技术"追赶"空间越大，"追赶"速度越快。然而，边际产业理论则认为东道国与投资国技术差距越小，其对投资国先进技术的吸收能力越强；当技术差距过大时，东道国可能不具备吸收能力从而无法通过学习实现"赶超"。切纳里和斯特劳特（Chenery & Strout，1966）提出的"双缺口模型"从理论上解释了发展中国家引进外资的重要意义。该理论认为，当一国国内储蓄量与实现其经济发展目标所必需的投资需求量之间存在差额，即储蓄量不能满足投资需求时，就出现了"储蓄缺口"；当一国出口外汇收入量不能满足其进口外汇需求量时，就出现了"外汇缺口"；"储蓄缺口"和"外汇缺口"将对经济发展形成制约。引进外资有助于填补"储蓄缺口"和"外汇缺口"，促进东道国实现经济增长。

此外，肖（Shaw）认为，发展中国家和发达国家之间的人力资本差异是其经济增长差异的重要原因，发展中国家引进外资可以在一定程度上消除这种差异。尽管发达国家的人力资本和知识经由对外直接投资途径传递到发展中国家会受到限制，但知识和技术却可以通过由对外直接投资引致的职业培训、上下游企业合作等方式给东道国带来溢出效应。此外，外资自由化带来的竞争压力，将鞭策和激励东道国企业积极学习、研发和创新，提高自身的技术水平，以此获得竞争优势。因此，外商直接投资有助于挖掘东道国经济增长的潜力，促进其经济增长。诺斯（North）的研究指出，制度是经济增长的关键因素，良好且适当的制度可以激励经济主体的积极性，从而持续促进资本积累和技术进步。对于正在进行体制改革的发展中国家，随着市场开放外资进入，跨国公司相对完善的制度将为东道国企业提供学习模仿的对象；反过来，进一步引入并更好地利用外资又能成为东道国努力改善制度环境的动力；最终，引入外资促进了东道国改善制度环境，良好且适当的制度环境促进了其技术进步和经济增长。

以上理论成果从不同角度阐明了开放市场引入外资对东道国经济发展的积极作用。事实上，外资自由化对东道国而言不仅是生产要素（包括资本和技术）的流入，更是市场机制的输入。外资自由化加速了我国原有市场结构的调整和改变，也加剧了市场竞争（桑百川，2009）。外商为维护其竞争优势，在技术保护和技术转让问题上通常很谨慎，但为应对我国企业日益增强的竞争力，不得不把高新技术逐步转移到我国市场，因此内资企业可以在竞争中了解到外资企业的技术水平及世界技术发展的新动态，也可以学习外资企业的技术创新方法，提高自身的竞争力，并实现社会经济技术进步。本书认为，在市场制度不完善的时期，外资自由化促进市场充分竞争，在事实上发挥了三个重要的作用：第一，在市场机制作用下，外资作为市场主体参与东道国的市场竞争，导致了东道国的市场竞争更为充分，推动了市场机制的进一步完善。第二，促进竞争机制四个层次的作用得到了更好的发挥。一是推进市场公平的实现，促进竞争主体（包括内资企业和外资企业）的利益更为充分地实现；二是通过竞争形成优胜劣汰的机制，部分竞争力弱的企业退出市场，实现资源优化配置，同时也完善了市场的退出机制（杨丹辉，2004）；三是在竞争压力作用下，一方面外资企业被迫引进新技术、加强培训员工，加强与前后向内资企业的合作；另一方面内资企业积极采取各种措施，学习外资企业的管理和技术，吸引在外资企业接受过培训的人才，寻求与前后向外资企业的合作；四是为在竞争中求生存，内资企业可以通过自主研发，也可以通过技术引进来改善自身的经营管理，提高劳动生产率，最终实现微观效率的提高。由此可见，发达国家处在世界技术前沿，只有通过自主研发才能实现技术创新，而欠发达国家则可以通过发挥后发优势，从发达国家引进技术以实现更快的技术创新（林毅夫和张鹏飞，2005）。第三，竞争机制有利于促进东道国整体生产技术的进步和生产力的提高。

（2）利率市场化的相关理论。利率是信用或者可贷资金的价格，是使用资金必须付出的代价。作为资金的价格，利率是分配金融资源与实质资源、联系金融与实质部门的重要变量（谢德宗，1993）。利率管制是一国市场资金错配的重要原因，也是我国实现国内资本（简称"内资"）市场化配置的主要障碍。由此，利率市场化改革是推进我国资本要素市场化配置的重要举措。

麦金农（Mckinnon）和肖（Shaw）的金融深化理论和金融抑制理论为发展中国家利率市场化改革提供了重要利率依据。麦金农（1973）根据发展中国家的实际情况，提出了互补性假说，重点阐明了三个方面的问题：资本数量、私人储蓄、投资与持有货币的实际收益（最低货币实际收益显著大于零）的关系；在一定利率范围内，实际货币余额与投资之间存在互补性，因此提高实际利率将提高居民的储蓄倾向，从而提高货币的积累率，实现投资增加和收入上涨；工厂和家庭的投资具有不可分性（原因在于其规模较小），因此，在工厂和家庭中，规模收益递减规律失效。肖（1973）认为新古典经济学关于完善的市场体系的前提假设不适用于发展中国家，他提出了债务中介理论，认为只要金融中介发挥作用，经济单位就可以突破自我融资的局限和约束，实际货币余额与投资之间就不再具有互补关系，货币在清算和支付过程中的作用决定了市场对货币的需求。伴随着利率的提高，金融中介的活动增强，中介成本下降，投资的平均收益提高，投资结构改善，从而产生了收入效应、储蓄效应、投资效应和就业效应。麦金农（1973）和肖（1973）认为，一个国家或地区的金融体制与其经济发展间存在着相互制约的关系，在减少政府过度干预、允许市场机制自由运行的条件下，市场机制将通过金融体系有效地聚拢社会闲散资金，并将其转化为生产性投资流向效应高的部门的地区（市场机制的资源配置功能），从而促进经济发展；反之，经济发展要求和促进金融体系进一步完善，则可能形成一个良性循环，即金融深化；然而，如果政府对金融体系过度干预，造成资本形成困难及使用浪费，则会阻碍经济发展；反之，经济发展滞后又反过来限制了资本的积累和金融体系的完善，则可能形成一个恶性循环，即金融抑制。一个国家经济发展的首要动力是投资，而资金短缺问题严重制约着发展中国家的经济发展，解决这一问题需要提高金融业的发展水平，特别是要放开资本的价格——利率，通过利率市场化来促进资金的供给，提高投资的配置效率，最终促进经济的发展。简而言之，金融深化的本质是金融自由化，金融自由化是金融发展的动力，利率市场化是实现资本要素市场化配置的关键。

2. 劳动力自由流动的相关理论

古典经济学已经指出应该由市场来配置资源，亚当·斯密（Adam Smith）认为"看不见的手"在劳动力市场也能够发挥作用，其会自动调节市场中的劳动力资源。丹尼森（Denison，1974）认为两种劳动力资源配置的改善能够对经济增长做出贡献：一个是将配置到农业生产中的过剩劳动力向非农业转移，另一个是独立经营者和无薪资的家庭劳动者的再配置。新古典经济学将劳动力资源的配置问题置于考虑"劳动力与资本不同组合"的产出变化框架中进行分析，认为劳动力市场是完全竞争市场，在不存在工资刚性的条件下，如果劳动力供不应求，则实际工资水平上升，劳动力需求减少；如果劳动力供过于求，则实际工资水平下降，劳动力需求增加，最终使得劳动力市场达到均衡。新古典综合学派为克服市场机制和国家干预机制的缺陷，指出市场机制和政府干预在资源配置中都具有不可忽视的作用。基于古典学派的研究，刘易斯（Lewis，1954）二元经济模型指出，发展中国家存在典型的二元经济结构，即经济可分为以农业生产为代表的传统部门和以工业生产为代表的现代部门。传统农业部门以自给自足的农耕生产为主，劳动效率低下，且劳动力供给相对于土地和资本过剩；现代工业部门以社会分工协作为主，劳动效率较高，劳动力供给相对于其生产快速扩张带来的劳动力需求表现出不足；在传统农业部门无法吸纳其过剩劳动力时，就出现了劳动力从农业部门向工业部门转移的现象，且农业部门的生产不会因此受到影响。在两部门存在差异的情况下，农业部门的剩余劳动力资源逐渐流向城市工业部门。古典经济学假设只要雇主支付工人足以维持其基本生活的最低工资，便可获得无限的劳动力供给；按照这一假说，资本丰富的现代工业部门可以按照现行工资获得无限的劳动供给，在资本积累增加且资本家倾向于持续将利润转化为资本的情况下，现代工业部门成为经济增长的主要部门。随着传统农业部门剩余劳动力的逐渐转移，其劳动生产率提高，农业生产步入现代化，开始与工业部门竞争劳动力，从而使二元经济结构转化为一元经济结构。可见，刘易斯的二元经济结构理论将劳动力流动与社会经济增长相结合，说明了劳动力从低效率部门流向高效率部门，将逐渐消除经济二元结构并最终实现社会经济增长。拉尼斯（Ranis）和费景汉（Fei）对刘易斯的理论进行了修正，指出农业劳动生产率的提高及剩余产品的出现是劳动力转移的前提条件，并将劳动力转移划分为三个阶段：第一阶段，传统农业部门的劳动边际生产率为零，存在大量剩余劳动力。劳动力流出不影响农业生产，维持基本生活的农产品价格不会上涨。因此，这一阶段农业剩余劳动力流向工业遇到的阻力较小。第二阶段，农业部门的边际劳动生产率大于零但仍然小于城市工业部门的边际劳动生产率。随着大量农业剩余劳动力转移到工业，工业部门利润下降，两部门之间的差异减小，劳动力流动和经济增长减缓。第三阶段，农业部门的边际劳动生产率等于工业部门的边际劳动生产率。此时，农业部门的剩余劳动力已经基本完成了向工业部门的转移，由各自部门边际劳动生产率决定的工资水平差距较小（甚至相当），农业生产部门已经基本实现了现代化，劳动力流动也体现出了随机性。尽管拉尼斯—费景汉模型（Ranis – Fei model）的理论也存在一些缺陷，例如其假设人口增长率不变与发展中国家的实际情况不符，且未考虑到城市的失业问题等，但该理论将刘易斯模型细分为三个具体阶段进行研究，做出了重要的理论贡献。从根本上看，刘易斯模型与拉尼斯—费景汉模型的理论均表明了劳动力资源在市场经济环境下自由流动对经济发展的促进作用，可以在一定程度上解释我国进行户籍制度改革的原因。

（三）市场机制与要素市场化配置

实现要素市场化配置，就是市场机制的三个构成要素——竞争机制、价格机制、供求机制——在要素资源的配置过程中相互作用、相互制衡的经济运作系统。市场主体、客体以及市场行为等要素都是市场机制系统的重要组成部分。由于资源的稀缺性，使得资源的优化配置成为经济学研究的主要内容。在社会主义市场经济条件下，市场机制是资源优化配置的一个较为有效的手段（尽管存在市场失灵，需要政府加以调控）。虽然市场机制三种作用形式各有特殊功能，但它们互为因果、相互作用、相互制约，只有结合在一起成为一个整体时，才会形成合力、发挥作用。市场机制三种作用形式之间的相互关系如下：

竞争机制与价格机制的关系：竞争机制作用下，卖方之间的竞争是指作为卖方的市场主体（通常指企业或者厂商）为在竞争中获胜，实现自己商品的价值，通常情况下会改进技术、改善经营管理，提高自己的劳动生产率，从而降低个别劳动时间；而商品的价值是由社会必要劳动时间决定的，与个别劳动时间无关，因此，率先降低个别劳动时间的市场主体（即企业或厂商）在竞争中便可以通过降低价格的方式来获得竞争优势，从而使其他市场主体跟着降价，导致市场价格下降，而市场价格下降将导致部分个别劳动生产率较高的卖方被淘汰而退出市场，使市场供给减小，卖方竞争缓和，市场价格上升；而买方之间的竞争是指作为买方的市场主体（通常是消费者或者要素的需求者，本书主要指要素需求者）为在竞争中获胜，获得自己需要的使用价值，往往会提高自己愿意支付的价格，导致市场价格上升；而部分买方受收入约束放弃购买，使市场需求减少，买方竞争缓和，市场价格下降。

价格机制与供求机制的关系：价格的变动会引起供求的相对变化，而供求关系的变动又反过来制约着价格波动的范围和幅度，使其不会偏离价值太远。从供给方看，在成本不变的条件下，随着价格上升，供给将会增加，市场出现供过于求现象，价格将会下降，进而使供给减小，市场供不应求，价格再次上升。从需求方看，在收入不变的条件下，随着价格上升，需求将会减小，市场出现供过于求现象，从而使价格下降；随着价格下降，需求将会增加，在供给不变的条件下，市场出现供不应求，从而使价格再次上升。

供求机制与竞争机制的关系：供给和需求的变动是引起竞争态势变化的两个作用力，供求关系受价格变化的影响而变化，在供过于求与供不应求两种状态间转化，从而使得卖方之间的竞争与买方之间的竞争互相转化。当市场供过于求时，卖方为实现自身商品的价值开展激烈的市场竞争，竞争的主要手段就是降低商品价格，部分以卖方身份参与市场的竞争者由于竞争力弱被市场淘汰，使市场的总供给量减小；当市场供不应求时，买方为获得自身所需的使用价值开展竞争，竞争的主要手段是对同种商品支付更高的价格，使市场价格上升；市场价格上升再次促使厂商增加投入，扩大再生产，导致商品供过于求……如此循环往复。

市场机制理论是我国要素市场化改革的理论基础，为我国制定要素市场化改革政策提供了依据和指导。基于要素的特征及其配置效率低的原因，寻找最有力的改革政策着力点，是实现我国要素市场化配置的关键。在传统经济学理论中，生产要素主要包括土地、劳动和资本，随着经济规模的增长和科学技术的进步，技术和数据也被纳入了生产要素的范畴。目前，中国的经济增长已经从生产要素粗放驱动阶段迈向生产要素配置效率提高阶段和创新驱动阶段（袁志刚，2021），进一步深化改革，构建更加完善的要素市场化配置体制机制，是社会生产发展的必要条件，也是优化经济结构、改善收入分配的重要手段，更是当前我国坚持和完善社会主义基本经济制度、推动经济高质量发展的重要任务。2020 年 4 月，中共中央、国务院《关于构建更加完善的要素市场化配置体制机制的意见》分别给出了推进土地、劳动、资本、技术和数据要素市场化配置的指导意见。

基于微观市场主体的视角，企业是要素市场化配置的主体，市场机制是要素市场化配置的核心，各种要素的优化组合及其协调互促是现代企业组织生产的关键环节。然而，当前我国要素市场仍然存在过度管制、市场垄断、市场分割等情况，造成了要素配置效率较低、企业竞争力提升缓慢等问题。此外，不同要素的特征及其配置效率低的原因存在巨大差异，且其相互关系错综复杂，也导致了要素市场化改革难度较大、进程缓慢。其中，土地要素市场化改革的重点是农村耕地、集体用地和农民宅基地的确权、流转和市场化交易等一系列制度和法律的改革，以及城市旧城空间的二次开发、不同产业用地类型的合理转换、国有企业存量用地盘活利用等政策法规的探索和完善。土地要素市场化改革主要解决的是农民收入增长、城市化进程、产业空间布局和房地产健康发展等问题。技术和数据要素市场当前尚处于初建阶段，技术要素市场化改革的着力点在于科技成果使用权、处置权和收益权改革，以及科研成果评价制度、技术合同认定规则、科技成果登记管理办法的建立和完善等方面；数据要素市场化配置的主要障碍在于其具有垄断性、产权不明晰，且其不仅涉及经济效率问题，还涉及个人隐私保护、国家安全、政治稳定等方面的问题（袁志刚，2021），因此当前改革的着力点在于推进数据资源共享（尤其是政府数据开放共享）、规范数据的所有权、使用权、收益权、处置权，加强数据资源整合和安全保护。由此可见，现阶段土地要素市场化配置改革对企业竞争力的影响有限，而技术和数据要素市场化配置改革还处于起步阶段，尚不成熟。

当前以土地、技术和数据要素市场化配置为例，研究市场机制对企业竞争力的影响尚存困难。但资本和劳动力要素的市场化配置对企业有直接影响，且其市场化改革已经较为成熟，其中，以利率市场化改革为主要途径之一的内资要素市场化改革，是立足价格机制进行的改革，主要调节资本要素（内资要素）在不同地区、不同行业、不同部门、不同企业的配置；以劳动力自由流动为主要途径的劳动力市场化改革，是立足供求机制进行的改革，主要调节的是劳动力要素配置的流量；以外资自由化为主要途径的外资要素市场化改革，是立足竞争机制进行的改革，主要调节的是资本的利用效率。因此，本书以资本（包括内资和外资）和劳动力要素市场化配置改革为例，研究了市场机制对企业竞争力的影响。需要特别强调的是，无论改革始于何处（即从价格、供求、竞争中的哪一个方面进行改革），最终均需供求机制、价格机制、竞争机制三者共同作用，才能实现资源配置效率的最优化，从而促进生产效率提高，实现经济增长。

（四）企业竞争力相关理论

下文在清晰界定"企业""竞争力"及"企业竞争力"内涵的基础上，按照不同理论对企业竞争力来源的解释，分别阐述了企业竞争力相关理论。

1. 企业的内涵

企业，是一种依法设立及运营的、实行独立核算的、从事营利性生产经营和服务活动的经济组织。

现代企业的设立，通常有两个目的：一是经济性目的，即获得盈利。企业为了实现其经济性目的，为了自身的生存和发展，需要不断改善经营管理、改进技术、提高劳动生产率，从而生产出能够满足社会需求的商品或提供满足社会需要的服务以获得盈利。二是社会性目的，即承担一定的社会责任。企业应承担的社会责任包括为社会提供就业机会、保护环境、参与社会公益活动等。

2. 竞争力的内涵

随着生产力的发展，社会分工和专业分工逐渐形成，以交换为目的的商品生产逐渐形成规模，企业作为商品生产的主体开始出现，并为了实现自身利益的最大化相互竞争。竞争力作为影响一个企业在竞争中的胜负成败的关键，开始成为理论研究的对象。自古典经济学开始，经济学和管理学学者们对企业竞争力进行了探索和研究，积累了多层次多角度的研究成果。

所谓竞争力，就是在市场需求有限、资源稀缺的前提下，竞争主体获取市场和资源的能力。根据竞争主体的不同，竞争力可分为三个层次：国家竞争力、产业竞争力以及企业竞争力。其中，国家竞争力通常由其产业竞争力决定，而产业竞争力又由其企业竞争力决定。换言之，企业竞争力是构成产业竞争力和国家竞争力的基本单元，是研究产业竞争力和国家竞争力的出发点。

3. 企业竞争力的内涵

关于企业竞争力的内涵，已有研究从不同角度进行了讨论：

迈克尔·波特（Michael E. Porter，1997）认为，企业竞争力是考察一个企业通过创新、企业文化等对其行为效益有所贡献的各项活动，是否能够恰如其分地实施或运作的能力。金碚（2003）认为，企业竞争力是指在竞争性市场中，一个企业所具有的能够持续地比其他企业更有效地向市场（消费者，包括生产性消费者）提供产品或服务并获得盈利和自身发展的综合素质。"更有效地"是指，以更低的价格或者消费者更满意的质量持续地生产和销售；所谓"获得自身发展"是指，企业能够实现经济上长期的良性循环，具有持续的良好业绩，从而成为长久生存和不断壮大的强势企业。孙明华（2004）认为，企业竞争力是由企业资源有机组合而形成的强于其竞争对手且可持续的占领市场、获取利润的能力。荆德刚（2005）指出，竞争力是一种商业化能力而不是科学发明能力，企业竞争力概念已经超越了具体的产品或服务，超越了企业的具体资产、技术和职能活动，超越了企业的单个业务单元和各个活动环节。应该说，竞争力是指企业由于其产品或服务上的特异性或成本优势而形成的占有市场、获得利润的能力，企业竞争力会随着市场结构的变化和企业之间力量的消长而变化。综上所述，企业竞争力对于企业的生存和发展具有决定性的意义，是国家（区域）竞争力和产业竞争力的基础和源泉。

基于以上学者的观点，本书对企业竞争力定义如下：企业竞争力是在资源稀缺、市场需求有限的情况下，企业为实现生存、发展以及利润最大化等目标所具备的多方面能力的总和。

4. 企业竞争力的相关理论

按照不同理论对企业竞争力来源的解释，可以将其大致分为三类，具体如下：

（1）基于市场结构的企业竞争力理论。基于市场结构的企业竞争力理论的创始人及代表人物是迈克尔·波特，其主要观点是企业只有基于行业竞争结构和产业环境制定和实施自己的竞争战略，才可能在竞争中获得优势（Porter，1980）。为了分析企业面临的行业结构和其他外部环境因素，波特提出了五力模型，即企业将受到五个方面力量的竞争：新进入者的威胁、替代品的威胁、客户的议价能力、要素供应商的议价能力以及现有竞争者的竞争。企业要分析自己的优势，正确选择将自身置于五种竞争中最有优势的产业，并致力于改善这五种作用力及其关系，推动竞争向对自己有利的方向发展。波特提出企业可以通过三种基本战略抗击五种竞争力量：总成本领先战略、差异化战略和目标集聚战略。其中，低成本和差异性是企业可以拥有的两种基本竞争优势，两种基本优势和企业的竞争范围相结合又可形成成本集聚战略和差异化集聚战略。波特还引入了"价值链"作为分析企业竞争优势来源的工具，将企业创造价值的过程分解为一个一系列相互关联的链条，其中，涉及产品生产、销售、转移和售后等的活动被称为基本活动；而提供采购投入、技术、人力资源等的活动被称为辅助活动。企业应着力协调整合各种活动，把握价值链上影响自身战略的关键点，从而获得竞争优势。

（2）基于能力的企业竞争力理论。能力理论将竞争力看成企业的某种能力，从企业的内部因素和条件出发，以企业经营管理过程中体现出来的能力为依据，制定和实施企业的竞争战略。企业能力理论认为，企业的能力、资产和独特的管理机制是决定其绩效的主要因素。企业能力理论主要包括核心能力理论、组织能力理论以及流程能力理论。其中，核心能力理论以普拉哈拉德和加里·哈默（Prahalad & Gary Hamel，1990）为代表，他们认为企业是能力的集合体，依靠积累性学识形成企业的竞争优势，可通过企业组织、产品以及企业内部个体表现出来。企业的核心能力体现在企业文化、人力资源、技术水平、信息水平、组织能力等多方面，不易被其他企业所模仿，因此可以形成企业的持续竞争力。以钱德勒（Chandler，1992）为代表的组织能力理论，认为企业能够利用规模经济和范围经济获得管理技能、生产能力、营销能力。组织能力是企业内部组织起来的物质设施和人的能力的集合。流程能力理论，以斯多克、伊万斯和舒尔曼（Stalk，Evans & Shulman，1992）为代表，认为企业的流程能力与其核心竞争力一样，都是企业成功的重要因素。研究生产的组织活动和业务流程，并加以改善和管理，将有效提高企业的竞争力，使其获得成功。进行全面质量管理（Powell，1995），整合内部知识（Grant，1996），通过公司内部技术、组织和管理水平的提升，发现并利用新的合作和联合机会（Teece，Pisano & Shuen，2009），都可以促进企业竞争力的提升。

（3）基于资源的企业竞争力理论。资源学派把企业看作是一种资源的集合组织，认为不同企业竞争力的差异来源于其拥有的资源差异。早期的资源理论以俄林的资源禀赋差异理论为代表，认为一国的资源禀赋决定了该国的产业是劳动密集型产业还是资本密集型产业。格兰特（Grant，1991）认为，企业的内部资源是企业战略制定的基础；格兰特（1984）指出，企业的资源可以分为有形资源和无形资源，资源差异带来了其收益的差异。企业所拥有的稀缺的、有价值的、不可复制的资源及获取这些资源的能力，决定了企业能否在竞争中持续获得优势及成功的源泉，实质上，企业依靠资源获取竞争力的关键就是"进入壁垒"。巴尼（Barney，1991）认为，企业可以通过提高资源的质量和使用效率的方式来提高自己的竞争力，且当企业占有了竞争对手无法获得及模仿的资源时，便获得了长期的竞争优势和持续的竞争力。彼得罗夫（Peteraf，1993）认为企业的特色（即行业内的异质性）是企业获得持续竞争优势的必要条件。柯林斯等（Collins et al.，1995）指出企业竞争力不仅会受到其内部因素的影响，也会受到其外部因素的影响，因此，研究企业的竞争力，既要深入企业内部进行分析，也要将企业放在整个产业环境中进行分析，找到企业相对于竞争对手而言所拥有的有价值的资源，这才是企业竞争力的源泉。

（五）要素市场化配置与企业竞争力

从对企业竞争力相关理论的梳理可见，结构学派从行业竞争结构和产业环境等外部环境因素来研究企业竞争力的来源；能力学派则从企业内部的生产经营行为和过程来研究企业竞争力的来源；资源学派结合了结构学派和能力学派的研究方法，认为企业竞争力是由企业在特定竞争环境中拥有的资源及其配置方式决定的。综合分析企业竞争力相关理论，可以发现，外部环境和内部因素都是企业竞争力的重要来源。

然而，一方面，随着经济发展与科技进步，经济主体间的相互联系增强（表现为"经济一体化"趋势），影响企业竞争力的外部环境因素逐渐从结构学派提出的"行业竞争结构和产业环境"，扩张到了制度体系、宏观政策、金融环境、税收制度，甚至生态环境等多方面。深化社会主义市场经济体制改革，让市场机制在资源配置中发挥决定作用，是我国企业当前面临的重要外部环境因素，必然会对企业竞争力带来影响。另一方面，尽管资源学派关于"资源"的界定比较模糊，但基于其"资源及获取这些资源的能力"决定了企业竞争力的理论，本书认为，生产要素作为企业最重要的资源，其配置方式也在很大程度上影响着企业获取资源的能力，即生产要素市场化配置改革必然会影响企业竞争力。此外，不同要素的性质和特征及其市场化改革的政策着力点，也决定了其对企业竞争力的影响方式和作用渠道，以及其对不同企业影响的异质性。需要明确的是，尽管不同要素市场化配置改革对企业竞争力的影响存在具体差异，但要素市场化改革在总体上有利于促进企业竞争力提升却是无疑的。

由此，本书基于生产要素市场化的经验证据研究市场机制与企业竞争力的关系，既符合市场机制理论和企业竞争力理论的基本思想，又为丰富市场机制理论和企业竞争力理论提供了微观层面的经验证据。

二、文献综述

（一）市场机制相关文献综述

关于市场机制的研究按照研究内容可以分为关于市场和政府关系的研究、关于市场机制作用的研究。首先，市场和政府关系的研究与时代发展紧密相关，讨论了市场经济是否能与社会主义相结合，明确了建立社会主义市场经济的改革目标后，又将研究的主要内容转向市场经济与计划经济的关系，后来又调整为市场与政府的关系。随着研究的不断深入，近年来，有不少学者把市场与政府的关系放在了具体问题中进行研究（其中部分研究还引入了实证方法），并针对这些具体问题提出了对策建议。其次，关于市场机制作用的研究是近年来市场机制研究的一个重要组成部分，各行业、各领域的研究反映出了人们希望通过市场机制提高资源配置效率的意愿。具体如下：

1. 关于市场与政府关系的文献

关于市场机制的研究，有很大一部分是在探讨市场和政府的关系

（早期称为"计划与市场的关系"）。特别是 20 世纪 90 年代初期邓小平南方谈话前后，学术界关于市场与政府关系的讨论特别激烈。

南方谈话前，学者们根据自己的研究，提出了一些关于"计划经济"与"市场经济"结合的构想，程恩富（1992）肯定了"计划经济"与"市场经济"可以结合，并对当时学术界关于"计划经济"与"市场经济"结合的几种主要说法进行了评议，指出建立"计划主导型市场经济体制"要借鉴西方的经验。商德文（1992）在经济运行理论的结构层次上将其分为宏观经济运行和微观经济运行，分别对中国宏观经济运行和微观经济运行的理论认识发展及实践改革经验进行了归纳分析，对几种不同的经济运行模式进行了比较分析。南方谈话后，学者们关于"计划经济"与"市场经济"相结合的认识统一到了"社会主义市场经济"上，并基于这一共识继续进行理论研究。刘国光（1992）回顾了中国对"计划"与"市场"认识的曲折演变过程，分析了将"社会主义商品经济"改为"社会主义市场经济"，以及将"社会主义计划经济"发展成"社会主义市场经济"的原因，并阐述了"社会主义市场经济"区别于"资本主义市场经济"的特点。郭先登（1993）认为相对于"有计划的商品经济"，"社会主义市场经济"被视为一种全新的社会经济调节模式有四个原因：理论认识的出发点不同、企业存在的结构形式不同、生产要素流通方式不同以及对社会资源配置起作用的基础不同。马洪（1992）梳理了计划与市场关系的理论与实践，指出从"有计划的商品经济"到"社会主义市场经济"，涉及对社会主义经济性质认识的重大变化，需要以实事求是的精神开展工作，在实际改革过程中下放权力、调整和放开价格、建设多渠道的流通网络、发展好培育市场体系，建立初步的宏观间接调控体系，从理论和实践上探索社会主义市场经济的发展道路。周叔莲和郭克莎（1993）将规范研究和实证研究相结合，比较分析了第二次世界大战后市场经济国家和计划经济国家资源配置的方式和效果，发现宏观调控的市场经济资源配置效果比引进市场调节的计划经济更好，指出了中国确立社会主义市场经济有其历史必然性。在社会主义市场经济体制改革过程中，关于政府与市场关系的理论研究一直在深入，钱箭星（2015）对党的十八大前后我国深化改革的观点进行了总结，指出理清政府的职能及其权力边界是发挥市场机制正常作用的必要条件，而以法治为基础的市场经济才可能是"好的"市场经济。

学者们在从不同角度、用不同方法研究分析"社会主义市场经济"经济的合理性、可行性、历史必然性等问题时，也没有忽视市场的缺陷以及计划（政府）与市场之间存在的矛盾和摩擦。凌晓东（1992）将市场在资源配置中无效或低效的情况分为三种：市场失灵、市场缺损、市场成本，并分别就每种情况进行了理论分析并阐述了对其进行矫正的政府干预措施，以期促使原来的资源配置结果更有效且成本更低。卫兴华和黄泰岩（1992）认为经济运行机制的建立受两个因素制约：经济制度、计划与市场各自的功能与失灵。经济制度制约着经济运行机制的基本关系和框架，经济制度的差别导致了经济运行机制的基本关系和框架的差别。计划与市场各自的功能与失灵制约着经济运行机制的基本关系和框架内各自作用的范围和强度。卫兴华和黄泰岩（1992）认为计划经济与市场调节相结合的社会主义经济运行机制在中国已经初步建立起来，但还不完善；必须在发展生产力的基础上，以培育市场为主，逐步地改革计划体制，才能使之逐步成熟和完善。因此，计划经济与市场调节相结合的具体形式，不可能是固定不变的单一形式。

近年来，部分学者针对某一行业或某一领域的具体问题，探讨了市场和政府的关系。如针对产能过剩问题，王志伟（2015a）认为中国的产能过剩问题既有市场经济条件下的普遍性原因，也有中国国内外的特殊性原因。长期来看，中国必须将政府指导调节与市场调节相结合，才能有效缓解产能过剩问题。王志伟（2015b）指出市场经济条件下的产能过剩问题具有必然性。当前，中国政府在新常态下，既促进市场机制充分发挥了作用，又采用了"微调"政策，对已有的宏观调控理论实现了发展和深化。刘戒骄和王振（2017）基于市场机制调节产能、化解产能过剩的原理，指出市场和政府在化解产能过剩方面不是替代关系，而是协作关系。针对精准扶贫问题，牟秋菊和潘启龙（2015）以贵州省扶贫开发工作为例进行研究，提出了构建"政府—市场"双导向扶贫开发机制。李梅（2018）认为对于解决分散、个体、差异化的贫困问题，需要改变政府主导的方式，更多地发挥市场机制的作用。罗紫初和洪璇（2015）分析了现代文化市场体系中政府和市场这两种资源配置手段的作用，并对他们进行了角色定位，提出现阶段最适宜中国文化产业的发展机制的是政府与市场相结合，市场发挥资源配置的基础性、决定性作用，政府只在市场失灵时进行干预，对市场起导向作用。崔总合（2018）指出当前中国学前教育的供给体系不完善，市场机制和政府作用在学前教育发展中未能发挥应有的作用，极大地限制了学前资源和服务的供给及学前教育的健康发展。因此，根据市场机制和政府作用的基本逻辑和规则，让市场机制和政府作用从分离走向耦合，是当前中国学前教育发展的基本与现实路径。李崇光和宋长鸣（2016）研究了21世纪以来引起中国果蔬产品价格波动的原因，并指出政府应重点关注果蔬产品价格的异常波动，调控价格波动的频率和幅度，简而言之就是缓解果蔬产品价格波动，应充分发挥市场机制的作用，处理好市场调节与政府调控的关系。费威（2017）发现中国食品安全的市场机制与政府机制互补性不足，提出应发挥市场与政府的双重互补作用，实现食品安全的供求均衡。张涑贤和蔺丹丹（2017）认为在建筑节能服务市场资源的配置中，市场机制与政府规制均存在缺陷，但两者能够相互补充、相互促进、形成互动。

还有部分学者用实证方法研究了市场与政府在某一具体问题中的关系，如张月友等（2015）利用生产函数法测度了江苏省制造业产能过剩情况。肖周燕（2016）利用中国 2000～2012 年的城市面板数据，分析了市场机制和政府调控对城市规模的影响。

2. 关于市场机制作用的文献

部分学者就市场机制在某一领域或某一问题中发挥的作用进行了研究，如葛扬（2015）认为混合所有制企业能自主及时地应对市场风险与机遇；指出必须充分发挥市场机制作用，发展混合所有制，推进国有企业改革和民营企业转型。王镝和张先琪（2018）探讨了市场机制对能源资源型城市经济转型的影响，发现市场机制对经济转型的边际效应均为正。吴东武和蒋海（2018）研究发现，发展担保机构和健全农户信用评级制度等市场手段更有利于解决农户融资难的问题。江飞涛和李晓萍（2018）认为当前中国应实施以完善市场机制、维护公平竞争、促进创新、推动产业绿色与包容性发展的功能性政策为重点的产业政策体系。蒋灵多等（2018）基于 1998～2007 年中国工业企业数据，以外资自由化为例研究了市场机制对我国"僵尸企业"处置的影响。

（二）要素市场化相关文献综述

本书从资本要素市场化和劳动力要素市场化两个方面梳理了相关文献。其中，由于外资和内资市场化的路径和方式存在较大差异，因此，又将资本要素市场化分为了外资市场化和内资市场化两个部分。

1. 资本要素市场化

外资市场化面临的主要障碍是东道国的市场管制，放开管制允许外资自由流入是实现外资市场化的主要措施，也是发展中国家融入世界经济，实现快速发展的重要途径；内资市场化面临的主要障碍是利率价格管制，放开管制允许利率自由浮动是实现内资自由化的主要措施，也是实现金融资源优化配置的重要手段。结合我国当前的现实经济情况，外资市场化的主要任务是外资自由化，内资市场化的主要任务是利率市场化。下文分别从外资自由化和利率市场化两个方面梳理了资本要素市场化的相关文献。

（1）外资自由化。关于外资自由化的研究，主要围绕外资自由化（即"外资进入"或"外商直接投资"）对东道国的经济效应展开。当前学术界外资自由化对东道国经济效应的研究主要分为三类：第一类是外资自由化带来的挤入挤出效应；第二类是外资自由化带来的溢出效应；第三类是外资自由化对东道国（企业）带来的其他方面的影响，现将相关文献梳理如下：

第一，关于外资自由化对国内资本挤入挤出效应的研究。已有大量文献研究了外资自由化的挤入挤出效应（Caves，1974；Globerman，1979；Blomström & Persson，1983；Blomström & Wolff，1989；姚洋，1998；Bosworth & Collins，1998；Agosin & Machado，2005；Jan & Vladimir，2002；杨柳勇和沈国良，2002；王志鹏和李子奈，2004；Krishna et al.，2004；雷辉，2006；辛力和邓珊珊，2007；冼国明和孙江永，2009；杜江等，2009）。但目前为止，学术界关于外资自由化对国内资本挤入挤出效应的研究并没有形成统一的结论，可能的原因是挤入挤出效应一方面会受到外商投资的技术水平、投资行业的影响，另一方面也会受到东道国的经济发展水平、技术水平、人力资本质量、基础设施承受能力、外商投资政策、产业竞争力等因素的影响。学术界一般认为，外商投资挤入效应的作用机制通常是通过示范——模仿效应、产业关联效应和人力资本流动效应实现的；而外商投资挤出效应的作用机制通常是通过市场攫取效应、要素竞争、技术排挤（包括技术垄断、技术壁垒）和超国民待遇政策实现的。

第二，关于外商投资溢出效应的研究。西纳尼和梅耶（Sinani & Meyer，2004）的研究认为，溢出通常指资源（知识）以非市场性交易的方式扩散，即所谓的外部效应。钟昌标（2010）指出，由于溢出效应无法直接测定，许多研究间接地把外商直接投资（foreign direct investment，FDI）溢出测定为跨国公司投资对其内资企业产出变化、劳动生产率和全要素生产率、工资、技术能力和技巧以及出口能力等的影响。平新乔等（2007）从三个层次对外商直接投资对中国企业的溢出效应进行了分析。目前，学术界关于外商投资溢出效应的研究成果较为丰富，但尚未形成统一的结论，部分研究认为外商投资会带来正向的溢出效应（Caves，1974；Blomström et al.，2000；Kokko，1996；Dimelis & Louri，2002；Girma & Pisu，2008）。然而，也有部分学者的研究结论显示外商投资的溢出效应不显著甚至可能显著性为负，如蒋殿春和张宇（2007）在溢出效应的模型中加入了制度性解释变量之后，发现FDI的溢出效应不显著甚至显著性为负，因此提出，我国生产率增长的动力主要来源于国内经济体制改革引起的制度变迁，而以往关于我国FDI溢出效应的研究因为忽略了国内制度变迁因素，大大高估了溢出效应。马林和章凯栋（2008）的研究结论显示，外商直接投资具有显著的负向效应，且不同来源地、不同投资方式、不同经营时间的外资溢出效应具有异质性。蒋殿春和张宇（2008）对我国FDI技术溢出机制的结果显示，FDI的溢出机制会受到经济转型时期知识技术创新激励不足、学习创新能力受限等原因的制约。当然，除此之外，外商投资溢出效应的相关研究还有很多（如：Blomström & Sjohölm，1998；Aitken & Harrison，1999；Haddad & Harrsion，1993；Haskel et al.，2007；路江涌，2008）。通常认为，外商投资溢出效应的大小甚至方向不一致的原因可能有以下几个方面：东道国贸易开放度（Holmes & Schmitz，2001）、东道国企业自身研发水平或者内外资企业的技术差距（Kinoshita，2001；Keller，

2004；包群和赖明勇，2002；蒋殿春和张宇，2006）、东道国金融市场效率（Alfaro et al.，2004）、内外资企业的能力差距（陈涛涛，2003）、东道国的吸收能力（赖明勇等，2005）、东道国的要素禀赋等。理论界一般认为，外商投资溢出效应的作用机制主要是：示范—模仿效应、竞争效应、产业关联效应和培训效应（Das，1987；Blomström & Kokko，1996；Kinoshita，1999；张建华、欧阳轶雯，2003；平新乔，2007）等。傅元海等（2010）认为在FDI对东道国本地企业产生技术溢出的机制不同时，企业应采取不同的策略推动技术进步。此外，还有部分学者对产业间、地区间的溢出进行了研究，如贾菲（Jaffe，1998）将产业间技术溢出的传导方式归纳为三类：知识性溢出、产业关联性溢出、市场性溢出。潘文卿等（2011）认为市场性溢出的逻辑也适用于产业间的技术溢出。钟昌标（2010）指出外商投资不仅会产生地区内溢出效应，还会产生地区间溢出效应。

　　第三，还有一些学者从其他角度研究了外资进入对东道国经济的影响。江小涓（2002a）研究了外商投资对中国出口增长的贡献，并指出，外商投资具有出口倾向强、与跨国公司全球体系联系密切等优势，因此，对促进中国出口规模扩大和出口结构提升具有促进作用。江小涓（2002b）的研究指出利用外资是中国经济增长的重要资金来源，并且可以通过形成高质量的新增资产和提升存量资产质量两种方式改善中国资产的质量，对中国经济增长、技术进步、产业结构升级等方面做出重要贡献。江小涓和李蕊（2002c）的研究结论指出外资经济推动着中国工业持续发展及其增长方式的转变，促进了中国工业增长质量的提高。赵文军和于津平（2012）等研究了外资进入对出口增长、产业结构调整、创新与技术进步等影响。包群等（2015）分析了外资进入对中国内资企业存活的影响，从行业内竞争效应的角度，指出外资进入一方面会对同行业内资企业带来溢出效应，另一方面也会加剧行业内的市场竞争。因此，外资进入对东道国企业市场退出究竟起到加速还是减缓作用，关键取决于溢出效应和竞争冲击的比较。从行业间关联效应的角度，指出外资企业与本土企业的产业关联效应会提高本土企业的市场生存率。除以上研究外，还有许多学者对外资进入对东道国企业存活问题进行了研究（如：De Backer & Sleuwaegen，2003；Görg & Strobl，2003；Kosová，2010；Wang，2013 等）。

需要特别说明的是，已有文献中部分研究将"竞争效应"看作是"溢出效应"的路径与机制，如布洛姆斯特伦和库科（Blomström & Kokko，1996）认为模仿学习和竞争效应是外商直接投资带来溢出效应的路径；基诺希塔（Kinoshita，1999）、王玲和涂勤（2007）将外商投资溢出效应的路径归纳为示范效应、竞争效应和人员培训（流动）效应等。另有部分研究对外资进入的竞争效应和溢出效应进行了严格区分，如森贝内利和西奥提斯（Sembenelli & Siotis，2005）使用外资企业影响程度 FP 的即期变量来衡量外资企业短期的市场竞争效应，而使用 FP 的滞后期（滞后 1 期、2 期）来检验长期技术的溢出效应；沈坤荣和孙文杰（2009）借鉴森贝内利和乔治（Sembenelli & Georges，2005）的研究测算了内资企业市场竞争效应和技术溢出效应，并研究了两者的关系。

综合来看，尽管已有研究对"竞争效应"的界定并未达成一致，但其所指的"竞争效应"大多仅仅是本书"竞争机制作用"的一个组成部分，二者涵盖的内容有很大差别。总之，外资进入带来的是"竞争机制的作用"而非狭义的"竞争效应"，从理论分析来看，外资进入带来的竞争机制对企业竞争力具有重要的影响。

（2）利率市场化。经过梳理发现，当前学术界关于利率市场化问题的研究分别是从宏观和微观两个层面展开的。

从宏观层面研究利率市场化。从宏观层面研究利率市场化主要有两个方向：第一，从制度改革的角度进行研究。易纲（2009）回顾了中国利率市场化改革的历程，系统总结了改革取得的成就，并对下一阶段的改革进行了规划，深入探讨了推进改革的条件。万荃和孙彬（2012）研究了美、日、德、韩四国利率市场化改革的经验，发现强制性制度变迁和诱导性制度变迁是渐进式的利率市场化改革的前提。李萍和冯梦黎（2016）认为当利率市场化改革深入到一定阶段时，将会通过满足企业资金需求进而稳定生产和减小银行资金供需缺口降低通货膨胀压力两个渠道抑制经济波动。第二，从货币政策的角度进行研究。金中夏等（2013）指出利率市场改革使得货币政策利率传导渠道更加通畅。刘金全等（2019）认为货币当局应当继续疏通利率渠道，发挥利率对金融市场的调控作用，坚守不发生系统性金融风险的底线。

从微观层面研究利率市场化。微观层面研究利率市场化主要有以下几个方向，第一，企业融资约束。一些学者的研究结论一致认为，利率市场化有利于缓解企业的融资约束（Harris et al.，1994；Gelos & Werner，2002；Koo & Shin，2004；王东静和张祥建，2007）。张伟华等（2018）认为利率市场化改革的推进使得上市公司的债务融资成本逐渐降低，成为企业获得竞争优势的核心因素。部分研究发现了利率市场化对企业融资约束的影响具有异质性，如拉文（Laeven，2002）的实证研究结果显示，利率市场化对企业融资约束总体上没有显著影响，但具体来看，其对小企业的融资约束有改善作用，但对大企业反而造成了融资困难。胡晖和张璐（2015）认为利率市场化使得融资约束的"瓶颈"得以改观，且相对于国有企业，民营企业和中小企业的改观更为明显，且存贷款利率决定机制的改革也直接影响了成长型企业的融资成本。第二，信贷资源配置效率。阿比亚德等（Abiad et al.，2004）指出利率市场化可以通过促进资本和风险的合理定价提高投资配置效率。谢和克莱诺（Hsieh & Klenow，2009）认为利率市场化是改善资源错配的重要手段。陈学胜和罗润东（2017）研究发现随着利率市场化改革的不断推进，信贷市场的资源配置效率明显改善。黎齐（2016）指出利率市场化改革的推进可以抑制信贷资源在不同所有制企业中的错配效应。徐亚琴、陈娇娇（2020）认为利率市场化改革不但会影响银行信贷资金的配置效率，也会影响企业的投融资决策。第三，银行业发展。钱学洪（2013）的研究指出，利率管制放开，会给商业银行的业务和经营绩效带来风险，也会带来更高的利率风险和更复杂的期限结构。

2. 劳动力要素市场化

当前，劳动力要素的市场化配置，就是要实现劳动力要素依据市场供求关系的变动而自由流动。当前，户籍制度已经成为我国劳动力自由流动的主要障碍，实现劳动力要素市场化配置的一个重要措施就是户籍制度改革。经过梳理发现，已有关于户籍制度改革的研究主要有以下几个方向。

对户籍制度改革与劳动力资源配置的研究。沈（Shen，2006）认为户籍制度是实现中国城市化之前直接控制人口流动的重要工具。蔡昉等（2001）指出户籍制度是劳动力市场上就业保护的制度基础，其改革有赖于一系列配套改革的完成。都阳等（2014）的研究结果显示劳动力的自由流动提升了经济效率，而经济效率的提升将是中国经济未来长期增长的主要源泉。陈波和张小劲（2019）认为随着中国城镇化进程的推进，人口已日益成为稀缺资源，亦成为地方政府竞争的资源，因此，经济增长与人口流动之间的关系值得深入研究。体制改革的进程、进展和反复性都影响着劳动力流动的结果和特点（蔡昉，2001）。户籍制度改革深刻影响着我国人口流动格局和公共资源配置，对户籍制度改革的有效经验是坚持以市场为导向配置要素，促进劳动力的优化配置（赵军洁和范毅，2019）。

对户籍制度与社会公平问题的研究。魏万青（2012）基于中国家庭收入调查数据，采用倾向得分匹配方法和自抽样方法进行研究发现户籍限制对流动人口收入具有显著的负向影响。万海远和李实（2013）采用倾向得分与双重差分的方法，估计了户籍限制对我国城乡收入差距的影响，结果显示户籍职业选择限制使得农户个体收入减少3.5%；剔除户籍限制因素后，基尼系数明显下降；由此说明户籍限制对城乡收入差距具有显著的正向影响。章莉和李实等（2014）基于2007年中国家庭收入调查数据库（Chinese household income project survey，CHIPs），研究了工资收入的户籍限制问题，结果显示农民工与城镇职工工资差异中的36%不能用其禀赋差异解释，即劳动力市场上依然存在对农民工工资收入的户籍限制问题。赵军洁和范毅（2019）认为应进一步放宽城市落户准入条件，尽快实现居住地常住人口及随迁家属享受到与户籍居民同等的社会保障和公共服务，促进劳动力要素的市场化配置，推动经济发展和产业转型。

（三）企业竞争力文献综述

关于企业竞争力的研究按照研究内容和目的的不同可以分为三类：完善和发展企业竞争力的相关理论、探讨企业竞争力的评价指标和评价方法、研究其他因素对企业竞争力的影响。

1. 关于完善和发展企业竞争力理论的文献

从顾客满意度及顾客价值的角度。黄璐（2002）认为从市场角度出发，企业进行顾客满意（customer satisfaction，CS）经营的直接目标是顾客满意；而从竞争的角度出发，CS经营则提倡以顾客满意来形成竞争优势，以提升企业竞争力。范秀成和罗海成（2003）提出服务企业应基于合理的服务定位和价值主张，加强对顾客期望、服务过程和服务情境的管理，提升服务企业的竞争力。武永红和范秀成（2004）指出企业的战略任务就是实现顾客价值创造能力与顾客的价值需求的最佳匹配，为目标顾客创造和传递更大的顾客价值是促进企业竞争力提升的任务焦点。武永红和范秀成（2005）深入分析了顾客价值的本质内涵及企业竞争力与顾客价值之间的关系，探索构建了企业竞争力理论的整合模型，系统化地集成了不同战略理论流派的观点。

从检验理论假说的角度。许士春（2007）研究发现，波特假说不具有一般性，因为不同企业的生产成本、产品差异化程度及其对环境管制的态度具有差别，环境管制对企业竞争力的影响也不相同，因此应理性看待波特假说，基于中国企业的具体情况制定适合的环境管制措施。张红凤（2008）系统地阐述了"环境规制制约企业竞争力假说"与"环境规制与企业竞争力双赢假说"，并指出了其演进的内在逻辑与借鉴意义。何玉梅和罗巧（2018）以上海证券交易所和深圳证券交易所的42家矿产资源上市公司2010~2015年的数据为样本进行了研究，研究发现，环境规制可以促进生态创新，且环境规制和生态创新都可以提升企业竞争力，证实了"波特假说"。

从完善发展理论认识的角度。周绍朋（2003）认为想要培育企业的核心竞争力必须不断提高企业的竞争力，而提高企业的竞争力又必须依赖核心竞争力的提升。汪晓春（2004）认为明晰企业竞争力和竞争优势的内涵是对其进行研究的基础，也是甄别各类竞争力学说的依据。未来的研究趋势是继续探索企业竞争力和竞争优势的性质和原因，以及更加注重企业竞争力与竞争趋势的实证检验和实际应用。全春光等（2007）从表现层、因素层、决定层三个层次构建了企业竞争力模型，其中因素层由提交用户需要产品的时间（time to market）、产品质量（quality）、成本（cost）、服务（service）、环境保护性（environment）构成，并以此为基础提出了提升企业竞争力的对策。胡大立等（2007）批判性地继承了已有战略理论，指出企业的外部环境、内部资源、企业的能力、企业的知识等四个维度的因素从不同层次上决定了企业的竞争力，换而言之，企业竞争力是在这四个维度因素的互动过程中形成的。柴国俊等（2012）将内生质量引入垂直兼并模型，结果显示垂直兼并对企业竞争力的影响存在异质性：对高质量企业的竞争力起提升作用，对低质量企业的竞争力起削弱作用。

2. 关于企业竞争力评价指标和评价方法的文献

陈蔓生和张正堂（1999）基于模糊评价的理论，构建了企业竞争力的模糊综合评价模型，并通过案例进行了应用示范。聂辰席和顾培亮（2002）分析了企业核心竞争力与企业竞争力之间的关系，并介绍了企业核心竞争力的模糊评价法。柳清瑞等（2003）从企业角度出发，分析并归纳了企业价值链基本活动、价值链辅助活动、基本竞争力等影响竞争力评价的因素，并构建了企业竞争力评价的指标体系及多指标评价方法。张晓文等（2003）基于已有研究对企业竞争力的概念及其系统因素构成进行了界定和分析，构建了企业竞争力的定量评价指标体系和定量评价模型。胡鞍钢等（2013）为评价中国国有企业改革的成效，构建了国有企业竞争力评价模型。吴菁（2019）在新零售业竞争激烈的背景下，基于生态位理论，结合新零售业的特征从宏观、中观、微观三个层面构建了其市场竞争力的分析模式，并构建了竞争优势的测度方法。

3. 关于企业竞争力影响因素的文献

关于企业竞争力影响因素的研究非常丰富，按照研究手段不同，可以分为以统计数据为样本的研究、以调查数据为样本的研究和用理论分析方法进行的研究三类，具体如下：

以统计数据为样本研究企业竞争力的影响因素。如田虹（2009）基于上海证券交易所和深圳证券交易所46家通信类上市公司2002～2005年的数据为样本进行了动态回归分析，结果表明承担社会责任总体上与企业竞争力呈显著的正相关关系。金碚（2014）基于 1998～2012 年中国 39 个工业行业的面板数据进行了实证分析，结果显示稳定的经济增长能为企业提供有利的经营环境，提高企业的经营绩效。叶生洪等（2016）基于中国制造业企业数据库 1999～2007 年的数据，用双重差分法（DID）和分位数回归方法进行了实证研究发现，外资并购对国内企业竞争力存在正向但有限的长期间接效应，同时，外资并购对小企业的竞争力具有显著的抑制效应，对大企业的竞争力则短期内促进，长期内抑制。何正全和李亚萍（2016）以中国股市中 2010～2014 年期间持续经营的 41 家汽车零部件公司的季度财务报表数据作为样本，实证分析了人民币升值对汽车零部件上市公司竞争力的影响，结果显示人民币升值对企业竞争力中的营利能力及营运能力有显著正向影响，而对成长能力没有显著影响。盛明泉和汪顺（2017）以上海证券交易所和深圳证券交易所 A 股上市公司处于年金制度普及阶段（2010～2015 年）的数据为样本，实证研究发现年金制度可通过员工教育素质、员工结构稳定性、人力资本投入等中介渠道促进企业竞争力提升。李梅等（2019）使用上海证券交易所和深圳证券交易所全部 A 股上市公司 2011～2016 年的数据作为样本，实证检验了管理者过度自信、投资偏好与企业竞争力的关系，研究结论显示管理者过度自信正向影响投资偏好，并通过投资偏好影响企业竞争力。曾静（2019）基于 2007～2016 年统计年鉴的数据进行了研究，结果显示参与生产国际分工带来的溢出效应促进了中国企业的研发投入的增加以及生产效率的提升，显著提高了中国企业的竞争力。

以调查数据为样本研究企业竞争力的影响因素。高山行等（2015）将企业技术能力和营销能力的匹配问题视为一个组织二元性问题，命名为"能力二元性"，基于对 303 份中国制造业企业的调查问卷数据进行实证研究发现，企业技术能力和营销能力的组合性对企业竞争力有正向影响，两种能力的非平衡性对企业竞争力有负向影响，且吸收冗余对这两种影响关系均存在调节效应。赵春妮和寇小萱（2018）基于178家企业管理者的调查数据，采用因子分析和多元回归分析方法研究了企业文化对企业竞争力的影响。贡小妹等（2018）以华为技术有限公司为例，研究了专利与企业竞争力的关系，指出专利既有利于推动企业技术创新和品牌培育，也有利于降低企业生产成本和实现产品差异化战略，最终促进企业竞争力提升。

用理论分析的方法研究企业竞争力的影响因素。毛蕴诗和程艳萍（2001）就20世纪90年代美国企业竞争力再次超过日本的事件进行了研究，指出美国企业竞争力上升的根源是：新兴企业、企业重构、信息科学技术、制造业，以及企业治理结构及管理模式选择适当。李显君（2002）从静态的角度分析了企业竞争力的内部直接来源和间接来源，以及企业竞争力的外部来源。罗元青（2004）指出中国提升企业竞争力乃至培育企业国际竞争力，既要注重企业制度创新和能力培养，也要借助合理的产业政策优化产业组织环境进而形成产业组织能力。金碚（2007）对中国企业的盈利能力与竞争力进行了研究，指出我国工业企业盈利能力的增强是企业竞争力提升的表现，而非由于垄断程度的提高。杨帅（2015）对美国制造业回流政策进行了分解并分析了其效应，指出中国可以借鉴其"降低企业成本、提升企业竞争力"的施政思路，依靠体制改革和技术创新激发企业发展动力和活力，提升其产品质量与市场竞争能力。王琛（2017）基于博弈论方法，采用古诺模型研究了碳配额约束对行业产出以及不同碳强度企业竞争力的影响，并用算例仿真分析进行了验证，结果显示碳配额约束会对行业产出产生负向影响，而对不同碳强度企业竞争力的影响存在异质性：促进碳强度较低企业的竞争力，降低碳强度较高企业的竞争力。

（四）文献评述

1. 文献总结

关于市场机制的相关文献，本书根据研究内容进行梳理后，将其分为两个主要的方向：市场和政府的关系、市场机制作用。其中，关于市场与政府的关系的研究随着改革开放的深入日渐丰富，且当前对这一问题的研究基本达成了共识：市场和政府都存在缺陷，二者应相互补充、相互促进，让市场在资源配置中发挥决定性作用以及更好地发挥政府的作用；关于市场机制作用问题的研究主要通过市场机制在某一领域或者某一问题中具体作用展开，这部分研究基本得出了较为一致的结论：市场机制效率更高，有利于解决研究对象的问题，促进研究对象的发展，主要回答了市场机制"作用的结果是什么"的问题。

关于要素市场化的相关文献，本书从资本要素市场化和劳动力要素市场化两部分进行了梳理。一是资本要素市场化。由于外资和内资市场化的路径和方式存在较大差异，因此又将其划分为了外资市场化和内资市场化两个部分。（1）外资市场化。由于当前我国外资市场化面临的主要障碍是市场管制，放开管制允许外资自由流入是实现外资市场化的主要措施。因此，当前关于外资市场化的研究主要是从外资自由化的角度进行的，包括三个主要研究方向：外资自由化带来的挤入挤出效应、外资自由化带来的溢出效应、外资自由化对东道国（企业）带来的其他方面的影响。关于外资自由化对国内资本的挤入挤出效应及溢出效应的研究目前尚未形成统一的结论，造成这一现象的原因来自东道国和外资两个方面。关于外资自由化对东道国（企业）带来的其他方面影响的研究主要包括：出口增长、经济增长、创新与技术进步、产业结构升级、内资企业存活、行业内的市场竞争等。（2）内资市场化。当前，我国资本要素（内资）市场化面临的主要障碍是利率价格管制，放开管制允许利率自由浮动是实现内资自由化的主要措施。因此，当前关于我国内资市场化的研究主要是围绕利率市场化展开的，根据研究视角可分为宏观层面的研究和微观层面的研究。其中，宏观层面的研究主要包括制度改革和货币政策两个方向，微观层面的研究主要包括利率市场化对企业融资的约束、信贷资源配置效率、银行业发展等三方面的影响。二是劳动力要素市场化。当前，劳动力要素的市场化配置，就是要实现劳动力要素依据市场供求关系的变动自由流动。现阶段，户籍制度已经成为我国劳动力自由流动的主要障碍，实现劳动力要素市场化配置的一个重要措施就是户籍制度改革。经过梳理发现，已有关于户籍制度改革的研究主要有两个方向：户籍制度改革与劳动力资源配置的研究、户籍制度与社会公平问题的研究。其中，在关于户籍制度改革与劳动力资源配置的研究中，就户籍制度改革已经成为劳动力自由流动障碍的观点已经基本达成共识，学者们基于这一共识进一步分析了户籍制度改革对就业机会、工资水平、城市规模、经济效率、公共资源配置等的影响。关于户籍制度与社会公平问题的研究主要集中于户籍制度改革与收入、社会保障、公共服务的关系。

关于企业竞争力的相关文献，按照不同研究内容和目的可以分为三个部分：完善和发展企业竞争力的相关理论、探讨企业竞争力的评价指标和评价方法、研究其他因素对企业竞争力的影响。其中，对于企业竞争力影响因素的研究较为丰富，包括承担社会责任、经济增长、外资并购、人民币升值、研发投入、环境税、企业文化、产业组织环境等因素。

2. 已有研究存在的不足

经过认真梳理，不难发现已有研究存在以下几个方面的不足：

（1）依据市场机制相关理论，市场机制由价格机制、供求机制和竞争机制三个要素构成，各种经济资源在价格机制、供求机制和竞争机制的作用下，按照价值规律的要求，流向经济效益高、社会需求旺盛的领域，从而实现资源的优化配置。但已有关于市场机制的实证研究通常是从市场机制总体的层面上展开的，并未深入探索市场机制三个要素在资源配置中的具体作用。

（2）在已有关于市场机制作用的研究中，少有文献将市场机制理论置于研究对象（通常是某种经济资源）的具体特征中，对市场机制作用的着力点、作用的机理进行深入分析。已有研究主要回答了市场机制的"作用是什么"的问题，而缺乏对市场机制在具体研究对象中"如何发挥作用"，以及在不同具体研究对象中"作用的特殊性"等问题的研究。

（3）已有关于资本（包括外资和内资）要素和劳动力要素市场化的研究，主要集中于要素市场化对不同经济主体或经济问题的影响；较少注意市场机制在要素市场化过程中的作用机理，以及两种生产要素各自的特殊性对其市场化配置效应的影响。

（4）在已有关于企业竞争力的研究中，对企业竞争力影响因素的研究成果比较丰富，但鲜有研究注意到在当前我国市场经济体制改革的背景下，市场机制对企业竞争力的影响。

第三章 竞争机制与企业竞争力——基于外资自由化视角

一、外资自由化与竞争机制

市场主体之间的竞争对市场价格、市场供求产生的影响及其相互作用的机制，即为竞争机制。竞争机制想要有效运行需要从三个方面进行改革：一是创造公平的竞争环境和竞争机会；二是消除企业进入和退出障碍，实现充分竞争；三是规范竞争秩序，实现有序竞争。

基于竞争机制理论，建设开放型经济新体制，实现以开放促改革，是推动我国竞争机制有效运行的重要力量。2013 年 11 月，《中共中央关于全面深化改革若干重大问题的决定》指出构建开放型经济新体制，要适应经济全球化新形势，必须推动对内对外开放相互促进、引进来和走出去更好结合，促进国际国内要素有序自由流动、资源高效配置、市场深度融合，加快培育参与和引领国际经济合作竞争新优势，以开放促改革。以开放促改革，一个重要的途径就是通过开放的"倒逼"效应（即借用外部压力促使内部调整），实现"推动前进"的目的。就外资开放而言，在当前国内资金相对充裕、市场规模不断扩大的条件下，"倒逼"效应表现为利用外资既要与调整经济结构和转变经济发展方式相结合，也要与促进国内市场竞争相结合

（霍建国，2014）；继续提高开放水平，促进公平竞争，要强化竞争政策的基础性地位，创造公平竞争的制度环境，并加快构建各类市场主体公平竞争的市场环境（张威，2019）。

外资是资本要素的重要组成部分，是构建开放型经济新体制的主要任务。由此，《中共中央关于全面深化改革若干重大问题的决定》提出从放宽投资准入、加快自由贸易区建设和扩大内陆沿边开放三个方面部署构建开放型经济新体制。2017年1月，《国务院关于扩大对外开放积极利用外资若干措施的通知》指出利用外资是我国对外开放基本国策和开放型经济体制的重要组成部分，在经济发展和深化改革进程中发挥了积极作用；2018年6月，《国务院关于积极有效利用外资推动经济高质量发展若干措施的通知》进一步指出利用外资是我国对外开放基本国策和构建开放型经济新体制的重要内容。由此可见，构建开放型经济新体制，放宽投资准入，是我国实现外资要素市场化配置的重要举措；外资市场化配置则是完善我国市场竞争机制、推动我国市场经济体制改革的重要力量。

在实践中，一国进行外资管制的主要目的是减小或避免外资进入对本国幼稚产业带来的竞争冲击；反之，放宽投资准入的过程也就是东道国引入外资参与本国竞争的过程。汪瑾（2013）指出外资进入会给东道国原有的经济布局带来影响，导致市场竞争更加激烈。在新的竞争环境下，内资企业必须缩小与世界先进技术水平的差距，提高劳动生产率，以避免被淘汰。可见，在市场机制不完善的时期，外资进入促进了充分竞争，事实上推动了竞争机制更有效地发挥作用，并通过多种渠道影响了内资企业的竞争力。因此，祖强和王凌（2000）认为外商投资"引进了市场机制和竞争机制"。

与此同时，企业竞争力的相关理论及研究成果显示，外部环境是企业竞争力的一个重要影响因素，外资市场化作为当前内资企业面临的重要外部环境之一，必然会影响内资企业的竞争力。因此，本章以外资自由化为例，研究竞争机制对企业竞争力的影响。

二、外资自由化的进程

十一届三中全会后，我国做出了积极采取多种方式引进外资，以加速社会主义现代化建设的重大决策，并开启了我国外资市场化的改革探索。本章将我国外资市场化的进程划分为两个阶段，具体如下：

1. 外资市场化的探索阶段（1978～1997 年）

改革开放初期，我国引进外资的主要目标是解决当时经济建设中面临的资金缺口问题，之后又先后提出了扩大出口、改进国内传统产业、促进产业结构升级、打破经济发展在部分领域的"瓶颈"等政策目标。为避免外资自由化对经济造成负面冲击，我国采取了渐进式开放的策略，首先开展了出台法律法规和建立监管制度等工作。

在法律法规方面，先后颁布了《中华人民共和国中外合资经营企业法》《外资经营企业所得税法》《中外合资经营企业登记管理办法》《涉外经济合同法》《中外合资经营企业法实施条例》《外资企业法》《中外合作经营企业法》《著作权法》《外商投资企业和外国企业所得税法》等，并根据经济社会发展的需要对部分法律进行了修订，特别是于 1982 年修订了《宪法》。这些法律法规的制定和完善，规范了外资企业和其他经济组织在华的权利和义务，为其在华的合法经营活动提供了依据和保护，也对其超出法律规定范围的行为活动予以约束。党的十四大后，为拓宽我国利用外资的领域，与国际惯例全面接轨，修订和出台了一系列鼓励外资的政策法规：修订了《中外合资经营企业法》《外资企业法》《中外合作经营企业法》及其实施细则（条例），修订了《关于外商投资企业合并与分立的规定》，出台了《关于设立外商投资创业投资企业的暂行规定》《中外合资、合作医疗机构管理暂行办法》《外商投资电信企业管理规定》《中外合营旅行社试点办法》等，进一步对外资企业和外国投资者在我国的经营活动范围和行为进行规范。

在监管制度方面，1979 年，国务院增设了外国投资管理委员会对外资工作进行统筹领导和监管。1982 年，多部门合并成立对外经济贸易部，取代外国投资管理委员会成为我国统筹领导和监管外资新的主管机构。1986 年，国务院成立外国投资工作领导小组，对原国家计划委员会、国家经济委员会和对外经济贸易部的工作进行统筹领导。

在引进外资政策方面，首先将经济特区作为对外开放的窗口进行试点，以"超国民待遇"政策吸引外资，逐渐建立起我国与世界经济发展的联系，积累了一些外资工作的经验；随后逐渐扩大开放的地域范围和行业领域，外资流入的规模快速增长，同时也显现出了数量增加但质量不足的问题；为提高外资的利用质量，1995 年，中华人民共和国商务部（以下简称"商务部"）制定了《指导外商投资方向暂行规定》及《外商投资产业指导目录》（以下简称《目录》），作为指导审批外商投资项目的依据。自此，中国开始实施差别化的产业准入政策。1997 年，对《目录》进行修订，鼓励外资企业出口、投资高技术产业和投资中西部地区。

在以上各方面工作的互促推动下，中国的外资开放取得了巨大进展，实际利用外资额从 1983 年的 22.61 亿美元增加到了 1997 年的 644.08 亿美元；实际利用外商直接投资金额从 1983 年的 9.16 亿美元增加到了 1997 年的 452.57 亿美元。[①]

---

① 资料来源：国家统计局网站。

2. 外资市场化的快速推进阶段（1998年至今）

1997年底，党的十五大明确提出把"努力提高对外开放水平"提升到中国经济体制改革战略高度，开启了我国外资市场化的新阶段。尽管受1997年亚洲金融危机的影响，中国实际利用外资额及实际利用外商直接投资额均出现了下降。但经过上一阶段的探索实践，我国外资开放的相关法律法规、监管制度及政策措施已逐渐完善，为中国2001年加入世界贸易组织（WTO）做了充分的准备。2007年，第十届全国人民代表大会第五次会议通过的《中华人民共和国企业所得税法》将外资企业和内资企业所得税的税率统一调整为25%，取消了上一阶段形成的外资企业的"超国民待遇"，为各微观经济主体创造了更为公平的市场竞争环境。此外，继1997年首次修订《目录》后，相关部门又分别于2002年、2004年、2007年、2011年、2015年以及2017年六次修订《目录》，进一步放开了外资准入的行业领域。同时，我国还大力开展自由贸易区建设，于2013年9月成立了第一个自由贸易区——中国（上海）自由贸易试验区，上海市政府还出台了《中国（上海）自由贸易试验区外商投资准入特别管理措施（负面清单）（2013年）》，开启了我国负面清单管理外商投资的模式；随后，全国范围内又相继设立了多个自由贸易区，且外资准入负面清单逐渐缩短，2019年发改委和商务部发布的《外商投资准入特别管理措施（负面清单）（2019年版）》中全国只有40个条目。党的十九大报告也指出中国未来将实行高水平的贸易和投资自由化、便利化政策，全面实行准入前国民待遇加负面清单管理制度，大幅度放宽市场准入，扩大服务业对外开放，保护外商投资合法权益。

以上，基于我国作为东道国放松管制和开放市场的视角，外资已经在较大程度上实现了市场化。实际利用外资额从1998年的585.57亿美元增加到了 2021 年的 1734.8 亿美元，实际利用外商投资额从 1998 年的 454.63 亿美元增加到了 2021 年的 1734.8 亿美元。[①]

三、研究设计与数据说明

由上文对外资自由化发展历程的梳理可见，2001 年加入 WTO 是我国扩大对外开放的一个重大突破性事件，而 2002 年修订《目录》则是为履行加入 WTO 所做出的承诺，较大幅度地调整外资管制，对内资企业竞争力带来了较大影响，因此，本章以 2002 年《外商投资产业指导目录》的调整作为外资自由化的外生冲击，基于工业企业数据库 1998~2007 年的非平衡面板数据，将双重差分的思想嵌入到工具变量方法中，构建模型检验外资自由化对内资企业竞争力的影响，并进一步研究其影响机制及影响的异质性。

（一）研究设计

为了减少已有研究存在的内生性问题，精准评估外资自由化对内资企业竞争力的影响，本章将双重差分的思想嵌入工具变量方法中（Lu，Tao & Zhu，2017；刘灿雷等，2018），以 2002 年《目录》调整作为外资准入放宽的政策冲击，将这一政策冲击作为外资自由化的工具变量，使用两阶段最小二乘法估计外资自由化对内资企业竞争力的影响，基准模型构建如下：

$$FI\_cic_{jt} = \alpha^2 + \beta^2 \cdot did_{jt} + Z'_{jt}\delta^2 + E'_{ijt}\gamma^2 + \theta_k + \theta_j + \theta_t + \varepsilon^2_{ijt} \quad (3-1)$$

$$EC_{ijt} = \alpha^1 + \beta^1 \cdot FI\_cic_{jt} + Z'_{jt}\delta^1 + E'_{ijt}\gamma^1 + \theta_k + \theta_j + \theta_t + \varepsilon^1_{ijt} \quad (3-2)$$

其中，式（3-1）为两阶段最小二乘法中第一阶段的回归模型；

[①] 资料来源：国家统计局网站，http：//www.stats.gov.cn/。特别说明，由于 2021 年中国实际利用外商其他投资额为 0，故实际利用外资额与实际利用外商直接投资额相等。

式（3－2）为两阶段最小二乘法中第二阶段的回归模型。

式（3－2）中，下标 i 代表企业，下标 j 代表行业（本书所指行业均为四位行业码层面），t 代表年份。EC_{ijt} 为 t 年 j 行业中 i 企业的竞争力，FI_cic_{jt} 为 t 年 j 行业的外资自由化程度①，ε_{ijt} 为随机扰动项。为了减小遗漏变量对系数估计造成的偏误，对可能同时影响外商投资政策调整与企业竞争力的行业特征变量向量 Z_{jt}、可能影响企业竞争力的企业特征变量向量 E_{ijt}、地区固定效应 θ_k、行业固定效应 θ_j、年份固定效应 θ_t 进行了控制。但从理论上讲，东道国引入外资的政策需要与本国国民经济和社会发展规划相适应，受到一国相关政策、市场规模、资源禀赋等多方面因素的影响，因此尽管式（3－2）中控制了可观测的行业变量及企业特征变量等因素，仍有可能遗漏部分不可观测因素从而导致内生性问题。因此，本章以 2002 年《目录》调整带来的政策冲击作为外资自由化程度的工具变量，构建了双重差分模型（见式（3－1））作为一阶段回归模型。其中，did_{jt} 为 $open_j$ 与 $period_t$ 的交乘项；$open_j$ 是 j 行业外资开放程度受 2002 年政策冲击与否的虚拟变量：若受到冲击，则 $open_j$ 为 1；若未受到冲击，则 $open_j$ 为 0。$period_t$ 是 2002 年政策冲击时间的虚拟变量：2002 年及其后受到冲击的年份，$period_t$ 为 1；2002 年以前受到冲击的年份，$period_t$ 为 0。模型中具体变量构造如下：

被解释变量。企业竞争力（EC_{ijt}）是一个复杂的概念，涉及企业多方面的能力，很难用单一指标测度，不同学者对此进行了多方面、

---

① 根据 2020 年 1 月 1 日起正式施行的《中华人民共和国外商投资法》和《中华人民共和国外商投资法实施条例》，香港特别行政区、澳门特别行政区投资者在内地投资，参照外商投资法及其实施条例执行；法律、行政法规或者国务院另有规定的，从其规定。台湾地区投资者在大陆投资，适用《中华人民共和国台湾同胞投资保护法》（以下简称《台湾同胞投资保护法》）及其实施细则的规定；《台湾同胞投资保护法》及其实施细则未规定的事项，参照外商投资法及其实施条例执行。本书将实收资本中包含外资的企业定义为外资企业，不包含外资的企业定义为内资企业；其中，若某一企业仅在 t 年的实收资本中包含外资，则将 t 年之前的年份定义为内资企业，t 年及其后年份定义为外资企业。

多角度的研究。由于只有经营绩效较好的企业才能在激烈的市场竞争中存活，故企业竞争力通常可以通过其经营绩效来反映。净资产收益率能较好地反映企业的经营绩效，因此，本章借鉴波特（Porter，1997）、金碚和李钢（2007）、李梅等（2019）的研究，选取净资产收益率作为内资企业竞争力的第一个衡量指标，记为 ROE_{ijt}；考虑到总资产周转率可以反映企业财务状况、企业全部资产的经营质量和利用效率以及企业投入产出效率，总资产周转率越高表明企业的竞争力越强，因此，借鉴金碚和李钢（2007）、王健和张晓媛（2014）的研究，本章选取总资产周转率作为内资企业竞争力的第二个衡量指标，记为 $TATO_{ijt}$。

核心解释变量。FI_cic_{jt} 为 j 行业 t 年的外资自由化程度，本章借鉴陆等（Lu et al.，2017）和刘灿雷等（2018）的方法，以 t 年 j 行业中所有企业外资份额（即外商资本占实收资本的比重）的加权平均值（以销售额为权重）作为衡量指标。

控制变量。为保证基准模型中 β 系数估计的无偏性，本章加入了地区固定效应、行业固定效应、年份固定效应；为进一步减弱行业特征对《目录》调整行业选择的影响，本章对 1995 年发布的《指导外商投资方向暂行规定》进行了梳理，借鉴钟昌标等（2015）、侯欣裕等（2018）、蒋灵多等（2018）、毛其淋（2019）等的研究，将原国家计划委员会会同国务院有关部门编制和修订《目录》的依据进行归纳总结后，量化处理为模型中的行业特征变量向量 Z_{jt}，具体包括：行业存货周转率、行业劳动密集度、行业市场化率、行业竞争程度、行业新产品密集度；为了尽可能控制企业层面可能影响企业竞争力的因素，本章借鉴钟昌标等（2015）、李磊等（2016）、蒋灵多和陆毅（2018）、韩超等（2018）、高凌云和易先忠等（2019）的研究，在模型中加入了企业层面特征变量向量 E_{ijt}，包括：企业平均工资、企业资本密集度、企业吸引能力、企业年龄和企业是否出口虚拟变量。主要变量的描述性统计结果如表 3-1 和表 3-2 所示。

表 3-1　主要变量描述性统计结果（以 ROE 指标衡量企业竞争力）

变量名	样本量	均值	标准差	最小值	最大值
净资产收益率 ROE	731694	24.4746	34.9836	-34.0192	218.2998
外资自由化程度 FI_cic	731694	23.2035	14.8635	0.0000	95.7637
企业平均工资 Wage	731694	2.3256	0.6331	-6.4552	9.9937
企业资本密集度 Cap_inten	731694	3.5642	1.1786	-6.8529	10.2222
企业吸引能力 absorb_lp	731694	3.2011	1.1061	0.0000	13.1405
企业年龄 Age	731694	10.2501	10.8720	1.0000	108.0000
行业存货周转率 avcic_invet	731694	6.0368	2.4752	0.5074	33.6204
行业劳动密集度 cic_labin	731694	89.2959	69.6777	6.7576	912.5027
行业市场化率 cic_market	731694	71.6855	22.2261	0.0425	100.0000
行业竞争程度 HHI	731694	2.2964	4.0809	0.1064	84.1630
行业新产品密集度 NPC	731694	6.7174	6.4138	0.0000	78.2143

资料来源：基于 1998~2007 年《中国工业企业数据库》中制造业企业数据测算。

表 3-2　主要变量描述性统计结果（以 TATO 指标衡量企业竞争力）

变量名	样本量	均值	标准差	最小值	最大值
总资产周转率 TATO	739710	2.2076	1.8673	0.2413	10.7984
外资自由化程度 FI_cic	739710	23.2450	14.8418	0.0000	95.7637
企业平均工资 Wage	739710	2.3288	0.6256	-6.4552	9.9937
企业资本密集度 Cap_inten	739710	3.5388	1.1561	-6.8529	9.1783
企业吸引能力 absorb_lp	739710	3.2034	1.0892	0.0000	13.1405
企业年龄 Age	739710	10.1565	10.6787	1.0000	108.0000
行业存货周转率 avcic_invet	739710	6.0381	2.4473	0.5074	33.6204
行业劳动密集度 cic_labin	739710	89.3849	69.7927	6.7576	912.5027
行业市场化率 cic_market	739710	71.7952	22.1344	0.0425	100.0000

变量名	样本量	均值	标准差	最小值	最大值
行业竞争程度 HHI	739710	2.2908	4.0840	0.1064	84.1630
行业新产品密集度 NPC	739710	6.6910	6.3738	0.0000	78.2143

资料来源：基于 1998~2007 年《中国工业企业数据库》中制造业企业数据测算。

（二）数据说明

本章使用 1998~2007 年中国工业企业数据库中制造业企业的数据，依据 2002 年《目录》调整情况将行业按开放程度变化进行分类后，基于开放程度提高和开放程度不变行业的数据进行了研究。具体数据处理过程如下：

1. 工业企业数据库的处理

借鉴布兰特、毕思布洛克和张（Brandt, Biesebroeck & Zhang, 2012）的方法，对数据库中 1998~2007 年制造业企业的数据进行匹配；采用布兰特、毕思布洛克和张等（Brandt, Biesebroeck & Zhang et al., 2014）提供的行业调整代码对 2002 年前后的四位行业代码进行统一，并用其提供的产出和中间品价格指数对企业产出、中间投入进行价格指数平减；参考鲁晓东和连玉君（2012）的方法，采用中国经济信息网省份层面的消费价格指数和固定资产投资价格指数对利润、税收、利息、债务、资产等变量进行价格指数平减，以此剔除价格变动因素。借鉴刘小玄和李双杰（2008）、聂辉华等（2012）的方法填补工业增加值的缺失值；借鉴赵卿和曾海舰（2018）的方法，填补 2004 年缺失的工业总产值、出口交货值、新产品产值；根据会计准则：资产＝负债＋所有者权益，用负债与所有者权益之和填补资产的缺失值；借鉴聂辉华等（2012）的方法，剔除销售额低于 500 万元或企业就业人数小于 8 的样本，以及一些明显不符合会计原则的样本；剔除存在统计错误的样本，如数值型变量中含有非数值型字符的样本、成立年份在统计年份之后的样本、新产品产值小于 0 的样本、实收资本小于 0 的样本。根据研究需要，本章剔除了工业企业数据库中由于 2002 年《目录》调整后相对 1998 年开放程度减小或混合变动的样本，仅对开放程度不变和增大的样本进行研究。此外，本章还剔除了关键指标缺失的样本、企业竞争力指标的极端值（前后各 2.5%），以及由于各种剔除处理之后造成的年份上不连续的样本。

2. 外商投资产业开放目录的处理

为了指导外商投资方向，使其与我国国民经济和社会发展规划相适应，也为了保护投资者的合法权益，原国家计划委员会会同国务院有关部门根据 1995 年 6 月制定的《指导外商投资方向暂行规定》，定期编制和适时修订了《外商投资产业指导目录》（以下简称《目录》）作为指导审批外商投资项目的依据。《目录》于 1995 年首次编制完成，在本书研究的样本期 1998～2007 年间，经历了 2002 年和 2004 年两次修订，其中 2004 年的修订调整较小，因此本书选用 2002 年的修订作为外商投资开放程度提高的政策冲击，具体数据处理过程如下：首先，参考蒋灵多等（2018）的方法，根据国家统计局公布的《国民经济行业分类（GB/T4754—1994）》标准，分别将《目录》（1997 年 12 月修订）（见附录一）和《目录》（2002 年 3 月修订）（见附录二）中的相关产业名称目录归并到工业企业数据库中 1998～2002 年的四位行业代码下，并按照外商投资项目的类别（鼓励、限制和禁止）进行标记。其次，参考韩超等（2018）的方法，将未归并成功的项目与《统计用产品分类目录》中的八位产品代码进行匹配，再将八位产品代码映射到工业企业数据库 1998～2002 年涉及的四位行业代码下，并按照外商投资项目的类别进行标记，归并结果见附录三。再次，由于工业企业数据中的四位行业代码在 1998～2002 年使用的是 GB/T 4754—1994 产业分类标准；在 2003～2007 年使用的是 GB/T 4754—2002 产业分类标准，故在 2002 年前后有所差异。因此，在完成上一步骤后，通过布兰特等（Brandt et al. , 2014）提供的行业调整代码（见附录五），将已经归并到工业企业数据库中的 1998～2002 年的四位行业代码下的外商投资项目类别（鼓励、限制和禁止）数据，与工业企业数据库 2003～2007 年的数据进行匹配，即可得到 2003～2007 年工业企业四位行业代码外商投资项目类别，见附录四。最后，将既不属于鼓励、限制类，也不属于禁止类的行业，作为允许类行业处理。参考陆等（Lu et al. , 2017）的处理方法，分别对鼓励类、允许类、限制类和禁止类目录赋值为 3、2、1 和 0。用 2002 年的目录赋值减去 1998 年同一行业的目录赋值，分别将结果大于 0、等于 0 和小于 0 的行业界定为开放程度增加、不变和减小行业；若一行业同时存在开放程度增加项目和开放程度减小项目，则将其界定为混合变动行业。

《目录》数据与工业企业数据库合并后情况如下：工业企业数据库制造业 1998～2007 年共涉及 422 个行业，其中，开放度增加的行业有 106 个，开放度减小的行业有 9 个，开放度不变的行业有 303 个，混合变动行业有 4 个。

（三）基准回归结果分析

表 3-3 和表 3-4 报告了基准模型的估计结果，其中，表 3-3 以 ROE_{ijt} 作为企业竞争力的代理指标，表 3-4 以 $TATO_{ijt}$ 作为企业竞争力的代理指标。两个表的结构完全一致：第（1）~（4）列为第二阶段即模型（3-2）的回归结果；第（5）~（8）列为第一阶段即模型（3-1）的回归结果。

表3-3　基准模型的回归结果（ROE_{ijt}）

变量名	第二阶段回归结果				第一阶段回归结果			
	(1) ROE_{ijt}	(2) ROE_{ijt}	(3) ROE_{ijt}	(4) ROE_{ijt}	(5) FI_cic_{jt}	(6) FI_cic_{jt}	(7) FI_cic_{jt}	(8) FI_cic_{jt}
FI_cic_{jt}	0.1382** [0.0690]	0.1137* [0.0687]	0.1197* [0.0653]	0.3358*** [0.1300]				
did_{jt}					2.8109*** [0.0270]	2.8101*** [0.0270]	2.8035*** [0.0271]	1.4443*** [0.0283]
弱工具变量检验（F统计量）					10808	10802.6	10737.6	2605.4
年份固定效应	Yes	Yes	Yes	Yes	Yes	Yes	Yes	Yes
行业固定效应	Yes	Yes	Yes	Yes	Yes	Yes	Yes	Yes
地区固定效应		Yes	Yes	Yes		Yes	Yes	Yes
企业特征变量			Yes	Yes			Yes	Yes
行业特征变量				Yes				Yes
样本量	731694	731694	731694	731694	731694	731694	731694	731694
r2	0.0262	0.0344	0.1256	0.1245	0.8828	0.8828	0.8829	0.8903

注：(1) *、**、***分别表示在10%、5%和1%显著性水平下显著，表3-4、表3-5、表3-6同；(2) 括号内的数字为标准差，采用稳健标准误计算，表3-4、表3-5、表3-6同。

表3-4　　基准模型回归结果（$TATO_{ijt}$）

变量名	第二阶段回归结果				第一阶段回归结果			
	(1) $TATO_{ijt}$	(2) $TATO_{ijt}$	(3) $TATO_{ijt}$	(4) $TATO_{ijt}$	(5) FI_cic_{jt}	(6) FI_cic_{jt}	(7) FI_cic_{jt}	(8) FI_cic_{jt}
FI_cic_{jt}	0.0231*** [0.0036]	0.0223*** [0.0036]	0.0233*** [0.0032]	0.0323*** [0.0063]				
did_{jt}					2.8333*** [0.0269]	2.8327*** [0.0269]	2.8248*** [0.0269]	1.4590*** [0.0282]
弱工具变量检验（F统计量）					11069	11065.1	10987.9	2680.16
年份固定效应	Yes	Yes	Yes		Yes	Yes	Yes	Yes
行业固定效应	Yes	Yes	Yes		Yes	Yes	Yes	Yes
地区固定效应	Yes	Yes	Yes	Yes		Yes	Yes	Yes
企业特征变量			Yes	Yes			Yes	Yes
行业特征变量				Yes				Yes
样本量	739710	739710	739710	739710	739710	739710	739710	739710
r2	0.068	0.076	0.2836	0.2825	0.8824	0.8824	0.8825	0.89

第二阶段回归中,第(1)列只控制了年份固定效应和行业固定效应,回归系数显著为正,初步表明外资自由化对提高企业竞争力具有促进作用;第(2)~(4)列依次加入了地区固定效应、企业特征变量(即企业层面控制变量)和行业特征变量(即行业层面控制变量),回归系数依然显著为正,并且当模型构造逐步精细,可能带来内生性问题的因素得到了更好的控制时,外资自由化对内资企业竞争力的影响明显增大,进一步验证了外资自由化有利于促进内资企业竞争力的提升。

第一阶段回归中,对于第(5)~(8)列,以同样的方式依次加入控制变量,回归结果始终显著为正,表明2002年《目录》调整对外资自由化程度有显著的激励作用,反映出二者具有显著的相关关系;同时,检验弱工具变量的 F 统计值均大于10,可见不存在弱工具变量问题,工具变量选取有效。

(四) 平行趋势检验

本章基准模型中引入双重差分方法需要满足平行趋势假设,即在2002年政策冲击发生之前实验组($open_j$ 为 1,开放度增加的行业)和控制组($open_j$ 为 0,开放度不变的行业)的企业竞争力具有相同的变化趋势;只有在平行趋势假设成立的情况下,双重差分估计才具有一致性。图 3-1 描述了样本期内实验组和控制组企业竞争力的变化趋势。可以看到,在2002年之前,实验组企业竞争力的两个指标 ROE_{ijt} 和 $TATO_{ijt}$ 在趋势上都与控制组一致,且在水平上都明显低于控制组;而在2002年政策冲击之后,实验组的竞争力水平得到了更快的提升,ROE_{ijt} 基本提升到了控制组的水平,$TATO_{ijt}$ 与控制组的差距也明显缩小。由此可见,政策冲击之前实验组和控制组的企业竞争力具有平行趋势,政策冲击后,实验组的企业竞争力明显提升。

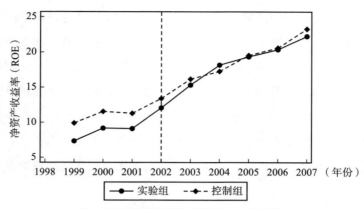

（a）实验组与控制组平均净资产收益率变化趋势

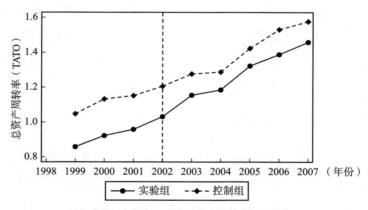

（b）实验组与控制组平均总资产周转率变化趋势

图 3－1　实验组与控制组企业竞争力变化趋势

（五）稳健性检验

为了验证估计结果是否稳健，本章通过更换研究样本、更换被解释变量企业竞争力的代理指标、调整核心解释变量外资自由化程度的构造以及直接构建双重差分模型等四种方法进行稳健性检验。

首先，更换研究样本。出于实际经济意义的考虑，本章基准模型回归中仅研究了外资自由化对内资企业竞争力的影响；但在实践中，外资自由化对市场内所有企业（包括内资企业和原有外资企业）都会产生影响。为验证外资自由化对企业竞争力影响的稳健性，本章用全样本数据对基准模型进行了回归，结果仍然显著，详见表3-5第（1）~（2）列。

其次，更换被解释变量指标。企业竞争力是一个企业多方面综合能力的体现，除了本章基准模型回归所选取的两个代理指标之外，也有不少文献使用其他指标来进行测度。如金碚和李钢（2007）、赵冬梅和周荣征（2007）还分别使用市场占有率、流动资产周转率作为企业竞争力的衡量指标。市场占有率通常可以反映企业的管理水平和发展能力，市场占有率越高，说明市场对企业的接受度越高，企业的竞争力越强；流动资产周转率可以反映企业的资产利用率，流动资产周转率快，说明企业加强内部管理能力较强，能充分利用流动资产为企业创造效益。因此本章选用市场占有率（MK_{ijt}）、流动资产周转率（CAT_{ijt}）作为内资企业竞争力的代理指标进行稳健性检验。结果显示，更换代理指标后，外资自由化对内资企业竞争力的影响仍然显著，详见表3-5第（3）~（4）列。

表3-5　　　　　　　　　稳健性检验结果（一）

变量名	更换样本		更换被解释变量指标	
	（1） ROE_{ijt}	（2） $TATO_{ijt}$	（3） MK_{ijt}	（4） CAT_{ijt}
FI_cic_{jt}	0. 3355 *** ［0. 1027］	0. 0300 *** ［0. 0050］	1. 1922 *** ［0. 0692］	8. 0691 *** ［2. 6865］
年份固定效应	Yes	Yes	Yes	Yes
行业固定效应	Yes	Yes	Yes	Yes
地区固定效应	Yes	Yes	Yes	Yes

续表

变量名	更换样本		更换被解释变量指标	
	(1) ROE_{ijt}	(2) $TATO_{ijt}$	(3) MK_{ijt}	(4) CAT_{ijt}
企业特征变量	Yes	Yes	Yes	Yes
行业特征变量	Yes	Yes	Yes	Yes
样本量	998354	1012207	744489	779960
r2	0.1243	0.2745	0.341	0.1251

再次，调整核心解释变量的构造。本章基准模型回归中，核心解释变量 FI_cic_{jt} 的构造以销售收入为权重。然而，从理论上讲，也可以选择其他指标作为权重。本章分别选取了工业总产值和总资产作为权重重新构造 FI_cic_{jt}，以检验基准模型估计的稳健性。表 3 - 6 第（1）~（2）列是以工业总产值为权重构造 FI_cic_{jt} 的回归结果，第（3）~（4）列是以总资产为权重构造 FI_cic_{jt} 的回归结果，可见调整核心解释变量的构造方法后，回归结果仍然显著。

最后，使用双重差分方法。2002 年《目录》调整后，一部分行业的开放程度提高，而另一部分行业的开放程度则未发生变化。开放程度提高的行业外资进入增加，竞争更加充分，从而对企业竞争力产生影响；而开放程度不变的行业，则不会直接受到影响。因此，可将开放程度不变的行业作为控制组，将开放程度提高的行业作为实验组，借助 DID 方法来估计外资自由化对内资企业竞争力的影响，模型构建如下：

$$EC_{ijt} = \alpha^3 + \beta^3 \cdot did_{jt} + Z'_{jt}\delta^3 + E'_{ijt}\gamma^3 + \theta_k + \theta_j + \theta_t + \varepsilon^3_{ijt} \quad (3-3)$$

式（3-3）中相关变量的含义与基准模型相同，对其进行估计的结果显示，外资自由化显著促进了对内资企业竞争力的提升，详见表 3-6 第（5）~（6）列。

综上所述，经过以上四种方法检验，证实本章得出的外资自由化有利于促进内资企业竞争力提升的研究结果较为稳健。

表 3 - 6 稳健性检验结果（二）

变量名	调整核心解释变量的构造				双重差分方法	
	（1） ROE_{ijt}	（2） $TATO_{ijt}$	（3） ROE_{ijt}	（4） $TATO_{ijt}$	（5） ROE_{ijt}	（6） $TATO_{ijt}$
FI_cic_{jt}	0.2570 *** ［0.0994］	0.0246 *** ［0.0048］	0.5007 *** ［0.1940］	0.0472 *** ［0.0093］		
did_{jt}					0.4850 *** ［0.1875］	0.0471 *** ［0.0092］
年份固定效应	Yes	Yes	Yes	Yes	Yes	Yes
行业固定效应	Yes	Yes	Yes	Yes	Yes	Yes
地区固定效应	Yes	Yes	Yes	Yes	Yes	Yes
企业层面变量	Yes	Yes	Yes	Yes	Yes	Yes
行业层面变量	Yes	Yes	Yes	Yes	Yes	Yes
样本量	731694	739710	731694	739710	731694	739710
r2	0.1256	0.2867	0.1229	0.277	0.1266	0.2901

注：稳健性检验过程中，更换样本、更换被解释变量指标、调整核心解释变量的构造后，仍然使用两阶段最小二乘法进行估计，但限于篇幅，未报告第一阶段的回归结果。

四、外资自由化对企业竞争力的影响机理

在证实外资自由化有助于促进内资企业竞争力提升的前提下，有必要进一步研究外资自由化对内资企业竞争力的影响机理，下文借助 FHK 分解方法并结合多重中介效应模型对此进行了分析。

（一）影响机理分析

外资自由化有助于促进市场实现充分、有序的竞争，形成公平的竞争环境，进而从三个方面促进企业竞争力的提升：第一，促进国内外企业信息技术的交流合作及资源共享，激励内资企业通过学习模仿、引进技术、自主研发等方式提高技术水平、改善经营管理；第二，维护和实现市场公平，有利于促进企业的利益更为充分地实现，特别是为新企业进入提供机会；第三，形成优胜劣汰机制，特别是完善市场的退出机制（杨丹辉，2004），从而优化社会资源配置。以上三方面的作用将通过不同机理，影响处于不同发展演化阶段企业的竞争力。下文分两步对此进行理论分析：

1. 第一步，分析行业平均企业竞争力变动的总效应及存续企业、进入企业和退出企业对总效应的贡献

借鉴毛其淋和盛斌（2013）的研究，将第 $t-1$ 期不存在，而第 t 期存在的企业，定义为第 t 期新进入企业；将第 $t-1$ 期存在，而第 t 期不存在的企业，定义为第 t 期退出企业；将第 $t-1$ 期和第 t 期都存在的企业定义为第 t 期存续企业，需要特别说明的是，由此定义的进入和退出是广义的，既包括企业主营业务收入达到 500 万元门槛而进入数据库之"进入"，或者企业主营业务收入未达到 500 万元门槛而退出数据库之"退出"，也包括新企业成立进入市场之"进入"，或者企业破产倒闭退出市场之"退出"（吴小康和于津平，2014）。本章借鉴福斯特、霍尔蒂万格和克里赞（Foster, Haltiwanger & Krizan, 1998）的分解方法（以下简称"FHK 分解法"），将行业平均企业竞争力（本章指行业"内资企业"的平均企业竞争力）变动的总效应（以下简称"总效应"）分解为存续企业的"发展效应"、进入企业的"进入效应"和退出企业的"退出效应"，FHK 分解法具体如下：

假定 j 行业 i 企业在 t 时间的竞争力为 EC_{it}，那么 j 行业在时间 t 的平均企业竞争力 EC_{jt} 为：

$$EC_{jt} = \sum_{i \in H_j} W_{it} \cdot EC_{it} \qquad (3-4)$$

其中，H_j 为行业 j 的企业集合。W_{it} 为权重，表示资源在企业间的配置情况，或者 i 企业竞争力在 j 行业竞争力中的贡献，本章用企业的产值份额衡量（即企业 i 的产值占其所在行业 j 中所有企业产值之和的比例）；EC_{it} 代表 t 时间 i 企业的竞争力。行业平均企业竞争力从时间 $t-1$ 到时间 t 的变化为：

$$\Delta EC_{jt} = \sum_{i \in (S,N)} W_{it} \cdot EC_{it} - \sum_{i \in (S,X)} W_{it-1} \cdot EC_{it-1} \qquad (3-5)$$

其中，S、N、X 分别表示 j 行业中存续企业、新进入企业、退出企业的集合；按照存续企业平均竞争力、新进入企业平均竞争力及退出企业平均竞争力三种类型对式（3-5）进行归纳整理，可进一步将行业平均企业竞争力的变动分解为：

$$\Delta EC_{jt} = \sum_{i \in S} (W_{it} \cdot EC_{it} - W_{it-1} \cdot EC_{it-1}) + \sum_{i \in N} W_{it} \cdot EC_{it}$$
$$- \sum_{i \in X} W_{it-1} \cdot EC_{it-1} \qquad (3-6)$$

理论上看，存续企业的行业平均企业竞争力变动有两个来源：一是企业自身竞争力水平的变化；二是企业市场份额的变化。因此，可以将存续企业竞争力变化进一步分解为如下形式：

$$\sum_{i \in S} (W_{it} \cdot EC_{it} - W_{it-1} \cdot EC_{it-1}) = \sum_{i \in S} (W_{it-1} \cdot \Delta EC_{it})$$
$$+ \sum_{i \in S} \Delta W_{it} \cdot EC_{it} \qquad (3-7)$$

将式（3-7）代入式（3-6），即为贝利等（Baily et al.，1992）的分解方程式：

$$\Delta EC_{jt} = \sum_{i \in S} (W_{it-1} \cdot \Delta EC_{it}) + \sum_{i \in S} \Delta W_{it} \cdot EC_{it} + \sum_{i \in N} W_{it} \cdot EC_{it}$$
$$- \sum_{i \in X} W_{it-1} \cdot EC_{it-1} \qquad (3-8)$$

但依据该方法进行分解，当新进入企业的市场份额足够小而退出企业的市场份额非常大，即便新进入企业的市场竞争力比退出企业更高，行业平均企业竞争力的变动也可能是负的（Haltiwanger，1997）。为了克服这一问题，福斯特等（Foster et al.，1998）建议采用相对于行业平均竞争力的方式进行分解。首先，将存续企业的行业平均企业竞争力变动通过变形重新表示为：

$$\sum_{i \in S}(W_{it} \cdot EC_{it} - W_{it-1} \cdot EC_{it-1})$$

$$= \sum_{i \in S}(W_{it-1} \cdot \Delta EC_{it}) + \sum_{i \in S} \Delta W_{it} \cdot EC_{it-1} + \qquad (3-9)$$

$$\sum_{i \in S} \Delta W_{it} \cdot EC_{it}$$

将式（3-9）代入式（3-6），得到：

$$\Delta EC_{jt} = \sum_{i \in S}(W_{it-1} \cdot \Delta EC_{it}) + \sum_{i \in S} \Delta W_{it} \cdot EC_{it-1} + \sum_{i \in S} \Delta W_{it} \cdot$$

$$\Delta EC_{it} + \sum_{i \in N} W_{it} \cdot EC_{it} - \sum_{i \in X} W_{it-1} \cdot EC_{it-1} \qquad (3-10)$$

从理论上看，企业进入与退出行为导致的市场份额变化的绝对量与存活企业市场份额变化的绝对量相等，因此：

$$\sum_{i \in S}(W_{it} - W_{it-1}) = -\sum_{i \in N} W_{it} + \sum_{i \in X} W_{it-1} \qquad (3-11)$$

在式（3-9）两边同时乘以 EC_{jt-1} 经整理可得：

$$EC_{jt-1} \cdot \sum_{i \in S}(W_{it} - W_{it-1}) + EC_{jt-1} \cdot \sum_{i \in N} W_{it} - EC_{jt-1} \cdot \sum_{i \in X} W_{it-1} = 0$$

$$(3-12)$$

其中，EC_{jt-1} 表示 $t-1$ 期的行业平均竞争力。由式（3-10）减去式（3-12）可得：

$$\underbrace{\Delta EC_{jt}}_{总效应} = \underbrace{\sum_{i \in S} W_{it-1} \cdot \Delta EC_{it}}_{组内效应} + \underbrace{\sum_{i \in S} \Delta W_{it} \cdot (EC_{it-1} - EC_{jt-1})}_{组间效应} + \underbrace{\sum_{i \in S} \Delta W_{it} \cdot \Delta EC_{it}}_{交叉效应}$$

$$+ \underbrace{\sum_{i \in N} W_{it} \cdot (EC_{it} - EC_{jt-1})}_{进入效应} + \underbrace{\sum_{i \in X} W_{it-1} \cdot (EC_{jt-1} - EC_{it-1})}_{退出效应} \qquad (3-13)$$

在 FHK 分解式中，前三项之和为"发展效应"，代表存续企业对总效应的贡献，其中，"组内效应"是假设每一存续企业的产值份额在 $t-1$ 期到 t 期保持不变，由其竞争力变化所引起的总效应变动；"组间效应"是假设每一存续企业的竞争力在 $t-1$ 期到 t 期保持不变，由其产值份额变化所引起的总效应变动：当期初竞争力水平高于行业平均值（以下简称"竞争力强"）的存续企业产值份额增加，则引起总效应提高，反之亦然；当期初竞争力低于行业平均值（以下简称"竞争力弱"）的存续企业的产值份额增加，则引起总效应下降，反之亦然；"交叉效应"是存续企业的产值份额与其企业竞争力同时发生变化时带来的总效应的变动。当竞争力上升的企业产值份额增加或者竞争力下降的企业产值份额下降时，则引起总效应提高，反之亦然；第四项"进入效应"，代表新企业进入所带来的总效应变动，当新企业的竞争力强时，进入效应为正，反之为负；第五项"退出效应"，即由退出企业所引起的总效应变动，当退出企业的竞争力减弱时，退出效应为正，反之为负。

表 3 - 7 和表 3 - 8 报告了每一年度总效应及其分解项的均值以及整个样本期的年均值。其中，表 3 - 7 以 ROE_{jt} 作为行业平均企业竞争力的代理指标，表 3 - 8 以 $TATO_{jt}$ 作为行业平均企业竞争力的代理指标，两个表的结构完全一致：第（7）列总效应是第（1）列发展效应、第（5）列进入效应与第（6）列退出效应之和。由第（7）列可见，总效应年均值为正，说明行业平均企业竞争力是在提升的，其中，ROE_{jt} 指标年均提升 1.7226，$TATO_{jt}$ 指标年均提升 0.0855；由第（1）列发展效应可见，存续企业对总效应的年均贡献非常大：ROE_{jt} 指标贡献了 1.2939，贡献率达 75.1%，$TATO_{jt}$ 指标贡献了 0.0853，贡献率达 99.8%。进一步分析发展效应的三个组成部分发现，交叉效应是总效应的主要来源，组内效应也促进了总效应的提升，但组间效应对总效应的贡献非常小甚至为负。由此可见，企业采取兼顾产值

份额和企业竞争力的策略，是促进总效应提升最有效的途径；若二者不能兼顾，则在保持产值份额不变的情况下提升企业竞争力，也可促进总效应提升；但在企业竞争力无法提升的情况下盲目扩大生产提高产值份额则需谨慎。由第（5）列进入效应可见，进入企业对总效应也有较大贡献：ROE_{jt} 指标贡献了 0.6056，贡献率为 35.2%，$TATO_{jt}$ 指标贡献了 0.0285，贡献率为 33.3%，可见进入市场的企业通常是竞争力强的企业。特别值得注意的是第（6）列退出效应对总效应的贡献为负：其中 ROE_{jt} 指标贡献了 −0.1769，贡献率为 −10.3%，$TATO_{jt}$ 指标贡献了 −0.0283，贡献率为 −33.2%。这与市场机制作用下优胜劣汰的法则相悖：按照优胜劣汰法则，市场竞争淘汰的应该是竞争力弱的企业，从而使行业平均企业竞争力得以提升；然而，退出效应为负，说明退出企业并非是或者并非完全是竞争力弱的企业。由此可见，我国市场经济体制建设尚未完善，竞争机制未能充分发挥作用（即存在市场竞争无序、不充分、不公平等问题）。从经济发展的角度看，"退出效应对总效应的贡献为负"意味着资源的低效配置和浪费，造成了社会经济效率的损失。

表 3 − 7　　　　行业平均企业竞争力（ΔROE_{jt}）的分解结果

年份	（1） 发展效应	（2） 组内效应	（3） 组间效应	（4） 交叉效应	（5） 进入效应	（6） 退出效应	（7） 总效应
1999	−0.1556 （−101.3）	−1.5577 （−1014.5）	−0.0287 （−18.7）	1.4308 （931.9）	0.3091 （201.3）	0 （0）	0.1535
2000	1.3584 （72.2）	0.1517 （8.1）	0.1202 （6.4）	1.0864 （57.7）	0.4378 （23.3）	0.0862 （4.6）	1.8824
2001	−0.4316 （217.3）	−1.7477 （880）	0.1767 （−89）	1.1394 （−573.7）	0.4356 （−219.3）	−0.2026 （102）	−0.1986
2002	1.4592 （76.1）	0.1736 （9.1）	0.0566 （3）	1.229 （64.1）	0.4348 （22.7）	0.0225 （1.2）	1.9165

续表

年份	(1) 发展效应	(2) 组内效应	(3) 组间效应	(4) 交叉效应	(5) 进入效应	(6) 退出效应	(7) 总效应
2003	2.0819 (87.8)	0.6056 (25.5)	0.1482 (6.3)	1.3281 (56)	0.3994 (16.8)	-0.1104 (-4.7)	2.3708
2004	-2.7438 (94.4)	-2.5148 (86.5)	-0.1238 (4.3)	-0.1052 (3.6)	-0.0178 (0.6)	-0.1446 (5)	-2.9062
2005	4.0906 (59.9)	4.494 (65.8)	0.2242 (3.3)	-0.6276 (-9.2)	2.8951 (42.4)	-0.1601 (-2.3)	6.8256
2006	2.0546 (88.7)	0.1896 (8.2)	-0.1647 (-7.1)	2.0297 (87.6)	0.5568 (24)	-0.2941 (-12.7)	2.3173
2007	3.9315 (125.1)	1.7351 (55.2)	-0.2927 (-9.3)	2.4891 (79.2)	0 (0)	-0.7893 (-25.1)	3.1422
年均值	1.2939 (75.1)	0.1699 (9.9)	0.0129 (0.7)	1.1111 (64.5)	0.6056 (35.2)	-0.1769 (-10.3)	1.7226

注：(1) 小括号外的数值表示各分解项效应的大小，小括号内的数值表示分解项对总效应的贡献率（单位为%）；(2)"年均值"行表示样本期间（1999~2007 年）各年度总效应及其分解项的年平均值。表 3 – 8 同。

表 3 – 8　　　行业平均企业竞争力（$\Delta TATO_{jt}$）的分解结果

年份	(1) 发展效应	(2) 组内效应	(3) 组间效应	(4) 交叉效应	(5) 进入效应	(6) 退出效应	(7) 总效应
1999	0.0128 (40.3)	-0.0622 (-196.2)	-0.0323 (-101.8)	0.1072 (338.3)	0.0189 (59.7)	0 (0)	0.0317
2000	0.0681 (96.4)	0.0149 (21)	-0.0277 (-39.2)	0.0810 (114.6)	0.0103 (14.5)	-0.0077 (-10.9)	0.0707
2001	0.0227 (53.3)	-0.0410 (-96.3)	-0.0227 (-53.4)	0.0864 (203)	0.0487 (114.3)	-0.0288 (-67.5)	0.0426
2002	0.0532 (90.5)	-0.0141 (-24)	-0.0210 (-35.8)	0.0883 (150.3)	0.0202 (34.3)	-0.0146 (-24.9)	0.0588
2003	0.0801 (105.6)	0.0114 (15)	-0.0264 (-34.7)	0.0951 (125.4)	0.0180 (23.8)	-0.0223 (-29.4)	0.0759

续表

年份	(1) 发展效应	(2) 组内效应	(3) 组间效应	(4) 交叉效应	(5) 进入效应	(6) 退出效应	(7) 总效应
2004	0.0898 (331.1)	0.0685 (252.7)	−0.0370 (−136.3)	0.0582 (214.7)	0.0011 (4.2)	−0.0638 (−235.3)	0.0271
2005	0.1010 (49.1)	0.0732 (35.6)	0.0111 (5.4)	0.0168 (8.1)	0.1125 (54.6)	−0.0076 (−3.7)	0.2059
2006	0.1642 (0.1642)	0.0561 (35.8)	−0.0406 (−25.9)	0.1486 (94.9)	0.0267 (17.1)	−0.0343 (−21.9)	0.1566
2007	0.1758 (176)	0.0530 (53)	−0.0532 (−53.2)	0.1760 (176.2)	0 (0)	−0.0759 (−76)	0.0999
年均值	0.0853 (99.8)	0.0178 (20.8)	−0.0278 (−32.5)	0.0953 (111.5)	0.0285 (33.3)	−0.0283 (−33.2)	0.0855

2. 第二步，分析外资自由化如何影响总效应以及发展效应、进入效应和退出效应

显然，在完善的市场经济体制下，所有企业都致力于有效利用外资自由化的契机提高技术水平、改善经营管理，但实践中只有部分企业具备相应的条件和能力。其中，具备条件和能力的企业可分为三类：第一类是在市场中处于优势地位的企业，其利益的实现方式是通过公平竞争进一步发展、壮大，即实现"优胜"；第二类是在市场中处于劣势地位的企业，其利益的实现方式是获得竞争力提升的机会，改变劣势地位；第三类是借助后发优势掌握了先进技术或其他竞争优势的企业，其利益的实现方式是消除市场进入壁垒从而有机会参与公平竞争。从企业发展演化的过程看，前两类是"存续企业"，第三类是"进入企业"。不具备条件和能力的企业可分为两类：第一类是当前在市场中处于优势地位，但已经不能通过公平竞争继续发展，优势地位正在逐渐丧失的企业；第二类是在市场

中处于劣势地位，且无法把握使竞争力提升的机会，从而无法改变劣势地位的企业。第一类企业短期内还可能继续存在，仍属于"存续企业"；第二类企业则将被淘汰出市场，即实现"劣汰"，成为"退出企业"。"劣汰"是资源优化配置的要求，是所有其他企业共同利益的实现方式。本章分别使用行业总效应及其分解项对外资自由化程度进行了回归，以考察外资自由化影响内资企业竞争力的作用机理。表3－9和表3－10报告了外资自由化对总效应及其分解项的影响，其中，表3－9以 ROE_{jt} 作为行业平均企业竞争力的代理指标，表3－10以 $TATO_{jt}$ 作为行业平均企业竞争力的代理指标，两个表的结构完全一致：第（7）列的回归结果显示，外资自由化对总效应具有显著的正向影响，即外资自由化会促进行业平均企业竞争力取得更大提升，这与基准模型使用企业层面数据的研究结论一致，进一步验证了基准模型研究结论的稳健性；第（1）列、第（5）列、第（6）列的回归结果显示，外资自由化有利于促进存续企业、进入企业及退出企业为总效应做出更大贡献。具体分析外资自由化对以上三类企业的影响机理：首先，发展效应的回归系数显著为正且明显大于进入效应和退出效应的系数，说明存续企业是外资自由化的最大受益者。组内效应和交叉效应的回归系数显著为正且较大，而组间效应的回归系数不显著甚至为负，说明并非所有存续企业都能借助外资自由化的契机实现自身的利益，只有"具备条件和能力"的存续企业才能最终实现扩大产值份额、提升竞争力的目的。其次，进入效应的回归系数显著为正，说明外资自由化为竞争力强的企业进入市场创造了更多机会。最后，退出效应的回归系数显著为正，说明外资自由化有利于竞争机制乃至市场机制的完善，从而使竞争力较弱的企业被淘汰出场，总效应得以提升，从经济发展的角度看，这有助于提高社会资源的配置效率。以上充分验证了前文关于外资自由化对内资企业竞争力影响的理论分析。

表 3 – 9　　　外资自由化对企业竞争力变动及其分解项的影响（ROE_{jt}）

ΔROE_{jt} 各分解项	（1）发展效应	（2）组内效应	（3）组间效应	（4）交叉效应	（5）进入效应	（6）退出效应	（7）总效应
FI_cic_{jt}	0.1355 *** [0.0285]	0.0928 *** [0.0351]	0.0007 [0.0054]	0.0420 *** [0.0135]	0.0256 * [0.0142]	0.0212 *** [0.0061]	0.1398 *** [0.0357]
年份固定效应	Yes	Yes	Yes	Yes	Yes	Yes	Yes
行业固定效应	Yes	Yes	Yes	Yes	Yes	Yes	Yes
行业层面变量	Yes	Yes	Yes	Yes	Yes	Yes	Yes
样本量	3734	3734	3734	3734	3734	3734	3734
r2	0.2808	0.0984	0.0116	0.3669	0.1940	0.1590	0.2721

注：（1）*、**、*** 分别表示在10%、5%和1%的显著性水平下显著，表3 – 10同；（2）括号内数字为标准差，采用稳健标准误计算，表3 – 10同；（3）以上回归基于行业（四位行业代码层面）指标，因此未控制地区固定效应和企业层面控制变量，表3 – 10同。

表 3 – 10　　　外资自由化对企业竞争力变动及其分解项的影响（$TATO_{jt}$）

$\Delta TATO_{jt}$ 各分解项	（1）发展效应	（2）组内效应	（3）组间效应	（4）交叉效应	（5）进入效应	（6）退出效应	（7）总效应
FI_cic_{jt}	0.0052 *** [0.0011]	0.0032 ** [0.0014]	– 0.0007 * [0.0004]	0.0026 *** [0.0009]	0.0016 * [0.0010]	0.0009 *** [0.0003]	0.0058 *** [0.0020]
年份固定效应	Yes	Yes	Yes	Yes	Yes	Yes	Yes
行业固定效应	Yes	Yes	Yes	Yes	Yes	Yes	Yes
行业层面变量	Yes	Yes	Yes	Yes	Yes	Yes	Yes
样本量	3734	3734	3734	3734	3734	3734	3734
r2	0.1790	– 0.0079	0.3174	0.4160	0.1526	0.2620	0.1163

（二）影响机理的实证检验

基于上文关于外资自由化对内资企业竞争力的影响机理分析，进一步从微观企业层面实证检验外资自由化对内资企业竞争力的影响机理。新企业的进入机会（以行业新进入企业的数量衡量）、退出企业的市场适应度（以行业退出企业平均销售收入的对数衡量）、行业平均技术水平（以行业人均工业增加值的对数衡量）、行业平均管理水平（以行业平均每单位管理费用所对应产值的对数衡量），以及行业产品销售难度（以行业产品的平均滞销率衡量）都可能是外资自由化影响内资企业竞争力的渠道。本章借助多重中介效应模型对此进行了检验，模型构建如下：

$$EC_{ijt} = \alpha^4 + \beta^4 \cdot FI_{cic_{jt}} + Z'_{jt}\delta^4 + E'_{ijt}\gamma^4 + \theta_k + \theta_j + \theta_t + \varepsilon^4_{ijt} \quad (3-14)$$

$$M_{jt} = \alpha^5 + \beta^5 \cdot FI_{cic_{jt}} + Z'_{jt}\delta^5 + E'_{ijt}\gamma^5 + \theta_k + \theta_j + \theta_t + \varepsilon^5_{ijt} \quad (3-15)$$

$$EC_{ijt} = \alpha^6 + \beta^6 \cdot FI_{cic_{jt}} + \sum_{n=1}^{5} \rho^6_n M^n_{jt} + Z'_{jt}\delta^6 + E'_{ijt}\gamma^6$$
$$+ \theta_k + \theta_j + \theta_t + \varepsilon^6_{ijt} \quad (3-16)$$

其中，M_{jt} 是中介变量向量，包括如下变量：新企业的进入机会（$cnum\_entry_{jt}$）、退出企业的市场适应度（$lnincome\_exit_{jt}$）、行业平均技术水平（$lnprod_{jt}$）、行业平均管理水平（$lnmanage_{jt}$）以及行业产品销售难度（$sales\_diff_{jt}$）；M^n_{jt} 表示 M_{jt} 向量的第 n 个分量，$n = 1$，2，3，4，5；其余变量的含义与基准模型相同。

表 3-11 和表 3-12 报告了中介效应的估计结果，其中，表 3-11 以 ROE_{ijt} 作为企业竞争力的代理指标，表 3-12 以 $TATO_{ijt}$ 作为企业竞争力的代理指标，两个表的结构完全一致：第（1）列为模型（3-14）的估计结果，即本章基准模型的估计结果；第（2）~（6）列为模型（3-15）的估计结果，即五个中介变量分别对核心解释变量 FI_cic_{jt} 进行回归的结果；第（7）列为模型（3-16）的估计结果，

表3-11　　中介效应估计结果（ROE_{ijt}）

变量名	(1) ROE_{ijt}	(2) $cnum\_entry_{jt}$	(3) $lnincome\_exit_{jt}$	(4) $lnmanage_{jt}$	(5) $lnprod_{jt}$	(6) $sales\_diff_{jt}$	(7) ROE_{ijt}
FI_cic_{jt}	0.3358*** [0.1300]	47.5666*** [1.1580]	-0.0044*** [0.0014]	0.0679*** [0.0016]	0.0130*** [0.0008]	2.8116*** [0.0655]	0.0905 [0.0965]
$cnum\_entry_{jt}$							0.0018*** [0.0005]
$lnincome\_exit_{jt}$							-0.3860*** [0.1324]
$lnmanage_{jt}$							1.9809*** [0.4625]
$lnprod_{jt}$							5.8385*** [0.5036]
$sales\_diff_{jt}$							-0.0182*** [0.0066]
年份固定效应	Yes	Yes	Yes	Yes	Yes	Yes	Yes
行业固定效应	Yes	Yes	Yes	Yes	Yes	Yes	Yes
地区固定效应	Yes	Yes	Yes	Yes	Yes	Yes	Yes
企业层面变量	Yes	Yes	Yes	Yes	Yes	Yes	Yes
行业层面变量	Yes	Yes	Yes	Yes	Yes	Yes	Yes
样本量	731694	731694	731694	731694	731694	731694	731694
r2	0.1245	0.3837	0.7489	0.4180	0.8769	0.0211	0.1274

注：(1) *、**、***分别表示在10%、5%和1%的显著性水平下显著；(2) 括号内数字为标准差，采用稳健标准误计算；(3) 对中介变量省略标准进行了2.5%水平上的双侧缩尾，以剔除异常值的影响。表3-12、表3-13同。

表 3-12　中介效应估计结果（$TATO_{ijt}$）

变量名	(1) $TATO_{ijt}$	(2) $cnum\_entry_{jt}$	(3) $lnincome\_exit_{jt}$	(4) $lnmanage_{jt}$	(5) $lnprod_{jt}$	(6) $sales\_diff_{jt}$	(7) $TATO_{ijt}$
FI_cic_{jt}	0.0323*** [0.0063]	47.8715*** [1.1493]	-0.0050*** [0.0014]	0.0676*** [0.0015]	0.0136*** [0.0008]	2.7792*** [0.0642]	0.0093** [0.0047]
$cnum\_entry_{jt}$							0.0001*** [0.0000]
$lnincome\_exit_{jt}$							-0.0145** [0.0064]
$lnmanage_{jt}$							0.3271*** [0.0226]
$lnprod_{jt}$							0.3571*** [0.0243]
$sales\_diff_{jt}$							-0.0035*** [0.0003]
年份固定效应	Yes	Yes	Yes	Yes	Yes	Yes	Yes
行业固定效应	Yes	Yes	Yes	Yes	Yes	Yes	Yes
地区固定效应	Yes	Yes	Yes	Yes	Yes	Yes	Yes
企业层面变量	Yes	Yes	Yes	Yes	Yes	Yes	Yes
行业层面变量	Yes	Yes	Yes	Yes	Yes	Yes	Yes
样本量	739710	739710	739710	739710	739710	739710	739710
r2	0.2825	0.3829	0.7495	0.4176	0.8748	0.0344	0.2915

即企业竞争力同时对核心解释变量 FI_cic_{jt} 与中介变量进行回归的结果。第（2）列 $cnum\_entry_{jt}$ 对 FI_cic_{jt} 的回归系数显著为正，说明外资自由化为新企业提供了更多机会，而第（7）列 $ROE_{ijt}/TATO_{ijt}$ 对 $cnum\_entry_{jt}$ 的回归系数显著为正，说明更多新企业的进入促进了企业竞争力的提升；第（3）列 $\text{ln}income\_exit_{jt}$ 对 FI_cic_{jt} 的回归系数显著为负，说明外资自由化助推了市场适应度低的企业的退出，而第（7）列 $ROE_{ijt}/TATO_{ijt}$ 对 $\text{ln}income\_exit_{jt}$ 的回归系数显著为负，说明市场适应度低的企业的退出促进了企业竞争力的提升；同理，由第（4）列、第（5）列及第（7）列可见，外资自由化有利于行业平均技术水平和行业平均管理水平的提高，也有利于促进企业竞争力的提升；由第（6）列及第（7）列可见，外资自由化增加了行业产品销售难度，导致了企业竞争力的下降。

综上所述，新企业的进入机会、退出企业的市场适应度、行业平均技术水平以及行业平均管理水平在外资自由化对内资企业竞争力的影响中，具有"中介效应"的作用；而行业产品销售难度则具有"遮掩效应"的作用。可见，外资自由化是一把"双刃剑"，在给内资企业提供发展机遇的同时也带来了挑战。

五、进一步研究

充分利用全球资源获利是企业对外投资的主要动因之一，然而，出于对自身优势及利益的考量，不同外资进入中国市场的具体动机不同。结合中国外资开放的实践，本章根据外资进入中国市场的动机将其分为三类：其一，以占领中国消费市场为动机的外资企业，称为"市场占领型"外资企业。如王永齐（2005）指出外商对华投资已经从试探性投资阶段转向市场领导型投资阶段，其目的在于占领市场、树立行业领导者地位；桑百川和钊阳（2019）也指出随着中国劳动力和资源成本的上升以及人均收入水平的提高,中国的要素成本优势正转换为市场优势,为外商投资提供了难得的机遇。其二,以利用中国廉价的劳动力及资源为动机的外资企业,称为"资源利用型"外资企业。正如王玲和涂勤(2007)指出的,部分外资企业投资中国市场只是为了利用中国优惠的外资政策和廉价劳动力及资源获取利润;桑百川和钊阳(2019)也指出,中国劳动力成本较低、土地资源丰富,吸引了大量的外商投资。其三,兼具利用廉价资源和占领市场动机的外资企业,称为"混合型"外资企业。本章以外资企业的出口密度为依据来划分其进入中国市场的动机:当出口密度小于25%时,说明该外资企业生产的产品主要在中国市场销售,其进入中国市场的目的主要是占领市场,故将其定义为"市场占领型"外资,用 $FI\_cic\_m_{jt}$ 表示 j 行业 t 年"市场占领型"外资的进入程度;当出口密度大于75%时,说明该外资企业生产的产品主要用于出口,其进入中国市场的目的主要是利用廉价的劳动力及资源,故将其定义为"资源利用型"外资,用 $FI\_cic\_l_{jt}$ 表示 j 行业 t 年"资源利用型"外资的进入程度;同理,将出口密度介于25%～75%间的外资企业定义为"混合型"外资,用 $FI\_cic\_ml_{jt}$ 表示 j 行业 t 年"混合型"外资的进入程度。

表3-13分别报告了三类外资的自由化对企业竞争力的影响:第(1)列、第(2)列显示,"市场占领型"外资的自由化对企业竞争力的影响显著为负,进一步解释了上文研究中"行业产品销售难度"作为中介变量时,表现出的"遮掩效应";第(3)～(6)列显示,"资源利用型"外资和"混合型"外资的自由化对企业竞争力的影响显著为正,且"混合型"外资的自由化对企业竞争力的促进作用远大于"资源利用型"外资。由此可见,外资自由化对企业竞争力的影响因其进入动机而异,并非所有类型外资的自由化都会促进企业竞争力提升。依据这一发现,在未来主动参与和推动经济全球化进程、

发展更高层次开放型经济的过程中，对外资进行分类研究有助于为其合理布局利用提供参考。

表 3 – 13 不同类型外资的自由化对企业竞争力的影响

变量名	"市场占领型"外资		"资源利用型"外资		"混合型"外资	
	(1) ROE_{ijt}	(2) $TATO_{ijt}$	(3) ROE_{ijt}	(4) $TATO_{ijt}$	(5) ROE_{ijt}	(6) $TATO_{ijt}$
$FI\_cic\_m_{jt}$	-0.7126^{***} [0.2766]	-0.0678^{***} [0.0134]				
$FI\_cic\_l_{jt}$			0.3017^{***} [0.1168]	0.0291^{***} [0.0057]		
$FI\_cic\_ml_{jt}$					0.9379^{***} [0.3637]	0.0883^{***} [0.0174]
年份固定效应	Yes	Yes	Yes	Yes	Yes	Yes
行业固定效应	Yes	Yes	Yes	Yes	Yes	Yes
地区固定效应	Yes	Yes	Yes	Yes	Yes	Yes
企业层面变量	Yes	Yes	Yes	Yes	Yes	Yes
行业层面变量	Yes	Yes	Yes	Yes	Yes	Yes
样本量	731694	739710	731694	739710	731694	739710
r2	0.1170	0.2606	0.1246	0.2834	0.1231	0.2783

六、本章小结

本章基于 1998～2007 年中国工业企业数据库制造业企业数据，以 2002 年《目录》调整带来的政策冲击作为外资自由化程度加大的工具变量，使用两阶段最小二乘法检验了外资自由化对企业竞争力的影响，得出以下结论：

第一，外资自由化是影响内资企业竞争力变动的重要外部环境因素，对内资企业竞争力的提升具有显著的促进作用；经多种方式检验并进行相应的稳健性检验及作用机理分析，证明这一结论是稳健的。

第二，运用 FHK 方法对行业平均企业竞争力变动的总效应进行了分解，结果显示，存续企业是促进"总效应"提升的支柱力量，进入企业也为"总效应"的提升做出了重要贡献。但由于市场机制不完善、竞争机制尚未充分发挥作用（即存在市场竞争无序、不充分、不公平等问题），部分竞争力低于行业平均值的企业没有及时退出市场，而部分竞争力高于行业平均值的企业却退出了市场，导致了"退出效应对总效应的贡献为负"情况的出现。从经济发展的角度看，"退出效应对总效应的贡献为负"意味着资源的低效配置和浪费，造成了社会经济效率的损失。

第三，为进一步考察外资自由化影响内资企业竞争力的作用机理，本章使用行业总效应及其分解项对外资自由化程度进行了回归，结果表明：外资自由化通过激励存续企业提高技术水平、改善经营管理促进了其竞争力的提升，但也并非所有存续企业都能借助外资自由化的契机实现自身的利益；外资自由化为竞争力强的企业进入市场创造了更多机会；外资自由化通过完善竞争机制乃至市场机制提升了"退出效应"，从而提高了社会资源的配置效率。

第四，使用多重中介效应模型检验了外资自由化对内资企业竞争力的影响机制，结果表明：外资自由化通过多渠道促进了企业竞争力的提升，但"行业产品销售难度"渠道却表现出了显著的"遮掩效应"，可见外资自由化在给内资企业提供了发展机遇的同时，也带来了挑战。

第五，基于不同动机进入中国市场的外资对内资企业竞争力的影响具有异质性："资源利用型"外资和"混合型"外资有利于促进内资企业竞争力提升，且"混合型"外资的作用更大，但"市场占领型"外资却对内资企业竞争力具有显著的负效应。深入分析发现，经济发展的非均衡性导致了我国不同地区、不同行业、不同领域、不同资源、不同生产环节的市场竞争状况各异。尽管外资自由化从总体上促进了市场的充分竞争，但却由于原有的市场竞争状况的差异而对内资企业竞争力产生不同的影响。现阶段，我国劳动力及自然资源相对丰富甚至还有部分资源处于闲置状态，企业间获取资源的竞争不激烈，"资源利用型"外资的进入会使得竞争更加全面充分，但不会带来过度竞争；我国当前经济发展中一个重要的难题是内需不足，导致企业间在商品销售市场的竞争非常激烈，"市场占领型"外资的进入将带来过度竞争。"混合型"外资因其与"资源利用型"外资行业分布、地区分布及对内资企业作用渠道上的差异对内资企业竞争力的促进作用更大。因此，研究竞争机制的作用，应结合市场竞争环境才能对其做出准确判断。

第四章 价格机制与企业竞争力——基于利率市场化视角

一、利率市场化与价格机制

市场价格变动对市场供求、市场竞争产生的影响及其相互作用的机制，即为价格机制。价格机制包括价格形成机制和价格调节机制。

当前，我国价格机制改革的目标是完善由市场决定价格的机制。2015 年 10 月，中共中央、国务院发布了《关于推进价格机制改革的若干意见》，强调了价格机制是市场机制的核心，市场决定价格是市场在资源配置中起决定性作用的关键；明确了价格机制改革的目标是"完善由市场决定价格的机制"，并指出"凡是能由市场形成价格的都交给市场，政府不进行不当干预"。2017 年，国家发改委制定了《关于全面深化价格机制改革的意见》，进一步提出要坚持市场规律，围绕使市场在资源配置中起决定性作用，着力破除限制资源要素自由流动的价格机制障碍，加快完善主要由市场决定价格的机制，逐步确立竞争政策的基础性地位，提高资源配置效率，激发市场活力，促进社会主义市场经济体制不断完善的基本原则。由市场决定价格的机制，具有四个特征：一是价格决策的主体是企业而不是政府；二是价格形式以市场价格为主而不是以计划价格为主；三是价格形成途径是通过市场竞争形成价格而不是通过行政程序制定价格；四是价格形成机制，是依靠而不是排斥价值规律、供求规律和竞争规律（张银杰，2006）。

在生产要素市场化配置改革中，一个重要的任务就是要素价格的市场化，即生产要素价格由市场形成。资本作为市场经济条件下最重要的生产要素，其价格的市场化即利率市场化具有非常重要的经济意义（黄汉林，1994），或者说，金融资源的稀缺性要求市场通过价格机制甄别其需求并提高其配置效率（易纲，2009）。2011 年，周小川在《关于推进利率市场化改革的若干思考》中指出利率市场化是发挥市场配置资源作用的一个重要方面，利率作为非常重要的资金价格，应该在市场有效配置资源过程中起基础性调节作用，实现资金流向和配置的不断优化。在实践中，利率管制，即通过行政程序制定利率导致资金的低效配置，会带来供需双方的效率损失。从资本要素的供给端看，利率管制使得银行等金融机构无法依据市场供求调整利率，这一方面限制了其吸收存款，扩大业务范围和规模；另一方面也限制了其优化自身的业务结构，实现安全性、收益性和流动性的最优平衡。从资本要素的需求端看，自 1978 年中国改革开放引入市场机制开始，企业逐渐由简单的生产者转变为市场经济主体，需要在要素市场上通过竞争获得生产要素（主要是资本要素和劳动力要素），但在利率管制的情况下，金融机构在无法获得风险溢价时必然更加倾向于将资金贷给低风险企业，导致了资本要素在微观经济主体间的低效配置。

推进利率市场化改革，就是要发挥价格机制在资本要素配置中的积极作用，让利率遵循市场规律变化波动，在价格机制的作用下，将稀缺的资本要素配置到效益最高的企业、行业和地区。换言之，利率市场化改革是完善金融市场价格机制、优化资本要素配置的重要途径。如果利率实现了市场化，则利率机制就是广义价格机制的重要内容，也是市场机制的内容（张银杰，2006）。

因此，本章将以利率市场化为例描述价格机制，研究价格机制与企业竞争力的关系。

二、利率市场化的进程

利率市场化改革就是赋予银行等金融机构根据市场资金的供求情况自主决定利率水平的权力，最终实现提高资本要素的配置效率的目标。改革开放后，我国开始了渐进式的利率市场化改革进程，本章将改革的进程划分为四个阶段，具体如下：

第一阶段：利率市场化改革前的尝试阶段（1978～1992年）。1979年4月1日，中国人民银行进行了改革开放后的首次利率调整，尽管调整幅度较小，但这是政府进行利率改革、通过利率影响经济活动的重要尝试。其后十年间（1979～1989年），中国人民银行根据经济形势的变化先后9次调高存贷款利率，在一定程度上校正了当时利率扭曲的情况。

第二阶段：利率市场化改革的开端（1993～2002年）。1993年，党的十四届三中全会出台了《关于建立社会主义市场经济体制若干问题的决定》，提出了利率市场化改革的基本设想后，1996年6月1日银行间同业拆借利率放开，标志着利率市场化进程的开端。从1997年开始，我国经济开始出现紧缩征兆，为解决高利率与经济紧缩间的矛盾，中央银行开始下调利率，截至1998年底共下调利率6次。2002年，党的十六大报告指出"稳步推进利率市场化改革，优化金融资源配置"，利率市场化改革的思路和目标逐渐清晰。

第三阶段：明确利率市场化改革的目标（2003～2011年）。2003年，党的十六届三中全会出台了《关于完善社会主义市场经济体制若干问题的决定》，确立了利率市场化改革的目标，指出"稳步推进利率市场化，建立健全由市场供求决定的利率形成机制，中央银行通过运用货币政策工具引导市场利率"。2004年10月，中央银行放宽了人民币本币存贷款利率的变动区间，同时允许人民币存款利率下浮，取消了相关的贷款利率上限规定。2007 年 1 月 4 日，上海银行间同业拆放利率开始实施，意味着中国货币市场基准利率培育工作全面启动和宏观调控机制的不断健全。

第四阶段：利率市场化改革全面推进（2012 年至今）。2012 年 6 月和 7 月，中国人民银行两次调整金融机构人民币存贷款基准利率及其浮动区间，标志着中国利率市场化的步伐继续加大。2013 年 7 月 20 日，中国人民银行取消了金融机构贷款利率 0.7 倍的下限，并取消了票据贴现利率的管制，表明我国全面放开了对金融机构贷款利率的管制。2013 年 10 月 25 日中央银行宣布贷款基础利率集中报价和发布机制正式运行，标志着中国利率市场化正式进入了攻坚阶段。2015 年 10 月 24 日，中国人民银行对商业银行和农村合作金融机构等不再设置存款利率浮动上限，标志着存款利率管制正式放开。部分学者认为放开存款利率上限后，我国基本实现了利率市场化，如蔡雯霞和邱悦爽（2018）、陈学胜和罗润东（2017）、蒋海等（2018）。然而，从利率市场化改革取得的实际成效看，当前的利率市场化改革仅仅实现了利率价格管制基本放开，并未完全实现利率形成机制、传导机制及管理方式的市场化（钟世和，2020），继续深化利率市场化改革，仍然是未来实现生产要素市场化配置的重要内容。

三、研究设计与数据说明

（一）模型构建

为验证资本要素的市场化配置对企业竞争力的影响，本章基于中国利率市场化改革的进程构建了利率市场化指数，以利率市场化指数作为资本要素市场化配置的代理变量，构建如下面板数据回归模型：

$$EC_{ijt} = \alpha + \beta libr_t + CV_{ijt}\gamma + \mu_j + \sigma_t + \varepsilon_{ijt} \qquad (4-1)$$

其中，下角标 i 为企业，j 为行业，t 为年份；被解释变量 EC_{ijt} 为 t 年 j 行业 i 企业的竞争力，$libr_t$ 为 t 年的利率市场化指数，μ_j 为行业固定效应，σ_t 为时间固定效应，ε_{ijt} 为随机扰动项。本章关注核心解释变量 $libr_t$ 系数 β，其经济含义可解释为资本要素的市场化配置对企业竞争力的影响。为得到系数 β 的无偏估计，模型还加入了一组企业特征变量 CV_{ijt} 作为控制变量；为缓解可能存在的组内相关问题，模型所有回归结果的标准误差均在行业层面进行了聚类调整。

（二）变量度量

各变量指标选取的具体情况如下：

（1）被解释变量企业竞争力（EC_{ijt}）。本章选取了总资产利润率（ROA_{ijt}）和净资产收益率（ROE_{ijt}）作为企业竞争力（EC_{ijt}）的代理指标。

（2）核心解释变量利率市场化指数（$libr_t$）。已有研究关于利率市场化水平的测度方法主要有两种：第一，虚拟变量赋值法。通常以某一利率市场化改革政策的实施作为政策冲击，将冲击前赋值为 0，冲击后赋值为 1，如杨筝等（2017）、陈胜蓝和马慧（2018）；第二，指标合成法。由于中国利率市场化改革的渐进性，指标合成法相对虚拟变量赋值法更能准确反映利率市场化的进程及其动态变化，如刘金山和何炜（2014）、王舒军和彭建刚（2014）、钟世和（2020）等。本章借鉴王舒军和彭建刚（2014）的研究，构建了利率市场化指数，具体步骤如下：

首先，将存贷款利率、货币市场利率和债券市场利率这三个中国利率体系的重要部分纳入利率市场化测度指标体系；考虑到各类理财产品在我国利率市场化进程中也扮演着重要角色，故将其作为第四个指标纳入利率市场化测度指标体系。

其次，将以上四项指标涉及的内容具体化，作为利率市场化测度的二级指标，然后梳理自 2003 年党的十六届三中全会确立利率市场化改革目标到 2019 年利率市场化基本完成的过程中的全部政策和重要改革实践，① 根据指标市场化的程度赋予 0 ~ 1 之间的分值，分值越高代表利率市场化程度越高，详见表 4 – 1。

表 4 – 1　　2003 ~ 2019 年利率市场化测度指标市场化程度分值

年份	存贷款利率				货币市场利率		债券市场利率			理财产品收益率		
	人民币贷款利率得分	人民币存款利率得分	外币贷款利率得分	外币存款利率得分	同业拆借利率得分	票据贴现利率得分	债券发行利率得分	债券回购利率得分	现券交易利率得分	理财产品收益率得分	货币基金收益率得分	信托产品收益率得分
2003	0.3	0.15	1	0.65	1	0.5	1	1	1	0.1	0	0
2004	0.5	0.15	1	0.75	1	0.5	1	1	1	0.2	0.1	0
2005	0.5	0.25	1	0.75	1	0.5	1	1	1	0.3	0.2	0
2006	0.55	0.25	1	0.75	1	0.5	1	1	1	0.4	0.3	0
2007	0.55	0.25	1	0.75	1	0.5	1	1	1	0.5	0.4	0.5
2008	0.65	0.25	1	0.75	1	0.5	1	1	1	0.6	0.5	0.6
2009	0.65	0.25	1	0.75	1	0.5	1	1	1	0.7	0.6	0.7
2010	0.65	0.25	1	0.75	1	0.5	1	1	1	0.8	0.7	0.8
2011	0.65	0.25	1	0.75	1	0.5	1	1	1	0.9	0.8	0.9
2012	0.8	0.4	1	0.75	1	0.5	1	1	1	1	0.9	1
2013	1	0.5	1	0.75	1	0.5	1	1	1	1	1	1
2014	1	0.75	1	0.75	1	1	1	1	1	1	1	1
2015	1	1	1	0.75	1	1	1	1	1	1	1	1
2016	1	1	1	0.75	1	1	1	1	1	1	1	1
2017	1	1	1	0.75	1	1	1	1	1	1	1	1

---

① 根据中国人民银行（货币政策司）利率政策发布信息，2016 ~ 2019 年，中国人民银行未发布与本书利率市场化指标测度相关的新的利率政策。

续表

年份	存贷款利率				货币市场利率		债券市场利率			理财产品收益率		
	人民币贷款利率得分	人民币存款利率得分	外币贷款利率得分	外币存款利率得分	同业拆借利率得分	票据贴现利率得分	债券发行利率得分	债券回购利率得分	现券交易利率得分	理财产品收益率得分	货币基金收益率得分	信托产品收益率得分
2018	1	1	1	0.75	1	1	1	1	1	1	1	1
2019	1	1	1	0.75	1	1	1	1	1	1	1	1

资料来源：表中 2003～2013 年数据来源于王舒军，彭建刚（2014）的研究；2014～2019 年数据为作者借鉴王舒军和彭建刚（2014）的方法赋值。

再次，采用专家判断的定性分析和相关统计数据的定量分析相结合的层次分析法确定各级指标权重，最终确定利率市场化测度的各项指标的权重如表 4-2 所示。

表 4-2　　　　　　　　利率市场化测度指标体系指数

	一级指标（$index_i^1$）	权重（w_i^1）	二级指标（$index_{ij}^2$）	权重（w_{ij}^2）
利率市场化	存贷款利率	0.634	人民币贷款利率	0.4375
			人民币存款利率	0.4375
			外币贷款利率	0.0625
			外币存款利率	0.0625
	货币市场利率	0.1647	同业拆借利率	0.75
			票据贴现利率	0.25
	债券市场利率	0.1074	债券发行利率	0.6
			债券回购利率	0.2
			现券交易利率	0.2
	理财产品收益率	0.0939	银行理财产品收益率	0.537
			货币基金收益率	0.2047
			信托产品收益率	0.2583

资料来源：王舒军，彭建刚. 中国利率市场化进程测度及效果研究：基于银行信贷渠道的实证分析 [J]. 金融经济学研究，2014，29（6）：75-85.

最后，依据各项指标的得分及其权重计算利率市场化指数，具体计算公式如下：

$$libr_t = \sum_{i=1}^{4} index_i^1 \times w_i^1 = \sum_{i=1}^{4} w_i^1 \left(\sum_{j=1}^{J} index_{ij}^2 \times w_{ij}^2 \right) \quad (4-2)$$

经过以上步骤，最终获得 2003～2019 年的利率市场化指数，见表 4-3。

表 4-3　　　　　　　　　　　利率市场化指数

年份	存贷款利率市场化	货币市场利率市场化	债券市场利率市场化	理财产品收益率市场化	利率市场化指数
2003	0.1902	0.1441	0.1074	0.0050	0.4468
2004	0.2496	0.1441	0.1074	0.0120	0.5132
2005	0.2774	0.1441	0.1074	0.0190	0.5479
2006	0.2912	0.1441	0.1074	0.0259	0.5687
2007	0.2912	0.1441	0.1074	0.0450	0.5878
2008	0.3190	0.1441	0.1074	0.0544	0.6249
2009	0.3190	0.1441	0.1074	0.0638	0.6343
2010	0.3190	0.1441	0.1074	0.0732	0.6437
2011	0.3190	0.1441	0.1074	0.0826	0.6531
2012	0.4022	0.1441	0.1074	0.0920	0.7457
2013	0.4854	0.1441	0.1074	0.0939	0.8308
2014	0.5548	0.1647	0.1074	0.0939	0.9208
2015	0.6241	0.1647	0.1074	0.0939	0.9901
2016	0.6241	0.1647	0.1074	0.0939	0.9901
2017	0.6241	0.1647	0.1074	0.0939	0.9901
2018	0.6241	0.1647	0.1074	0.0939	0.9901
2019	0.6241	0.1647	0.1074	0.0939	0.9901

（3）控制变量（CV_{ijt}）。本章选取的控制变量包括：企业规模（$size_{ijt}$），采用企业资产总额的自然对数加以衡量；企业上市年龄（age_{ijt}），使用统计年份与上市年份之差衡量；独立董事的比例（$indperc_{ijt}$），使用独立董事的人数与董事人数之比衡量；资本密集度（cap_{ijt}），采用总资产与营业收入之比衡量；股权集中度（$Shrcrl_{ijt}$），采用第一大股东的持股比例加以衡量。主要变量的描述性统计结果见表 4 - 4。

表 4 - 4　　　　　　　　主要变量的描述性统计结果

变量名	样本量	均值	标准差	最小值	最大值
总资产净利润率 ROA_{ijt}	32981	0.0406	0.0625	- 0.2238	0.2143
净资产收益率 ROE_{ijt}	32981	0.0635	0.1484	- 0.8034	0.3909
长期资本收益率 $LROE_{ijt}$	32981	0.0936	0.1221	- 0.5086	0.4403
可持续增长率 SGR_{ijt}	32981	0.0454	0.1210	- 0.5839	0.3913
企业规模 $size_{ijt}$	32981	21.8531	1.2631	19.3778	25.7681
企业上市年龄 age_{ijt}	32981	8.8691	6.4735	0.0000	24.0000
独立董事比例 $indperc_{ijt}$	32981	0.3677	0.0528	0.2500	0.5714
资本密集度 cap_{ijt}	32981	2.6026	2.4863	0.3880	17.4853
股权集中度 $Shrcrl_{ijt}$	32981	36.2078	15.2218	9.3994	75.0000
营业成本率 OCR_{ijt}	32981	0.7259	0.1708	0.1944	1.0257
应收类资产比例 $RARI_{ijt}$	32981	0.1415	0.1147	0.0001	0.5046

（三）样本选择与数据来源

本章选取了 2003～2019 年 A 股上市公司数据为样本，并进行了如下处理：（1）剔除了金融行业的样本；（2）剔除了主要变量数据存在缺失的样本。经过处理后，数据包含 32981 个样本。为控制异常值的影响，对所有连续变量进行了 1% 和 99% 分位缩尾处理。本章数据来自国泰安（CSMAR）数据库。另外，还使用了 2003 ~ 2019 年《中国城市统计年鉴》数据。

四、实证结果及分析

（一）基准回归结果分析

对基准模型进行回归的结果显示，基准模型（4 - 1）中利率市场化指数的提高，对企业竞争力存在显著的正向影响。加入可能带来与企业竞争力相关的企业特征变量，对内生性问题进行控制后，利率市场化指数对企业竞争力的两个代理指标总资产利润率（ROA_{ijt}）和净资产收益率（ROE_{ijt}）的回归系数均有提高。可见，随着我国利率市场化改革进程的推进，市场在资本要素配置中发挥的作用逐步增大，资本要素配置效率的提高显著促进了企业竞争力的提升。基准模型回归结果如表 4 - 5 所示。

表 4 - 5   基准模型回归结果

变量名	（1） ROA_{ijt}	（2） ROA_{ijt}	（3） ROE_{ijt}	（4） ROE_{ijt}
$libr_t$	0. 0729 *** [0. 0132]	0. 0934 *** [0. 0122]	0. 1264 *** [0. 0198]	0. 1386 *** [0. 0175]
企业特征变量		Yes		Yes
行业固定效应	Yes	Yes	Yes	Yes
年份固定效应	Yes	Yes	Yes	Yes
N	32981	32981	32981	32981

续表

变量名	(1) ROA_{ijt}	(2) ROA_{ijt}	(3) ROE_{ijt}	(4) ROE_{ijt}
r2	0.0220	0.1275	0.0178	0.1116

注：(1) * 、** 、*** 分别表示在10%、5%和1%的显著性水平下显著；(2) 括号内数字为标准差，采用稳健标准误计算。表4-6~表4-14同。

（二）将数量改革纳入利率市场化指标

当前，我国对于利率市场化改革的研究中，基于价格改革视角测度利率市场化进程的评价方法及指标体系已经相对成熟并被广泛应用，出于与已有多数研究保持一致以便于分析结果的角度考虑，本章的基准模型采用基于价格改革视角构建的利率市场化指数。但在实践中，在信贷配给、利率管制等金融抑制的背景下，中国形成了正规金融市场和非正规金融市场同时存在的特殊环境，以及资本价格和数量管制的双重扭曲（纪洋、谭语嫣、黄益平，2016）。其中，在价格管制下利率无法依据企业的违约风险进行自由调整，导致资本低效配置；在数量管制下正规金融市场资金供不应求，部分企业被挤到非正规市场进行融资，正规金融市场与非正规金融市场间的套利行为导致企业通过非正规金融市场获得资金的成本高昂，负担加重。在已有的大量研究中，仅从价格管制的视角将利率市场化定义为对利率价格管制的改革，从而得出利率价格管制的完全放开即标志着利率市场化基本完成的结论具有一定局限性。因此，为更全面地研究利率市场化问题，有必要将利率数量管制的改革也纳入利率市场化改革的体系中进行研究。由此，钟世和（2020）基于利率价格管制和数量管制的双重视角构建了利率市场化综合评价指标体系，见图4-1。

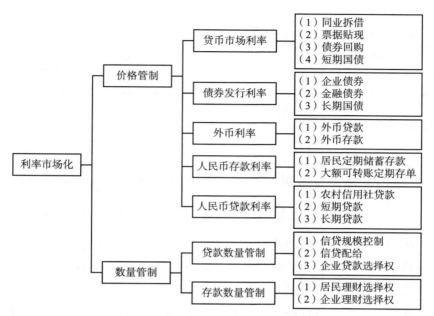

图4-1　利率市场化综合评价指标体系

资料来源：钟世和. 中国利率市场化评估：基于利率价格和数量管制的视角［J］. 人文杂志，2020（3）：52-61.

基于以上指标体系，钟世和（2020）首先梳理了利率市场的相关政策、措施及事件，依据其对利率市场化的影响对指标体系中的每一项指标赋值；其次，对每一层级指标均采用简单平均法确定其权重；最后，用各指标的权重与其赋值的乘积合成利率市场化指数。本章使用钟世和（2020）构建的利率市场化指数（本章将其称为"综合利率市场化指数"）考察资本要素的市场化配置对企业竞争力的影响，构建模型如下：

$$EC_{ijt} = \alpha + \beta librz_t + CV_{ijt}\gamma + \mu_j + \sigma_t + \varepsilon_{ijt} \qquad (4-3)$$

其中，$librz_t$ 为综合利率市场化指数，其余指标与基准模型式（4-1）相同。对式（4-3）的回归结果表明，将数量市场化因素纳入利率市场化指标评价体系后，合成的综合利率市场化指数对企业竞争力仍然具有显著的正向影响，且加入控制变量对可能存在的内生性问题进行控制后，回归系数明显增大。可见，是否将数量市场化因素纳入利率市场化指标评价体系不影响本章的主要结论，即基准模型的回归结果是稳健的，见表4-6。

表4-6　　　　　　综合利率市场化指数对企业竞争力的影响

变量名	（1） ROA_{ijt}	（2） ROA_{ijt}	（3） ROE_{ijt}	（4） ROE_{ijt}
$librz_t$	0.0356 *** [0.0104]	0.0659 *** [0.0099]	0.0585 *** [0.0190]	0.0699 *** [0.0173]
企业特征变量		Yes		Yes
行业固定效应	Yes	Yes	Yes	Yes
年份固定效应	Yes	Yes	Yes	Yes
N	26210	26210	26210	26210
r2	0.0241	0.1269	0.0188	0.1115

注：由于数据原因，综合利率市场化指数仅测算到2016年。

（三）使用准自然实验方法研究

使用虚拟变量赋值法来测算利率市场化程度是已有研究中的一种常用方法，这种方法的局限性在于不能准确反映利率市场化的进程及其动态变化；但采用虚拟变量赋值法测度利率市场化程度，就可以引入准自然实验的方法进行实证研究，利用某一利率市场化改革政策的外生性，在有效控制不可观测的个体异质性对企业竞争力的影响的基础上，评估利率市场化改革给企业竞争力带来的政策效应。为进一步了解利率市场化改革对企业竞争力的影响，本章以贷款利率市场化的标志性事件——2013年7月中央银行全面放开金融机构贷款利率下限作为政策冲击，构建虚拟变量 $time_t$，2013年及其后的年份取值为1，否则为0。因为贷款利率下限放开将导致银行间获取低风险客户的竞争加剧（He & Wang，2012），因此议价能力较强的低风险客户将根据贷款利率来选择贷款银行以降低自身的融资成本；而高风险客户由于议价能力较弱，通过这一政策改革的获益较少。所以，本章基于 Z-score 模型（Altman，1968）对企业的违约概率进行了测度，按照其违约概率的大小，将企业划分为低风险企业和高风险企业两类，构建了虚拟变量 $treat_{ij}$，若 j 行业 i 企业为低风险企业，则其受到金融机构贷款利率下限放开的影响较大，将其作为实验组，$treat_{ij}$ 取值为 1；若 j 行业 i 企业为高风险企业，则受影响较小，将其作为控制组，$treat_{ij}$ 取值为 0。Z-score 模型如下：

$$Zsore = 1.2X_1 + 1.4X_2 + 3.3X_3 + 0.6X_4 + 0.99X_5 \quad (4-4)$$

其中，$X_1 =$ 营运资金/总资产，$X_2 =$ 留存收益/总资产，$X_3 =$ 息税前利润/总资产，$X_4 =$ 股票总市值/总负债，$X_5 =$ 营业收入/总资产。本章将 $Zsore$ 在灰色区和安全区的企业界定为低风险企业，将破产区的企业界定为高风险企业。

以政策冲击前三期及政策冲击后三期的上市公司数据为样本（2000~2015 年），构建 DID 模型如下：

$$EC_{ijt} = \alpha + \beta did_{ijt} + CV_{ijt}\gamma + \mu_i + \sigma_t + \varepsilon_{ijt} \quad (4-5)$$

其中，did_{ijt} 为虚拟变量 $treat_{ij}$ 与 $time_t$ 的交乘项，μ_i 为企业固定效益，σ_t 为年份固定效应，其余变量与基准模型一致。DID 模型的回归结果显示，利率市场化改革对企业竞争具有显著的正向影响，表明基准模型的研究结果是稳健的，见表 4-7。

表 4-7   DID 模型回归结果

变量名	(1) ROE_{ijt}	(2) ROE_{ijt}	(3) ROA_{ijt}	(4) ROA_{ijt}
did_{ijt}	0.0477 *** [0.0044]	0.0409 *** [0.0042]	0.0264 *** [0.0021]	0.0236 *** [0.0020]
企业特征变量		Yes		Yes

续表

变量名	(1) ROE_{ijt}	(2) ROE_{ijt}	(3) ROA_{ijt}	(4) ROA_{ijt}
企业固定效应	Yes	Yes	Yes	Yes
年份固定效应	Yes	Yes	Yes	Yes
N	13908	13908	13908	13908
r2	0.0535	0.0988	0.1024	0.1459

　　针对以上双重差分估计的结果，保证其满足无偏性的一个重要假设就是实验组和控制组在政策冲击前满足平行趋势。如果实验组和控制组在政策冲击前的变化趋势就存在差异，那么政策冲击后二者变化趋势的差异就有可能不是政策冲击带来的。因此，本章绘制了实验组和控制组企业竞争力的变化趋势图，以直观反映两组企业竞争力的变化差异。图 4 - 2 显示，在 2013 年金融机构贷款利率下限全面放开前，企业竞争力的两个代理指标总资产利润率（ROA_{ijt}）和净资产收益率（ROE_{ijt}）均保持了相同的变化趋势；而在贷款利率下限放开后，实验组与控制组的企业竞争力的变化趋势出现了明显的分化。

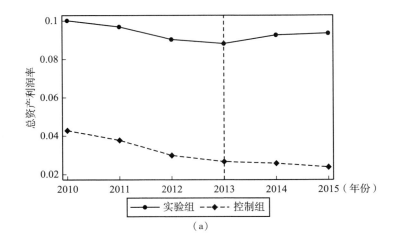

（a）

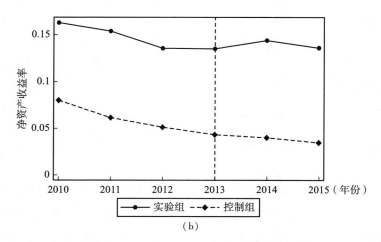

图 4 - 2　实验组和控制组企业竞争力的变化趋势

（四）考虑利率市场化改革政策效应时滞

利率市场化改革对微观经济的影响是一个比较复杂的过程，企业竞争力是一项反映企业综合能力的指标，利率市场化改革的政策效应可能通过更为复杂的传导链条和传导机制作用于企业竞争力，因此可能存在政策效应时滞。为检验这种可能存在的政策效应时滞是否会对本章基准模型的研究结论造成影响，下文采用利率市场化指数的滞后一期值作为核心解释变量，检验资本要素市场化配置对企业竞争力的影响，模型构建如下：

$$EC_{ijt} = \alpha + \beta libr_{t-1} + CV_{ijt}\gamma + \mu_j + \sigma_t + \varepsilon_{ijt} \qquad (4-6)$$

其中，$libr_{t-1}$ 代表利率市场化指数的滞后一期值，其余变量含义同基准模型（4-1）。回归结果显示，考虑利率市场化改革政策效应的时滞因素，对基准模型进行调整后，利率市场化指数对企业竞争力的影响仍然显著为正，如表 4-8 所示，可见，本章基准模型的研究结论是稳健的。

表4-8 考虑政策效应时滞因素的检验结果

变量名	(1) ROA_{ijt}	(2) ROA_{ijt}	(3) ROE_{ijt}	(4) ROE_{ijt}
$libr_{t-1}$	0.0727 *** [0.0130]	0.0948 *** [0.0120]	0.1343 *** [0.0197]	0.1536 *** [0.0171]
企业特征变量		Yes		Yes
行业固定效应	Yes	Yes	Yes	Yes
年份固定效应	Yes	Yes	Yes	Yes
N	31798	31798	31798	31798
r2	0.0214	0.1246	0.0177	0.1088

（五）考虑企业竞争力测度的复杂性

本章基准模型（4-1）使用的总资产利润率（ROA_{ijt}）和净资产收益率（ROE_{ijt}）是两个较具代表性的企业竞争力测评指标，能较好地反映企业竞争力的最终表现。但由于企业竞争力的内在性和综合性特点（金碚，2003），无论使用何种指标作为企业竞争力的代理变量，都可能存在部分内在因素难以显现化和部分综合性因素难以指标化的问题。为更为全面充分地认识资本要素市场化对企业竞争力的影响，本章尝试分别使用长期资本收益率（$LROE_{ijt}$）和企业可持续增长率（SGR_{ijt}）作为企业竞争力的代理指标对利率市场化指数进行回归。结果显示，利率市场化对企业竞争力的影响仍然显著为正，可见基准模型的研究结论是稳健的，如表4-9所示。

表4-9 更换被解释变量代理指标的回归结果

变量名	(1) $LROE_{ijt}$	(2) $LROE_{ijt}$	(3) SGR_{ijt}	(4) SGR_{ijt}
$libr_t$	0.0848 *** [0.0203]	0.0881 *** [0.0183]	0.1668 *** [0.0202]	0.1608 *** [0.0184]

续表

变量名	(1) $LROE_{ijt}$	(2) $LROE_{ijt}$	(3) SGR_{ijt}	(4) SGR_{ijt}
企业特征变量		Yes		Yes
行业固定效应	Yes	Yes	Yes	Yes
年份固定效应	Yes	Yes	Yes	Yes
N	32981	32981	32981	32981
r2	0.0210	0.1255	0.0194	0.0934

（六）加入城市特征控制变量

企业特征是企业竞争力的重要影响因素，因此本章基准模型回归中，对企业主要特征变量进行了控制。但影响企业竞争力的因素较为复杂，为避免可能存在遗漏变量导致的内生性问题，本章尝试在控制变量中加入城市特征变量，包括地方财政预算内收入、地方财政预算内支出、财政教育支出、财政科学支出、全市生产总值增长率、全市年末单位从业人员，回归结果显示，利率市场化指数对企业竞争力的影响仍然显著为正（见表4-10），可见基准模型的回归结果是稳健的。

表4-10　　　　　　　　加入城市特征变量的回归结果

变量名	(1) ROA_{ijt}	(2) ROE_{ijt}
$libr_t$	0.0373 *** [0.0081]	0.0290 * [0.0172]
企业特征变量	Yes	Yes
城市特征变量	Yes	Yes

续表

变量名	（1） ROA_{ijt}	（2） ROE_{ijt}
行业固定效应	Yes	Yes
年份固定效应	Yes	Yes
N	32218	32218
r2	0.1306	0.1138

五、利率市场化对企业竞争力的影响机理

利率市场化改革的直接目的是实现资金价格即利率由其市场决定，最终目的是促进资本要素有序流动，提高其配置效率。基于微观企业的视角，利率市场化将会从企业内部效率和外部环境两个方面影响其竞争力。从企业内部效率的角度看：首先，利率市场化使得银行逐步具有了贷款自主定价权，从而可以基于收益与风险对等的原则，依据贷款企业的风险特征确定贷款利率，一方面对高风险企业收取高利率作为风险溢价收益，为其提供在正规金融市场获得资金的可能性；另一方面对低风险企业给予低利率贷款，以低利率作为竞争手段获取偿债能力强、违约风险低的优质客户资源；因此，利率市场化改革为不同风险特征的企业都提供了在正规金融市场获得低成本银行贷款资金的可能性。而从正规金融市场获得相对低成本的信贷融资是企业获得竞争优势的核心因素（张伟华等，2018）。其次，利率市场化改革阻断了低效率企业通过信贷配给获取低成本贷款的途径，成为其提高资金利用效率的动力和压力。当资金使用效率的提升速度超过资金使用成本的增加速度时，企业的经营成本将会下降。综上所述，利率市场化改革可以通过增加企业融资机会、缓解企业融资约束、提

高企业资金利用效率等方式降低企业的经营成本，从而促进企业竞争力的提升。对此，本章以企业营业成本率（OCR_{ijt}）作为中介指标，构建中介效应模型进行检验。回归结果显示，利率市场化指数（$libr_t$）对企业营业成本率（OCR_{ijt}）具有显著的负向影响，而企业营业成本率（OCR_{ijt}）对企业竞争力也具有显著的负向影响（见表4－11）。其经济意义可理解为，利率市场化程度的提高将显著降低企业的营业成本，而企业营业成本的下降又将显著促进企业竞争力的提升。

表4－11　　　　　　中介效应检验一（营业成本率 OCR_{ijt}）

变量名	(1) ROA_{ijt}	(2) OCR_{ijt}	(3) ROA_{ijt}	(4) ROE_{ijt}	(5) OCR_{ijt}	(6) ROE_{ijt}
$libr_t$	0.0934 *** [0.0122]	− 0.2170 *** [0.0419]	0.0477 *** [0.0082]	0.1386 *** [0.0175]	− 0.2170 *** [0.0419]	0.0542 *** [0.0156]
OCR_{ijt}			− 0.2106 *** [0.0131]			− 0.3892 *** [0.0317]
企业特征变量	Yes	Yes	Yes	Yes	Yes	Yes
行业固定效应	Yes	Yes	Yes	Yes	Yes	Yes
年份固定效应	Yes	Yes	Yes	Yes	Yes	Yes
N	32981	32981	32981	32981	32981	32981
r2	0.1275	0.1218	0.3381	0.1116	0.1218	0.2363

从企业外部环境看，首先，存款利率市场化有利于缓解资本要素的稀缺性问题。利率市场化使得银行可以根据资金的供求情况及自身的业务拓展需要调整存款利率，在一定程度上缓解正规金融市场资源稀缺的问题。在信贷资金相对充裕的市场环境下，微观企业间相互提供信用的必要性及相互提供信用的风险下降。其次，贷款利率市场化有利于提高资本要素的社会配置效率。在利率市场化改革下，利用信

贷配给导致的市场扭曲进行套利的空间减小，有效控制了部分实体企业将资本投入到金融领域获利的短视行为，使更多的资本流向高效率的企业，提高了资本的社会配置效率，为社会生产各个环节有序安全进行提供了保障，微观企业不良资产问题将有所缓解。在以上两方面的作用下，企业的融资风险和应收账款风险下降，竞争力提升。对此，本章以企业应收类资产比例（$RARI_{ijt}$）作为中介变量，构建中介效应模型进行检验。检验结果显示，利率市场化指数（$libr_t$）对企业应收类资产比例（$RARI_{ijt}$）具有显著的负向影响，而企业应收类资产比例（$RARI_{ijt}$）对企业竞争力也具有显著的负向影响（见表 4 - 12）。其经济意义可理解为，利率市场化程度的提高促进了企业外部环境的改善，显著降低了其应收类资产比例，而企业应收类资产比例下降又将显著促进企业竞争力的提升。可见价格机制既可以调节微观企业内部的资源配置效率，又可以调节宏观环境中的资源配置效率。

表 4 - 12　　　　中介效应检验二（应收类资产比例 $RARI_{ijt}$）

变量名	(1) ROA_{ijt}	(2) $RARI_{ijt}$	(3) ROA_{ijt}	(4) ROE_{ijt}	(5) $RARI_{ijt}$	(6) ROE_{ijt}
$libr_t$	0.0934 *** [0.0122]	- 0.0715 *** [0.0195]	0.0901 *** [0.0119]	0.1386 *** [0.0175]	- 0.0715 *** [0.0195]	0.1325 *** [0.0171]
$RARI_{ijt}$			- 0.0464 *** [0.0090]			- 0.086 *** [0.0200]
企业特征变量	Yes	Yes	Yes	Yes	Yes	Yes
行业固定效应	Yes	Yes	Yes	Yes	Yes	Yes
时间固定效应	Yes	Yes	Yes	Yes	Yes	Yes
N	32981	32981	32981	32981	32981	32981
r2	0.1275	0.0796	0.1324	0.1116	0.0796	0.1145

六、进一步研究

为了进一步研究资本要素市场化配置对企业竞争力的促进作用是否受到重要外部环境因素和内部特征因素的影响，本章从以下三个方面继续进行分析：

第一，经济发展水平。地区经济发展水平是影响企业竞争力的重要外部环境因素。地区间自然资源禀赋、基础设施建设、资源（包括资金、技术、人才等）集聚能力等方面的差异均可表现为经济发展水平的差异。一般情况下，企业的发展无法脱离其所在地区的经济发展水平的影响。那么，资本要素市场化配置对企业竞争力的促进作用是否会受企业所在城市经济发展水平的影响呢？为了探讨这一问题，本章以城市人均国内生产总值（$pgdp_{ijt}^{c}$）作为城市经济发展水平的代理指标，在基准模型中加入 $pgdp_{ijt}^{c}$，以及 $pgdp_{ijt}^{c}$ 与 $lirb_{t}$ 的交乘项（$lirb\_pgdp_{ijt}$）进行回归，结果显示城市人均国内生产总值对资本要素市场化配置与企业竞争力关系具有显著的负向调节作用，见表 4 - 13 第（1）列、第（2）列。其原因有：其一，经济发展与金融发展通常具有相互促进的关系，经济发展水平高的地区往往金融发展水平也较高，企业的融资渠道较多，对银行贷款等间接融资的依赖度相对较低，因此利率市场化改革带来的资本要素市场化配置对其企业竞争力的促进作用空间较小；而经济发展水平较低的地区往往金融发展水平也较低，企业融资渠道单一，对银行贷款等间接融资的依赖度相对较高，因此利率市场化改革带来的资本要素市场化配置对其企业竞争力的促进作用空间较大。其二，经济发展水平较高的地区经济集聚水平也较高，而经济集聚带来的边际成本递减、规模报酬递增及外部经济效应进一步对生产要素资源形成了强大的吸引力，资金、人才（特别是高技术人才和科研人员）、信息及其他生产要素大量流入，为企业提供了丰富的生产要素资源，使得企业具备了通过调整投入结构来缓解融资约束的可能性。因此，相比于经济发展水平落后的地区，经济发达地区的企业融资约束对其企业竞争力提升的影响较小，利率市场化改革带来的资本要素自由流动对其企业竞争力提升的促进作用也较小。可见价格机制可以在一定程度上缓解地区间发展不平衡的问题。

第二，企业规模。企业的市场影响力、盈利能力、经营风险通常与其生产经营规模存在正相关关系：大企业往往市场影响力大、盈利能力强、经营风险可控，而中小企业往往存在市场影响力不足、盈利能力弱、经营风险高的问题。那么，利率市场化改革带来的资本要素市场化配置对企业竞争力的促进作用是否会受到企业规模的影响？为了探讨这一问题，本章以企业资产总额的对数（$size_{ijt}$）作为企业规模的代理指标，在基准模型中加入 $size_{ijt}$ 与 $lirb_t$ 的交乘项（lir_size_{ijt}）进行回归（基准模型中已经包含了 $size_{ijt}$ 回归项），结果显示企业规模对资本要素市场化配置与企业竞争力关系具有显著的负向调节作用，见表 4-13 第（3）列、第（4）列。基于企业市场影响力的视角，大企业可以凭借其较强的市场影响力选择信用较好的合作者，因此资本要素市场化配置通过改善大企业外部经营环境以促进其竞争力提升的作用较小；而中小企业选择合作者的能力较弱，因此，资本要素市场化配置通过改善中小企业外部经营环境以促进其竞争力提升的作用较大。基于融资能力的视角，大企业较容易在金融市场上获得直接融资，对银行贷款的依赖程度相对较低，因此资本要素市场化配置对其竞争力的促进作用较小。而中小企业难以达到在金融市场上进行直接融资的门槛要求，银行信贷就成为其获取融资的主要渠道，而自身条件约束和融资渠道单一成为中小企业面临的长期难题（尹志超等，2015），因此资本要素的市场化配置对其竞争力的促进作用较大。可见价格机制可以在一定程度上缓解经济主体间发展不平衡的问题。

表 4 – 13 调节效应检验结果

变量名	(1) ROA_{ijt}	(2) ROE_{ijt}	(3) ROA_{ijt}	(4) ROE_{ijt}
$libr_t$	0. 0957 *** [0. 0150]	0. 1359 *** [0. 0230]	0. 3508 *** [0. 0898]	0. 8070 *** [0. 2074]
$lirb\_pgdp_{ijt}$	− 0. 0031 ** [0. 0014]	− 0. 0048 * [0. 0026]		
$pgdp_{ijt}^c$	0. 0035 *** [0. 0012]	0. 0059 ** [0. 0023]		
lir_size_{ijt}			− 0. 0121 *** [0. 0043]	− 0. 0313 *** [0. 0099]
$size_{ijt}$			0. 0135 *** [0. 0035]	0. 0441 *** [0. 0085]
企业特征变量	Yes	Yes	Yes	Yes
行业固定效应	Yes	Yes	Yes	Yes
年份固定效应	Yes	Yes	Yes	Yes
N	32481	32481	32981	32981
r2	0. 1308	0. 1142	0. 1292	0. 1136

第三，企业性质。在价格管制下利率被压低，资金供不应求，导致信贷配给、信贷歧视等数量管理措施广泛存在（何东和王红林，2012）。国有企业相对于非国有企业而言，在债务融资方面具有一定的先天优势。因此，以银行贷款为主的金融资源大多流入了国有企业（Cull & Xu，2003）。然而，随着非国有经济的快速发展，非国有企业金融服务需求增加与金融发展滞后的矛盾逐渐暴露，大量非国有企业在正规金融市场融资困难。利率市场化的作用即是纠正金融市场的利率价格扭曲，让市场在资本要素配置中发挥决定性作用，为

非国有企业在正规金融市场获得融资提供条件和机会。那么，利率市场化改革带来的资本要素市场化配置对国有企业和非国有企业竞争力的促进作用是否存在差异呢？为了检验这一问题，本章按照企业所有权性质将企业分为非国有企业和国有企业两类，分别检验了利率市场化对其竞争力的影响，结果显示，利率市场化对非国有企业竞争力的促进作用更大（见表4-14），可见价格机制有助于实现竞争中性。

表4-14　　　　　　　　　　分样本回归

变量名	（1） 非国有企业 ROA_{ijt}	（2） 非国有企业 ROE_{ijt}	（3） 国有企业 ROA_{ijt}	（4） 国有企业 ROE_{ijt}
$libr_t$	0. 0922 *** [0. 0164]	0. 1289 *** [0. 0301]	0. 0589 *** [0. 0185]	0. 0968 *** [0. 0229]
企业特征变量	Yes	Yes	Yes	Yes
行业固定效应	Yes	Yes	Yes	Yes
年份固定效应	Yes	Yes	Yes	Yes
N	17973	17973	15008	15008
r2	0. 164	0. 149	0. 0805	0. 0839

七、本章小结

本章借鉴王舒军和彭建刚（2014）的研究构建了利率市场化指数，以利率市场化指数作为衡量资本要素市场化的代理指标，检验了资本要素市场化对企业竞争力的影响，得出了以下结论：

第一，资本要素市场化对企业竞争力的提升具有显著的促进作用，且这一结论是稳健的。本章从以下五个方面检验了实证结果的稳健性：借鉴钟世和（2020）的研究，将数量改革纳入评价体系，重新构建了利率市场化指数；使用准自然实验的方法构建模型，检验了资本要素市场化和企业竞争力的关系；考虑利率市场化改革可能存在的政策效应的时滞性，使用利率市场化指数的滞后项检验了资本要素市场化和企业竞争力的关系；为尽可能全面准确地研究资本要素市场化对企业竞争力的影响，分别使用长期资本收益率和企业可持续增长率指标作为企业竞争力的代理指标进行了检验；避免可能存在的遗漏变量偏差导致内生性问题，本章在控制变量中加入了一组城市特征变量，再次检验了资本要素市场化对企业竞争力的影响。

第二，利率市场化会通过企业内部效率和外部环境两个渠道影响其竞争力。内部效率渠道：通过增加融资机会、缓解融资约束、提高资金利用效率等方式降低企业的经营成本，从而促进企业竞争力的提升；外部环境渠道：通过降低企业间相互提供信用的风险、提高资本要素的社会配置效率等方式改善企业外部环境，降低企业不良资产风险，从而促进企业竞争力的提升。

第三，城市经济发展水平对资本要素市场化配置与企业竞争力关系有显著的负向调节作用：经济发展水平高的地区企业的融资渠道较多，利率市场化改革带来的资本要素市场化配置对其作用空间较小；经济发展水平较高的地区能为企业提供更为丰富的生产要素资源，企业可以通过调整投入结构以缓解融资约束；因此，经济发展水平高的地区受利率市场化改革的影响较经济发展落后地区更小。

第四，企业规模对资本要素市场化配置与企业竞争力关系有显著的负向调节作用：企业规模差异会带来企业面临的外部环境差异，中小企业相比于大企业面临的外部环境更为严峻，因此资本要素市场化配置更有助于促进中小企业竞争力的提升；企业规模差异会带来其对银行贷款依赖程度的差异，中小企业相比于大企业更依赖银行贷款，因此资本要素市场化配置更有助于促进中小企业竞争力的提升。

第五，资本要素市场化配置对国有企业和非国有企业竞争力的促进作用存在异质性：利率市场化改革使资本要素市场化配置对非国有企业竞争力的促进作用比对国有企业的作用更大。

第五章　供求机制与企业竞争力——基于劳动力自由流动视角

劳动力自由流动是实现劳动力要素市场化配置的重要途径，而户籍制度则是当前我国劳动力要素按照市场供求关系自由流动的主要障碍。为此，2020 年 4 月印发的中共中央 国务院《关于构建更加完善的要素市场化配置体制机制的意见》中明确指出，应通过"深化户籍制度改革"引导劳动力要素合理流动。劳动力自由流动，就是要使劳动力要素在供求机制的作用下，由供过于求的行业和地区流向供不应求的行业和地区，逐渐向均衡状态发展。作为企业从事生产经营活动最重要的要素之一，劳动力的自由流动将会对企业竞争力产生怎样的影响？本章将对此问题进行深入研究。

一、劳动力自由流动与供求机制

供求关系对市场竞争、市场价格的影响及其相互作用的机制，即为供求机制。供求机制的作用是调节供给与需求间的矛盾，并促进其向均衡状态发展。

供求机制的有效运行，需要四个重要条件：（1）市场信息是完全的、免费的；（2）供求双方数量众多；（3）供求双方均为价格的接受者（即没有人能控制价格水平）；（4）要素流动是无障碍的，流动成本为零。

劳动力作为一种重要的生产要素，其供求关系的建立和维护需要遵循普遍的市场规律和商品交易原则，即供求机制在劳动力市场的有效运行需要以上条件的改进和实现。当前，我国农业部门劳动生产率水平相对较低，2018 年人均农业劳动生产率为 0.4999 万美元每人，与美国（8.1725 万美元每人）、澳大利亚（10.7232 万美元每人）等发达国家差距非常大；且我国农业劳动生产率与工业和服务业差距也非常大，2018 年我国工业劳动生产率是农业的 5.2179 倍，而美国和澳大利亚分别为 1.4851 倍和 1.2932 倍；我国服务业劳动生产率是农业的 4.3191 倍，而美国和澳大利亚分别为 1.6183 倍和 1.008 倍。[①]可见，无论是与发达国家比较还是与本国的工业、服务业比较，我国农业劳动生产率都处于较为落后的水平。在当前第四次工业革命快速推进的背景下，随着农业生产的现代化和机械化发展，农业作为劳动力供给部门将出现大量剩余劳动力，且这些劳动力将流向生产率更高的工业部门和服务业部门。这将在一定程度上缓解当前我国劳动力市场出现的供求矛盾（如 2004 年以来出现的"用工荒"问题），并有助于推动我国产业结构升级和经济高质量发展。从理论上说，劳动力市场是调节劳动力供给与需求矛盾最重要的机制，然而，户籍制度等限制外地劳动力在本地就业的政策妨碍了劳动力市场发育，损害了产业结构调整和持续的经济增长（蔡昉，2001），且其对户口迁移的限制阻碍了劳动力的合理流动以及生产要素的合理配置，使社会经济效率的提高出现了"瓶颈"（陆益龙，2002）。可见，户籍制度改革深刻影响着我国人口流动格局和社会经济效率。清除劳动力自由流动的制度障碍，让供求机制在劳动力市场有效运行，是当前我国实现劳动

---

① 数据来源：世界银行。其中，农业劳动生产率以农业增加值与农业从业人员的比例衡量；工业劳动生产率以工业增加值与工业从业人员的比例衡量；服务业劳动生产率以服务业增加值与服务业从业人员的比例衡量。

力要素市场化配置的重要途径。

综上所述，为适应我国特定时期社会经济发展需要而建立起来的户籍制度，已经成为当前劳动力要素按照市场供求关系自由流动的障碍，甚至成为我国劳动力要素市场化配置改革的壁垒；户籍制度改革也因此成为清除劳动力自由流动障碍、促使劳动力要素在供求机制作用下高效配置的必然要求。因此，本章以居住证制度改革作为劳动力要素自由流动的政策冲击，以劳动力要素自由流动为例研究供求机制对企业竞争力的影响。

二、劳动力自由流动的进程

中国正处在经济快速增长和产业结构优化调整的阶段，与世界上其他发展中国家及发达国家相同阶段的发展历程相似，这一阶段必然有大量的农业劳动力流动到城镇转向非农产业，而当前的户籍制度则成为劳动力要素自由流动的主要障碍。户籍制度的核心内容是将居民户口分为农业户口和非农业户口两种类型，根据户口辖地管理原则，对异地间户口迁移实行严格的行政控制，同时，教育、医疗、就业、社会保障等问题，在一定程度上都采用了户籍标准。户籍制度通过对身份转换和自主迁徙的限制，对中国社会城乡二元结构的形成以及城市等级差别现象的出现产生了重要影响（陆益龙，2008）。借鉴都阳等（2014）的研究，本章所指的户籍制度改革是指"触及户籍体系核心内容的改革举措，即统筹城乡的社会保障、社会救助和公共服务体系，使其最终消除在不同人群之间的差异性，让户籍回归其人口管理的原始功能的改革方案"。

地区间经济社会发展及公共服务水平的均衡化是彻底进行户籍制度改革的重要前提（关信平，2014），尽管国家不断加大对欠发达地区的财力支持，通过多种渠道和政策促进发达地区和欠发达地区共同发展，积极推进逐步实现基本公共服务均等化，但到 2022 年，尚未达到彻底进行户籍制度改革的条件，因此，我国的户籍制度改革以渐进式改革的方式进行。借鉴陆益龙（2002）、王美艳和蔡昉（2008）、释启鹏（2009）、赵军洁和范毅（2019）、吴旋和罗建文（2019）等对户籍制度的研究成果，本章将户籍制度的改革分为以下四个阶段：

第一阶段，户籍制度的产生（1951～1977 年）。1951 年 7 月，为建立城市公共秩序，恢复城市经济建设，公安部出台了《城市户口管理暂行条例》，统一规范了城市的户口登记和管理。理论上讲，户籍本身只是一种个人信息的登记，承担着人口统计、身份证明等功能，其本身与人口流动是无关的。但当户籍成为就业、医疗、教育、住房保障、生活用品供应计划以及公共秩序的维护等工作的依据，与各种社会福利分配相联系时，居民就有了进行户籍迁移和流动的动机。为了在财政资源有限的前提下建立城市福利体制，1956～1957 年，国家先后六次作出关于制止农村人口外流的指示。到 1957 年，城市和农村的户口登记和管理及相应的办法已初步定型。1964 年，国务院出台了《公安部关于处理户口迁移的规定（草案）》，1977 年国务院出台了《公安部关于处理户口迁移的规定》，明确提出了"严格控制"和"适当限制"农村人口迁往城镇。

第二阶段，户籍制度的调整（1978～1991 年）。改革开放后，农村的劳动生产率提高，将部分农村劳动力从土地上解放出来；同时，城镇经济体制改革和乡镇企业的发展，又产生了大量的劳动力需求。为适应社会经济发展的变化，国家对户籍制度进行了一系列的调整：1980 年，相关部门出台了《关于解决部分专业技术干部的农村家属迁往城镇由国家供应粮食的规定》，严格控制"农转非"的政策对"专业技术干部的农村家属"开始松动。1984 年 1 月，中共中央发布《关于一九八四年农村工作的通知》，允许务工、经商、办服务业的农民"自理口粮"到集镇工作，即政策允许农村人口向城市流动，但不享受城市的"粮食"福利。1984年10月，国务院发布了《关于农民进入集镇落户问题的通知》，放宽农民进入集镇的落户政策，并给落户者发《自理粮户口簿》和《加价粮油证》，在一定程度上改善了集镇中农村流入人口的福利。1985年，国家出台了《中华人民共和国居民身份证条例》，表明我国户籍管理工作转向人户结合的管理模式，为我国人口管理走向科学化和现代化奠定了基础。总体而言，这一阶段户籍制度的调整使得原来严格的城乡二元分割的制度安排开始出现了松动，但这只是为了适应城乡发展变化产生的人口流动需求而采取的一种局部调整措施，并未改变人口城乡二元分割的制度安排。

第三阶段，户籍制度的初步改革（1992～2001年）。1992年，党的十四大召开，明确了建立社会主义市场经济体制的目标。由此，社会主义市场经济体制改革的进程加快，沿海地区劳动密集型产业迅速发展，为中西部地区大量的农村富余劳动力提供了就业机会，为适应劳动力市场扩大及人口流动规模增加的趋势，1992～2001年，国家先后出台了一系列户籍制度调整和改革的政策措施，主要包括1992年8月《关于实行当地有效城镇居民户口制度的通知》，1993年6月《关于户籍制度改革的决定》，1995年4月《关于指导全国小城镇综合改革试点的意见》，1997年7月《关于小城镇户籍制度改革试点方案》，2000年6月《关于促进小城镇健康发展的若干意见》，2001年3月《关于推进小城镇户籍管理制度改革的意见》，这些政策逐步实现了户籍的证件化管理，放松了对人口流动的管制，并尝试建立和完善试点小城镇的新型社会保障体制，在子女入学、参军、就业等方面享受与城镇居民同等待遇。

第四阶段，户籍制度的深入改革及完善阶段（2002年至今）。2002年，党的十六大明确提出全面建设小康社会的目标，经济发展获得新的增长活力，随着人口流动制度壁垒的逐渐消除，农村劳动力更大规模地转移到了城镇就业，地区之间人口流动也更为频繁，农民工和外来人口对社会福利保障制度及社会公共服务体系的需求更加凸显，因此这一阶段改革的重心转向了基于户籍制度的社会福利保障制度和公共服务体系。2003 年 1 月国务院出台了《国务院办公厅关于做好农民进城务工就业管理和服务工作的通知》，2006 年出台了《国务院关于解决农民工问题的若干意见》，2008 年出台了《中共中央关于推进农村改革发展若干重大问题的决定》，甚至党的十七大报告中也明确指出"加快建立覆盖城乡居民的社会保障体系"，这些政策措施一步步地将城乡二元结构的户籍制度及与之相连的社会保障制度转向了城乡经济社会发展一体化新格局。2012 年党的十八大召开，明确指出"要加快完善社会主义市场经济体制和加快转变经济发展方式"，并强调要"筑牢国家繁荣富强、人民幸福安康、社会和谐稳定的物质基础"。加快户籍制度改革，推进农业人口城市化，完善城镇常住人口的基本公共服务是实现"人民幸福安康"的重要条件。为此，2012 年 2 月国务院出台了《国务院办公厅关于积极稳妥推进户籍管理制度改革的通知》，2014 年 3 月国务院出台了《关于进一步推进户籍制度改革的意见》，2015 年 12 月国务院出台了《居住证暂行条例》，逐步推进覆盖城镇全部常住人口（包括农民工及其子女）的教育、医疗、就业、住房、养老等社会保障制度和基本公共服务体系的建设和完善，最终消除户籍制度带来的劳动力流动壁垒。

三、研究设计与数据说明

（一）研究设计

通过对户籍制度改革的历程进行分析，可以发现户籍制度改革的历程实质上就是一个逐渐消除劳动力自由流动障碍的过程。而劳动力作为最重要的生产要素,只有在消除制度障碍后,才能遵循市场规律,在供求机制的调节下自由流动。如果能够保持劳动力市场的灵活性,确保竞争环境公平,则劳动力(要素)的自由流动就有可能推动中国经济转型和升级(都阳,2013),也将影响微观企业的竞争力。本章以居住证制度改革作为促进劳动力要素市场化配置的政策冲击,实证检验供求机制作用下劳动力要素自由流动对企业竞争力的影响。

首先,对比分析表5-1中户籍制度改革第三阶段的《暂住证申领办法》到第四阶段的《居住证暂行条例》的主要内容,可以看出从"暂住证"到"居住证"的改革过程,实质上就是消除人口流动制度障碍,促进劳动力市场化配置的过程,最终将会达到促进社会公平正义、推进城镇基本公共服务和便利常住人口全覆盖、促进新型城镇化健康发展的目标。

表5-1　《暂住证申领办法》与《居住证暂行条例》的主要内容对照

项目	《暂住证申领办法》	《居住证暂行条例》
发文机关	公安部	中华人民共和国国务院
施行时间	1995年6月2日	2016年1月1日
政策目标	为加强流动人口管理,保障公民的合法权益,维护社会治安秩序,根据《中华人民共和国户口登记条例》和有关规定,制定本办法	为了促进新型城镇化的健康发展,推进城镇基本公共服务和便利常住人口全覆盖,保障公民合法权益,促进社会公平正义,制定本条例
使用范围	暂住证是公民离开常住户口所在地的市区或者乡、镇,在其他地区暂住的证明	居住证是持证人在居住地居住、作为常住人口享受基本公共服务和便利、申请登记常住户口的证明

续表

申请条件	离开常住户口所在地、拟在暂住地居住一个月以上年满十六周岁的下列人员，在申报暂住户口登记的同时，应当申领暂住证 （一）机关、团体、企业、事业单位雇用的人员 （二）从事工业、手工业、建筑业、运输业的人员 （三）从事商业、饮食业、修理业、服务业的人员 （四）从事种植业、养殖业的人员 （五）其他需要申领暂住证的人员	公民离开常住户口所在地，到其他城市居住半年以上，符合有合法稳定就业、合法稳定住所、连续就读条件之一的，可以依照本条例的规定申领居住证
享有权利	暂住人在暂住地办理劳务许可证、工商营业执照等证照时应当出示居民身份证和暂住证	居住证持有人在居住地依法享受劳动就业，参加社会保险，缴存、提取和使用住房公积金的权利
享受的公共服务及便利	未明确	县级以上人民政府及其有关部门应当为居住证持有人提供下列基本公共服务： （一）义务教育 （二）基本公共就业服务 （三）基本公共卫生服务和计划生育服务 （四）公共文化体育服务 （五）法律援助和其他法律服务 （六）国家规定的其他基本公共服务 居住证持有人在居住地享受下列便利： （一）按照国家有关规定办理出入境证件 （二）按照国家有关规定换领、补领居民身份证 （三）机动车登记 （四）申领机动车驾驶证 （五）报名参加职业资格考试、申请授予职业资格 （六）办理生育服务登记和其他计划生育证明材料 （七）国家规定的其他便利
户籍转换	未明确	居住证持有人符合居住地人民政府规定的落户条件的，可以根据本人意愿，将常住户口由原户口所在地迁入居住地

资料来源：作者根据《暂住证申领办法》和《居住证暂行条例》的相关内容整理。

其次，从暂住证制度到居住证制度的改革经历了一个从地方改革实践逐渐上升到国家层面制度安排的过程（陆杰华和李月，2015），地方的户籍政策改革是基于其经济利益最大化逻辑，而国家的户籍政策改革则是基于其现代化发展的需要（张红霞、何俊芳，2019）。尽管从地方层面和国家层面分析，居住证制度改革都可能对企业竞争力带来影响，但鉴于居住证制度改革实践始于地方，本章以城市层面的居住证制度改革作为促进劳动力自由流动的政策冲击，基于各城市（省份）居住证制度改革时间不同的现实情况，使用多期 DID 方法评估居住证制度改革带来的劳动力要素市场化配置对企业竞争力的影响，构建模型如下：

$$EC_{jt} = \alpha_1 + \beta_1 D_{jt} + \delta_1 X_{jt} + \vartheta_j + \theta_t + \varepsilon_{jt} \qquad (5-1)$$

其中，j 表示城市，t 表示年份，EC_{jt} 表示 j 城市 t 年的平均企业竞争力，α 为常数项，ϑ_j 表示城市固定效应，用于控制已经观察到的影响城市间企业竞争力的非时变特征；θ_t 表示时间固定效应，用于控制全国范围内影响企业竞争力的冲击，例如经济周期，长期企业竞争力变化趋势等；X_{jt} 是控制变量集合，包括城市特征变量和企业特征变量，其中，城市特征变量主要用于控制影响城市居住证制度改革的特征因素，企业特征变量主要用于控制可能影响企业竞争力的企业变量；核心解释变量 D_{jt} 在 j 城市进行居住证制度改革后取1，否则取 0，本章关注的是 D_{jt} 的系数 β，其大小反映了居住证制度改革对企业竞争力的影响。特别需要说明的是 EC_{jt}，净利润率可以较好地衡量经济效益及盈利能力，从而反映企业的竞争力水平，因此本章选用城市平均企业净利润率 NPR_{jt} 作为城市层面企业竞争力的第一个代理变量；考虑到企业竞争力具有多方面的表现，而单一指标只能从一个方面来反映企业竞争力水平；且企业竞争力是动态和变化的，运用经济学、统计学和管理学的方法和指标对企业竞争力进行测度，只能相对反映其真实状况，无法进行精确测度，由此，国内外研究中关于企业竞争力的测度方法和代理指标多种多样。借鉴金碚（2003）的研究，本章选用城市平均企业竞争力合成指标 SEC_{jt} 作为城市层面企业竞争力的第二个代理变量。两个指标的具体情况如下：

（1）NPR_{jt}，即城市平均企业净利润率。首先，借鉴陈艳莹和吴龙（2015）的研究，以企业的净利润率 NPR_{it} 作为企业竞争力的代理指标，计算公式如下：

$$NPR_{it} = \frac{profit\_net_{it}}{income_{it}} \times 100\% \qquad (5-2)$$

其次，以 i 企业 t 年的资产总额 $ksum_{it}$ 作为权重，计算 j 市 t 年所有企业的平均净利润率，计算公式如下：

$$NPR_{jt} = \frac{NPR_{it} \times ksum_{it}}{\sum_{i=1}^{k_j} ksum_{it}} \qquad (5-3)$$

（2）SEC_{jt}，即城市平均企业竞争力合成指标。借鉴金碚（2003）的研究，结合样本数据对本章选取的销售收入、年销售收入增长率、净利润、年净利润增长率、净资产、净资产利润率、总资产贡献率、全员劳动效率、出口收入占销售收入比重等 9 个"硬指标"（即基础数据指标）作为合成企业竞争力指标的因素，并依据李钢（2004）的测算结果确定每一因素的权重，构造企业的竞争力合成指标 SEC_{it}，如表 5－2 所示。[①]

[①] 金碚（2003）对于指标的选择及其权重的确定基于"中国社会科学院重大课题——产业与企业竞争力研究"进行了多次修正后，李钢（2004）进行了重新计算。特别地，结合数据，本章将"近三年销售收入增长率"调整为"年销售收入增长率"，将"近三年净利润增长率"调整为"年净利润增长率"。其中，为减少样本的损失，某一企业第一年的"年销售收入增长率"用其第二年和第三年的"年销售收入增长率"的均值进行填补；其第一年的"年净利润的平均增长率"用其第二年和第三年的"年净利润的平均增长率"的均值进行填补。

表 5 - 2 企业竞争力合成指标因素及权重

企业竞争力合成指标（SEC_{it}）	
合成指标因素（Q_{it}^n）	权重（w^n）
销售收入	0.19
年销售收入增长率	0.16
净利润	0.15
年净利润增长率	0.13
净资产	0.10
净资产利润率	0.08
总资产贡献率	0.08
全员劳动效率	0.06
出口收入占销售收入比重	0.05

企业竞争力合成指标 SEC_{it} 的具体构造分为两个步骤：

第一步，对每一行业中所有企业竞争力合成指标因素的标准化处理。借鉴金碚（2003）的方法，分行业（工业企业数据库四位行业代码层面）对每一合成指标因素进行标准化处理，获得带有行业信息的标准值，便于对所有企业的合成指标因素进行比较分析。每一行业中所有企业竞争力合成指标因素的标准化处理过程完全一致。

首先，分别计算 i 企业 t 年每一企业竞争力构成因素的标准差，计算公式如下：

$$S_{it}^n = \sqrt{\frac{\sum_{i=1}^{M_t}(Q_{it}^n - \overline{Q_t^n})^2}{M_t}} \qquad (5-4)$$

其中，i 代表企业，t 代表年份，n 代表 i 企业的第 n 个企业竞争力合成指标因素（其中，$n = 1, 2, \cdots, 9$）；S_{it}^n 代表 i 企业 t 年第 n 个企业竞争力构成因素的标准差；M_t 代表该行业 t 年的企业数量；Q_{it}^n 代表 i 企业 t 年第 n 个合成指标因素，$\overline{Q_t^n}$ 代表 t 年第 n 个合成指标因素的行业平均值。

其次，分别计算 i 企业 t 年每一企业竞争力构成因素的标准值，计算公式如下：

$$D_{it}^n = \frac{Q_{it}^n - \overline{Q_t^n}}{S_{it}^n} \qquad (5-5)$$

其中，D_{it}^n 代表 i 企业 t 年第 n 个企业竞争力构成因素的标准值，其他符号同上。

第二步，用合成指标因素的标准值及其权重计算企业竞争力合成指标。将各因素标准值与其权重相乘后再相加，得到 i 企业 t 年每一竞争力合成指标 SEC_{it} 的标准值，计算公式如下：

$$SEC_{it} = \sum_{n=1}^{9} D_{it}^n \times w^n \qquad (5-6)$$

其中，SEC_{it} 代表 i 企业 t 年企业竞争力合成指标的标准值，w^n 代表第 n 个合成指标因素的权重。

金碚（2003）的研究指出，尽管标准化处理是在行业内部进行的，但标准值是可以在不同行业间进行比较的，并专门对这一问题进行了分析论证。基于此，结合本章研究中居住证制度改革以城市为基本单位的事实，计算每一城市平均企业竞争力合成指标 SEC_{jt} 作为城市层面企业竞争力的代理变量，计算公式如下：

$$SEC_{jt} = \frac{SEC_{it} \times ksum_{it}}{\sum_{i=1}^{k_j} ksum_{it}} \qquad (5-7)$$

其中，j 代表城市，SEC_{jt} 代表 j 市 t 年的企业竞争力合成指标，$ksum_{it}$ 代表 i 企业 t 年的资产总额，k_j 代表 j 市企业的数量。由式（5-7）可见，SEC_{jt} 是 j 市 t 年所有企业的竞争力合成指标 SEC_{it} 的加权平均值，权重为 $ksum_{it}$。

控制变量：DID 方法允许控制一些被遗漏的变量，本章使用时间固定效应控制全国范围内影响企业竞争力的冲击，例如经济周期、长期企业竞争力变化趋势等。使用城市固定效应控制已经观察到的影响城市间企业竞争力的非时变特征。我们在估计时进行了城市层面对标准误聚类，允许一个城市在不同时点上的误差项存在相关性。此外，本章还对城市变量和企业变量进行了控制，主要变量的描述性统计结果如表 5 - 3 所示。

表 5 - 3　　　　　　　　　　主要变量描述性统计

变量名	样本量	均值	标准差	最小值	最大值
城市层面企业净利润率 NPR_{jt}	719	2.76	2.60	-10.06	11.31
城市层面企业竞争力合成指标 SEC_{jt}	719	0.39	0.28	-0.14	1.89
城市工业总产值对数 y_city	719	15.54	1.27	11.12	18.57
城市年末总人口对数 $popu\_city$	719	6.02	0.50	4.00	7.10
城市人口自然增长率 $popu\_rate$	719	5.17	3.90	-7.20	23.42
城市在岗职工平均人数对数 $worker\_city$	719	3.54	0.53	1.92	5.00
全市第二产业从业人员比重 $worker\_rate$	719	46.10	12.99	13.54	78.96
城镇登记失业人数，取对数 $umemp\_city$	719	9.94	0.57	7.36	11.32
城市职工平均工资，取对数 $wage\_city$	719	9.51	0.52	2.67	11.54
城市平均企业资本产出比 cap_y_city	719	0.55	1.15	0.07	20.83
城市平均企业年龄 Age_city	719	12.07	3.63	5.70	30.01
城市平均企业规模 $Scale\_city$	719	10.20	0.75	8.00	12.23

（二）数据说明

本章基于 1998～2013 年中国工业企业数据库、《中国城市统计年鉴》，以及居住证制度改革数据进行了研究。其中，工业企业数据库的处理方法同第三章。特别需要说明的是，由于 2010 年主要变量数据缺失，借鉴当前研究的普遍做法，将 2010 年数据剔除；此外，由于本章不涉及对企业进入、退出等问题的分析，故允许存在由于极端值剔除等原因导致的年份上不连续的样本。

此外，本章收集了城市（地区）居住证制度改革的资料。自 1995 年《暂住证申领办法》颁布至 2016 年《居住证暂行条例》颁布前，一部分城市（地区）先后进行了由暂住证转向居住证的改革，而另一部分城市（地区）则未进行改革。因此，可将居住证制度改革作为一项准自然实验进行研究，将进行了居住证制度改革的城市作为实验组，未进行改革的城市作为控制组。考虑到样本期间仅覆盖 1998～2013 年，因此，实验组样本选择为 2000～2011 年进行了居住证制度改革的城市，而控制组样本则选择在 2013 年前从未进行过居住证制度改革的城市。经过对各地居住证制度改革政策的梳理，将各地明确规定了居住证的申领条件且赋予了一定权利或者福利的户籍改革政策界定为居住证制度改革，将其整理汇总，如表 5 - 4 所示。

表 5 - 4　　　　　　　　各地区户籍政策梳理汇总

地区	年份	名称	实施日期	效力等级
昆明市	2005	《昆明市流动人口管理条例》	2005.10.27	地方性法规
长春市	2008	《长春市居住证暂行规定》	2008.08.28	政府规章
银川市	2008	《银川市流动人口服务管理条例》	2008.11.01	地方性法规
无锡市	2009	《无锡市居住证管理暂行办法》	2009.05.01	政府规章
贵阳市	2010	《贵阳市居住证暂行办法》	2010.03.01	地方性法规
金华市	2010	《金华市关于市区流动人口居住证制度实施中有关政策的通知》	2010.12.30	——
兰州市	2011	《兰州市流动人口服务管理暂行规定》	2011.04.01	政府规章
宜昌市	2011	《宜昌市居住证管理暂行办法》	2011.09.01	地方性法规
长沙市	2011	《长沙市流动人口居住登记管理办法（试行）》	2011.05.01	政府规范性文件

续表

地区	年份	名称	实施日期	效力等级
湖南省**	2009	《湖南省流动人口服务和管理规定》	2009.04.01	政府规章
湖南省**	2009	《湖南省流动人口暂住登记与居住证发放办法（试行）》	2009.07.01	政府规范性文件
浙江省**	2009	《浙江省流动人口居住登记条例》	2009.10.01	地方性法规
广东省**	2010	《广东省流动人口服务管理条例（修订）》	2010.01.01	地方性法规
江西省**	2011	《江西省流动人口服务和管理办法》	2011.11.01	政府规章
上海市*	2004	《上海市居住证暂行规定》	2004.10.01	政府规章
深圳市	2007	《深圳市居住证试行办法》	2007.09.01	政府规章
深圳市	2008	《深圳市居住证暂行办法》	2008.08.01	政府规章
大连市	2009	《大连市居住证暂行办法》	2009.12.25	政府规章
上海市*	2009	《上海市实有人口服务和管理若干规定（暂定）》	2009.11.01	政府规章
武汉市*	2009	《武汉市人才居住证制度暂行规定》	2009.02.25	政府规范性文件
本溪市	2010	《本溪市居住证管理办法》	2010.12.01	地方性法规
成都市*	2011	《成都市居住证管理规定》	2011.01.01	地方性法规
苏州市	2011	《苏州市居住证管理暂行办法》	2011.04.01	地方性法规
武汉市*	2011	《武汉市居住证管理暂行办法》	2011.03.15	地方性法规

注：（1）**代表居住证制度改革是从省级层面实施的，*代表人口在500万人以上地区。（2）由于新疆和西藏样本数据缺失严重，故未汇总这两个地区的户籍政策。
资料来源：作者根据相关报道整理。

不同规模城市之间的非户籍利益与户籍利益差距较大（邹一南，2018），如城区人口在500万人以上的特大城市和超大城市，进行居住证制度改革过程受到其城市综合承载能力的约束更强，与城区人口在100万~500万人的大城市表现出了较大差异，因此将其从本章研究的样本中剔除；鉴于《居住证暂行条例》将城区人口在100万~

500 万人的城市明确界定为"大城市",并规定了大城市的落户条件,但同时又明确指出城区人口 300 万~500 万人的大城市可以对合法稳定就业的范围、年限和合法稳定住所的范围、条件等作出规定,也可结合本地实际,建立积分落户制度,可见城区人口在 100 万~300 万人的城市和 300 万~500 万人的城市既有较大共性,又有明显差异。由此,本章选取人口在 100 万~300 万人的城市作为样本进行实证研究,同时使用人口 100 万~500 万人的城市作为样本进行稳健性检验。①

本章对居住证制度改革政策数据进行了如下处理:如果样本期间某一城市出台了居住证制度改革政策,则将政策的实施年度作为这一城市接受处理的时间;如果某一省份出台了居住证制度改革政策,便将该省份符合条件的城市(即城区人口数量在 100 万~300 万人及 300 万~500 万人的城市)都筛选出来,将政策实施年度作为这些城市接受实验的时间;如果某一城市及其所在省份都出台了居住证制度改革政策,则将二者中先出台政策的时间作为该城市接受处理的时间;如果同一城市或者同一省份在样本期间先后多次出台居住证制度改革政策,则以第一次出台政策的时间作为该城市或者该省份接受处理的时间。因此,本章研究中,城区人口在 100 万~300 万人,且进行了居住证制度改革的地区包括:昆明市(2005),无锡市(2009),贵阳市(2010),兰州市(2011),宜昌市(2011),长沙市、永州市、常德市、益阳市(2009,湖南省),台州市、宁波市、温州市、湖州市(2009,浙江省),中山市、惠州市、湛江市、茂名市、江门市(2010,广东省),宜春市、抚州市、南昌市(2011,江西省)。②

---

① 本章以《中国城市统计年鉴》中"市辖区年末人口总数"指标作为城区人口的代理指标。

② 城市后括号中标注的是其改革年份;部分城市自身未进行改革,而是统一执行了所在省份的改革方案,则城市后括号中标注的是其所在省份及改革年份,下同。

其中，由于长沙市和南昌市政策实施年份部分数据缺失，故剔除。城区人口在 100 万 ~ 300 万人，尚未进行居住证制度改革的城市包括：信阳市、内江市、包头市、南充市、南阳市、厦门市、吉林市、商丘市、大同市、天水市、太原市、安阳市、宿迁市、巴中市、常州市、广安市、扬州市、抚顺市、泸州市、洛阳市、海口市、淮安市、漯河市、盐城市、福州市、绵阳市、自贡市、荆州市、莆田市、襄阳市、资阳市、赤峰市、遂宁市、鄂州市、镇江市、鞍山市。城区人口在 300 万 ~ 500 万人，且进行了居住证制度改革的地区包括：深圳市（2007）、长春市（2008）、大连市（2009）、杭州市（2009，浙江省）、佛山市（2010，广东省）、苏州市（2011）。城区人口在 300 万 ~ 500 万人，尚未进行居住证制度改革的城市包括：徐州市。

四、实证结果及分析

（一）基准回归结果分析

本章在对基准模型进行估计时，在城市层面对标准误进行了聚类，允许一个城市在不同时点上的误差项存在相关性。式（5 - 1）的回归结果显示，居住证制度改革对城市平均企业竞争力具有显著的正向影响。具体看，当模型只控制城市固定效应和时间固定效应时，居住证制度改革对 SEC_{jt} 的影响仅在 10% 的水平上显著，而对 NPR_{jt} 的影响则不显著；但在加入城市特征变量和企业特征变量对可能存在的内生性问题进行控制后，回归结果显著改善，居住证制度改革对 SEC_{jt} 的影响通过了 5% 的显著性检验，对 NPR_{jt} 的影响则通过了 1% 的显著性检验，详见表 5 - 5。

表 5 – 5　　　　　　　　　　基准回归结果

变量名	(1) NPR_{jt}	(2) NPR_{jt}	(3) NPR_{jt}	(4) SEC_{jt}	(5) SEC_{jt}	(6) SEC_{jt}
DID_{it}	0.5402 [0.4548]	1.4141 *** [0.4032]	1.3213 *** [0.4085]	0.0891 * [0.0446]	0.0949 ** [0.0403]	0.0888 ** [0.0428]
城市特征变量		Yes	Yes		Yes	Yes
企业特征变量			Yes			Yes
城市固定效应	Yes	Yes	Yes	Yes	Yes	Yes
时间固定效应	Yes	Yes	Yes	Yes	Yes	Yes
N	719	719	719	719	719	719
r2	0.3273	0.3751	0.3836	0.0237	0.0514	0.0686

注：(1) * 、** 、*** 分别表示在10% 、5%和1% 显著性水平下显著；(2) 括号内数字为标准差，采用稳健标准误计算。表 5 – 6 ~ 表 5 – 13 同。

（二）平行趋势检验

本章构建双重差分模型最重要的前提条件是在居住证制度改革之前，实验组和对照组的城市平均企业竞争力具有共同的变化趋势，即满足平行趋势假定。本章借鉴贝克（Beck et al. ，2010），王立勇等（2020）的方法，将样本年份记为 $year$，将处理组各城市进行居住证制度改革的年份记为 $pyear$；设 $k = year - pyear$，则在某市进行居住证制度改革前，$k < 0$；居住证制度改革当年，$k = 0$；居住证制度改革后，$k > 0$；此外，为处理样本稀疏和 k 取值范围太宽的问题，本章对 k 值进行了缩尾处理，即当 $k < -5$ 时，令 $k = -5$；当 $k > 4$ 时，令 $k = 4$，构建双向固定效应模型进行检验：

$$EC_{jt} = \alpha_2 + \sum_{k=-4}^{4} \beta_2^k D_{jt}^k + \delta X_{jt} + \vartheta_j + \theta_t + \varepsilon_{jt} \qquad (5 - 8)$$

其中，D_{jt}^k 为虚拟变量，当 j 城市在处理组，且 t 年恰好是居住证制度改革前（后）第 k 年，则 D_{jt}^k 为 1，否则为 0；其余变量同模型

（5-1）；将 $k = -5$ 设为基期，如果 β_k 不显著，则说明该年城市平均企业竞争力与基期没有显著差异；若显著，则说明二者有显著差异。平行趋势假设要求在政策实施前，即当 $k < 0$ 时，β_k 不显著。模型回归结果如表 5-6 所示。

表 5-6　　　　　　　　　　　平行趋势检验结果

变量名	NPR_{jt}	SEC_{jt}
D_{jt}^{-4}	0.2597 [0.3391]	0.0100 [0.0544]
D_{jt}^{-3}	0.7051 [0.4915]	0.0537 [0.0518]
D_{jt}^{-2}	0.3163 [0.5127]	0.0282 [0.0506]
D_{jt}^{-1}	0.3198 [0.8024]	0.0663 [0.0752]
current	1.1159 * [0.5744]	0.0933 * [0.0544]
D_{jt}^{1}	1.6896 *** [0.5447]	0.0383 [0.0566]
D_{jt}^{2}	1.4859 ** [0.7075]	0.1311 ** [0.0587]
D_{jt}^{3}	1.9154 ** [0.7563]	0.1612 ** [0.0798]
D_{jt}^{4}	2.1999 *** [0.7488]	0.1785 ** [0.0754]
城市特征变量	Yes	Yes
企业特征变量	Yes	Yes
城市固定效应	Yes	Yes
时间固定效应	Yes	Yes
N	719	719
r2	0.3875	0.0725

图 5-1 可以更为直观地看出在居住证制度改革前，实验组和对照组的企业竞争力不存在显著差异，即满足平行趋势假定；在居住证制度改革后，实验组的企业竞争力明显提升，说明改革对企业竞争力提升具有明显的促进作用，且能够在随后四年持续促进企业竞争力提升。

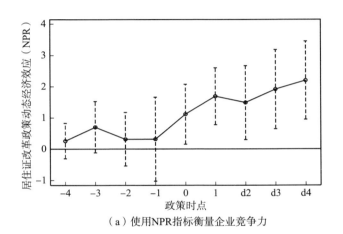

（a）使用NPR指标衡量企业竞争力

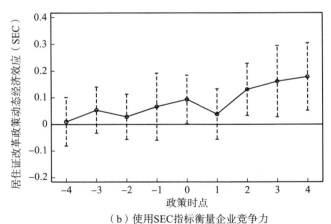

（b）使用SEC指标衡量企业竞争力

图 5-1　平行趋势检验

（三）稳健性检验

为了进一步印证基准模型的推断，保证实证结果的稳健性，本章从如下几个方面进行了稳健性检验。

1. 使用企业层面数据进行检验

由于本章研究的是城市居住证制度改革对企业竞争力的影响，因此本章基准模型使用的是城市层面数据，回归结果反映的是居住证制度改革对城市平均企业竞争力的影响。为进一步检验居住证制度改革对企业竞争力的影响，现使用企业层面的数据构建模型，检验居住证制度改革对企业竞争力的影响：

$$EC_{ijt} = \alpha_3 + \beta_3 D_{jt} + \delta_3 S_{jt} + \gamma_3 Z_{ijt} + \vartheta_i + \theta_t + \varepsilon_{ijt} \qquad (5-9)$$

其中，i 表示企业，j 表示城市，t 表示年份，EC_{ijt} 表示 t 年 j 城市 i 企业的竞争力，分别用企业净利润率 NPR_{ijt} 和企业竞争力合成指标 SEC_{ijt} 衡量，S_{jt} 为城市特征变量向量，包括：城市工业总产值对数、城市年末总人口对数、城市人口自然增长率、城市在岗职工平均人数对数、全市第二产业从业人员比重、城镇登记失业人数对数、城市职工平均工资对数；Z_{ijt} 为企业特征变量向量，包括：企业资本产出比、企业年龄、企业规模；ϑ_i 为企业固定效应，用于控制不随时间变化的企业特征因素对企业竞争力的影响；其余变量与主模型一致。模型回归结果显示，居住证制度改革对企业竞争力提升具有显著的促进作用，与基准模型的研究结论一致，详见表 5-7 第（1）列、第（2）列。

2. 使用两期 DID 方法进行稳健性检验

2009 年是城市居住证制度改革最密集的一年，有台州市、宁波市、常德市、无锡市、永州市、温州市、湖州市、益阳市共八个市辖区人口在 100 万~300 万人的城市进行了居住证制度改革。以这八个城市为处理组，2013 年以前未进行居住证制度改革的城市为控制组，基于企业层面数据构建两期 DID 模型如下：

$$EC_{ijt} = \alpha_4 + \beta_4 \cdot did_{jt} + \delta_4 S_{jt} + \gamma_4 Z_{ijt} + \vartheta_i + \theta_t + \varepsilon_{ijt} \qquad (5-10)$$

其中，did_{jt} 为虚拟变量，当城市 j 在样本组且时间 t 在 2009 年及其后，则取 1，否则取 0；其余符号同上。模型回归结果显示居住证制度改革对企业竞争力具有显著的正向影响，可见基准模型回归结果是稳健的，回归结果见表 5－7 第（3）列、第（4）列。

表 5－7　　　　　　　　　稳健性检验结果（一）

变量名	企业层面数据检验		两期 DID 检验	
	（1） NPR_{ijt}	（2） SEC_{ijt}	（3） NPR_{ijt}	（4） SEC_{ijt}
D_{jt}	0. 3714 *** [0. 0373]	0. 0168 *** [0. 0023]		
did_{jt}			0. 6588 *** [0. 0398]	0. 0348 *** [0. 0027]
城市特征变量	Yes	Yes	Yes	Yes
企业特征变量	Yes	Yes	Yes	Yes
城市固定效应	Yes	Yes	Yes	Yes
时间固定效应	Yes	Yes	Yes	Yes
N	661074	661074	342407	342407
r2	0. 0479	0. 2029	0. 0290	0. 2170

3. 换变量

考虑到企业竞争力指标的综合性和复杂性，很难用某一单一指标或者合成指标准确描述，因此本章使用净资产收益率（ROE_{jt}）与企业净利润率（ROS_{jt}）作为企业竞争力的代理变量，检验劳动力自由流动对企业竞争力的影响，检验结果如表 5 - 8 所示。

表 5 - 8　　　　　　　　　　　稳健性检验结果（二）

变量名	（1）ROE_{jt}	（2）ROE_{jt}	（3）ROE_{jt}	（4）ROS_{jt}	（5）ROS_{jt}	（6）ROS_{jt}
D_{jt}	3. 1713 [2. 1224]	5. 5513 *** [1. 9497]	5. 3885 *** [1. 9631]	0. 4599 [0. 4248]	0. 9193 ** [0. 3983]	0. 8175 ** [0. 3943]
城市特征变量			Yes			Yes
企业特征变量		Yes	Yes		Yes	Yes
城市固定效应	Yes	Yes	Yes	Yes	Yes	Yes
时间固定效应	Yes	Yes	Yes	Yes	Yes	Yes
N	719	719	719	719	719	719
r2	0. 4065	0. 4749	0. 4790	0. 3351	0. 3561	0. 3711

4. 改变样本城市

选取市辖区人口在 100 万 ~ 500 万人的城市作为样本进行研究，即将在样本期间进行了居住证制度改革，且市辖区人口在 300 万 ~ 500 万人的六座城市纳入到了处理组中；同样将在样本期间未进行居住证制度改革，且市辖区人口在 300 万 ~ 500 万的城市也纳入对照组中，对基准模型进行检验，结果依然显著为正，见表 5 - 9 第（1）列、第（2）列，与基准模型的研究结论一致，再次说明了基准模型回归结果的稳健性。

5. 增加控制变量

为检验基准模型的设定是否存在遗漏变量问题，本章在基准模型中加入了城市财政支出变量，具体包括：预算内支出对数、教育支出对数、科研支出对数，对基准模型重新进行检验，检验结果显著为正，见表5-9第（3）列、第（4）列，与基准模型的研究结论一致，可见基准模型的回归结果稳健性较好。

表5-9　　　　　　　　　　稳健性检验结果（三）

变量名	改变样本城市		增加控制变量	
	（1）NPR_{jt}	（2）SEC_{jt}	（3）NPR_{jt}	（4）SEC_{jt}
D_{jt}	0.9297 ** [0.4093]	0.1067 *** [0.0376]	1.3387 *** [0.4181]	0.0887 ** [0.0440]
城市特征变量	Yes	Yes	Yes	Yes
企业特征变量	Yes	Yes	Yes	Yes
财政支出变量			Yes	Yes
城市固定效应	Yes	Yes	Yes	Yes
时间固定效应	Yes	Yes	Yes	Yes
N	801	801	719	719
r2	0.3556	0.0667	0.3877	0.0747

五、劳动力自由流动对企业竞争力的影响机理

根据企业竞争力的内涵，企业竞争力的提升通常可以通过两个途径实现：一个是提高效率，另一个是降低成本。具体来看，提高效率通常可以通过提升工作人员的技术技能水平、提高管理能力或者引进和使用先进技术设备来实现；降低成本，通常可以通过降低生产要素（包括劳动力、土地、资本等）的价格来实现。在企业提供的产品或服务与市场需求相适应（即企业有效地向市场提供产品或服务）的情况下，使用同样的成本创造更多价值即为提高效率，而

使用较小的成本创造同样价值即为降低成本，二者均可以促进企业的竞争力提升。刘欢和席鹏辉（2019）的研究显示，居住证制度改革通过剥离依附于户籍的社会福利，促进了流动人口的家庭迁移，增加了城市劳动力的供给。结合企业竞争力提升的两个实现途径，构建如下中介效应模型，实证检验居住证制度改革对企业竞争力的影响机理：

$$EC_{jt} = \alpha_5 + \beta_5 D_{jt} + \delta_5 X_{jt} + \vartheta_j + \theta_t + \varepsilon_{jt} \qquad (5-11)$$

$$M_{jt} = \alpha_6 + \beta_6 D_{jt} + \delta_7 X_{jt} + \vartheta_j + \theta_t + \varepsilon_{jt} \qquad (5-12)$$

$$EC_{jt} = \alpha_7 + \beta_7 D_{jt} + \gamma_7 M_{jt} + \delta_7 X_{jt} + \vartheta_j + \theta_t + \varepsilon_{jt} \qquad (5-13)$$

式（5-12）中，M_{jt}为中介变量，包括平均工资水平（以城市企业人均工资指标衡量，记为$avwage_{jt}$）和平均劳动效率（以城市企业人均创造利税总额衡量，记为$avtprofit_{jt}$）两个变量。其余变量与基准模型一致。按照温忠麟等（2004）构造的中介效应检验程序，可以在控制第一类错误率和第二类错误率的前提下达到较高统计功效。检验程序见图5-2。

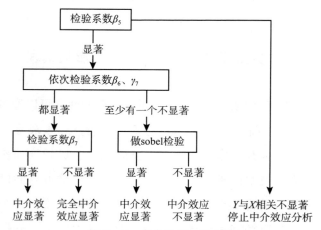

图5-2　中介效应检验程序

资料来源：温忠麟等（2004）。

首先，以平均工资水平（$avwage_{jt}$）作为中介变量，考察居住证制度改革是否通过降低平均工资水平影响了企业竞争力。结果显示，尽管居住证制度改革（户籍制度改革）在事实上减小了劳动力自由流动的制度障碍，吸引了更多劳动力流入（李晓春和马轶群，2004；都阳等，2014；杨晓军，2017），但却未引起平均工资水平显著下降，且平均工资水平的中介效应作用也不显著，即居住证制度改革没有通过工资水平渠道作用于企业竞争力，详见表5-10。

表 5-10　　　　　　中介效应检验——城市平均工资水平

变量名	(1) NPR_{jt}	(2) $avwage_{jt}$	(3) NPR_{jt}	(4) SEC_{jt}	(5) $avwage_{jt}$	(6) SEC_{jt}
D_{jt}	1.3213 *** [0.4085]	-0.7458 [4.4374]	1.3278 *** [0.4186]	0.0888 ** [0.0428]	-0.7458 [4.4374]	0.0898 ** [0.0443]
$avwage_{jt}$			0.0087 * [0.0049]			0.0012 * [0.0007]
城市特征变量	Yes	Yes	Yes	Yes	Yes	Yes
企业特征变量	Yes	Yes	Yes	Yes	Yes	Yes
城市固定效应	Yes	Yes	Yes	Yes	Yes	Yes
时间固定效应	Yes	Yes	Yes	Yes	Yes	Yes
N	719	719	719	719	719	719
r2	0.3836	0.3803	0.3865	0.0686	0.3803	0.0742
Sobel 检验	Z = 0.5313，│Z│< 0.97			Z = 0.9448，│Z│< 0.97		
中介效应	不显著			不显著		

其次，以平均劳动效率（$avtprofit_{jt}$）作为中介变量，考察居住证制度改革是否通过平均劳动效率渠道影响了企业竞争力。结果显示，城市平均劳动效率的中介效应作用显著，即居住证制度改革可以通过

提高平均劳动效率来促进企业竞争力提升，详见表 5 – 11。

表 5 –11　　　　　　　　中介效应检验——平均劳动效率

变量名	（1） NPR_{jt}	（2） $avtprofit_{jt}$	（3） NPR_{jt}	（4） SEC_{jt}	（5） $avtprofit_{jt}$	（6） SEC_{jt}
D_{jt}	1. 3213 *** ［0. 4085］	9. 8935 ［7. 8238］	1. 1271 ** ［0. 4297］	0. 0888 ** ［0. 0428］	9. 8935 ［7. 8238］	0. 0577 ［0. 0421］
$avtprofit_{jt}$			0. 0196 *** ［0. 0066］			0. 0031 *** ［0. 0008］
城市特征变量	Yes	Yes	Yes	Yes	Yes	Yes
企业特征变量	Yes	Yes	Yes	Yes	Yes	Yes
城市固定效应	Yes	Yes	Yes	Yes	Yes	Yes
时间固定效应	Yes	Yes	Yes	Yes	Yes	Yes
N	719	719	719	719	719	719
r2	0. 3836	0. 5290	0. 4039	0. 0686	0. 5290	0. 1196
Sobel 检验	Z = 4. 582，｜Z｜ >0. 97			Z = 5. 7485，｜Z｜ >0. 97		
中介效应	显著			显著		

综上所述，平均工资水平和平均劳动效率是两个在理论上均成立的影响渠道，经实证检验却证明平均工资水平的影响渠道不显著，这一结果突破了供求机制中关于供求关系与价格相互影响过程的理论。对此，本章进行了深入研究，发现原因如下：由于中国 2004 年开始出现"用工荒"现象（吴垠，2015），部分城市为缓解企业"用工荒"及"招工难"等问题，进行了居住证制度改革以吸引更多劳动力流入。根据供求机制理论，商品供给增加，其价格就会下降。但这一理论有一个隐含的前提假设，即商品具有较强的同质性。如果商品同质性不强，其供给的增加就会为需求方提供两种选择：购买更优

质商品，或者压低商品的价格。劳动力要素本质上也是一种商品，但其同质性不强，因此当其供给增加时，作为需求方的企业没有选择压低工资，而是选择雇佣具有更高劳动技能的劳动者。进一步分析发现，促使企业做出这一选择的因素较为复杂，可归纳为如下几个方面：首先，工资具有黏性，短期内很难随供求关系的变动而调整；其次，对企业而言，降低工资是有成本的，一旦工资降低，企业员工的流动就会更加频繁，企业的管理成本及新员工的学习培训成本就会增加；最后，在当前创新能力逐步取代低成本成为企业主要竞争优势的情况下，通过降低工资提升企业竞争力的路径正在逐渐消失。

基于经济发展的视角，企业选择雇佣高技能劳动力而非压低劳动力价格，有利于其自身及社会经济的长远发展。首先，降低工资水平必然会降低居民的消费能力，加剧我国当前市场需求不足的问题，从而增加企业商品销售的难度，影响企业的短期利润和长期发展；其次，降低工资会驱动企业通过使用低成本劳动力替代资本和技术，而减少长期发展所需的研发创新投入及新技术设备引进，进而影响社会的技术进步；最后，降低工资将迫使家庭和个人减少教育投入，进而影响个人劳动技能的提高和社会的人力资本积累。

六、进一步研究

基准模型中，本章使用全样本数据进行回归，检验了居住证制度改革对企业竞争力的影响。进一步地，由于劳动密集型企业和资本密集型企业在多个与劳动力有关的特征上均存在差异，因此，有必要进一步研究居住证制度改革对两类企业竞争力产生的影响的异质性。本章借鉴胡晨光等（2020）的方法，将人均固定资产小于35百分位数企业定义为劳动密集型企业，将人均固定资产大于65百分位数企业定义为资本密集型企业,[①] 然后分别检验了居住证制度改革对劳动密集型企业城市平均竞争力和资本密集型企业城市平均竞争力的影响。检验结果显示,居住证制度改革对劳动密集型企业竞争力没有显著影响,见表5-12第（1）列和第（3）列,但对资本密集型企业竞争力具有显著的正向影响,即居住证制度改革显著促进了资本密集型企业竞争力的提升,见表5-12第（2）列和第（4）列。

表5-12　　　　　　　　　　异质性检验结果（一）

变量名	NPR_{jt}		SEC_{jt}	
	（1） 劳动密集型企业	（2） 资本密集型企业	（3） 劳动密集型企业	（4） 资本密集型企业
D_{jt}	0.1455 [0.3253]	1.5323 *** [0.5390]	−0.0418 [0.0340]	0.0966 ** [0.0425]
城市特征变量	Yes	Yes	Yes	Yes
企业特征变量	Yes	Yes	Yes	Yes
城市固定效应	Yes	Yes	Yes	Yes
时间固定效应	Yes	Yes	Yes	Yes
N	719	719	719	719
r2	0.3663	0.2429	0.2788	0.1012

为检验以上结果的稳健性,本章使用企业层面的数据再次检验了居住证制度改革对企业竞争力影响的异质性,结果显示,居住证制度改革对劳动密集型企业的竞争力没有影响,但对资本密集型企业的竞争力有显著的正向影响,与上文使用城市层面数据的检验结果一致,

---

① 胡晨光等（2020）的研究中,将"人均固定资产（K/L）≥非技术密集型行业中位数"的企业定义为资本密集型企业,将"人均固定资产（K/L）<非技术密集型行业中位数"的企业定义为劳动密集型企业,同时,资本密集型和劳动密集型企业的划分没有一个绝对完美的标准,不同的研究会因要素禀赋、经济发展阶段、研究标准等因素存在差异。本章的研究借鉴了其划分思路,但与其也存在差异。

详见表 5 – 13。

表 5 – 13　　　　　　　　　　异质性检验结果（二）

变量名	NPR_{jt}		SEC_{jt}	
	（1）劳动密集型企业	（2）资本密集型企业	（3）劳动密集型企业	（4）资本密集型企业
D_{jt}	0. 0270 [0. 0338]	0. 1343 *** [0. 0369]	– 0. 0038 [0. 0024]	0. 0114 *** [0. 0023]
城市特征变量	Yes	Yes	Yes	Yes
企业特征变量	Yes	Yes	Yes	Yes
城市固定效应	Yes	Yes	Yes	Yes
时间固定效应	Yes	Yes	Yes	Yes
N	187415	187414	187415	187414
r2	0. 0145	0. 0139	0. 2158	0. 2668

居住证制度改革对劳动密集型企业竞争力不存在显著影响，但对资本密集型企业竞争力具有显著影响，其原因有多个方面，具体如下：（1）我国当前劳动力市场出现了"用工荒"和"就业难"并存的问题，其原因是劳动力市场的供给和需求存在结构性差异。从劳动供给的角度看，不同教育水平和技能水平的劳动力之间存在异质性，低技能劳动力就业困难，而高技能劳动力供给不足；因此居住证制度改革对以低技能劳动力为主的劳动密集型企业的竞争力影响不显著，而对以高技能劳动力为主的资本密集型企业的竞争力具有显著的正向影响。（2）从动态角度看，随着我国产业结构升级，劳动密集型企业向资本、技术密集型企业转型，对低技能劳动力的需求减小，因此，居住证制度改革使更多低技能劳动力流入，对劳动密集型企业影响不大；而资本密集型企业向技术、知识密集型企业转型，对高技能劳动力的数量和质量产生了更大需求，因此，居住证制度改革使更多高技能劳动力

流入，对资本密集型企业的竞争力产生了积极的促进作用。（3）我国户籍制度改革采用的是渐进改革的方式，尽管历次改革都为清除劳动力自由流动的制度障碍做出了贡献，但截至目前，劳动力自由流动障碍尚未彻底清除。换言之，尽管进行了居住证制度改革，城市劳动力自由流动的障碍显著减小，但由于低技能劳动力的文化水平和工资水平通常较低，其跨越尚存障碍实现家庭整体迁移仍然存在困难，不能有效缓解劳动密集型企业劳动力流动频繁，管理成本高的问题；而高技能劳动力相比于低技能劳动力通常具有更高的文化水平和收入水平，具有更强的能力借助居住证制度改革政策实现家庭整体迁移，从而减小了资本密集型企业劳动力流动的频率，降低企业的管理成本，提升其竞争力。

基于经济发展的角度，居住证制度改革促进资本密集型企业竞争力的提升具有重要的经济意义：首先，资本密集型企业竞争力的提升将成为我国产业结构升级的动力；其次，资本密集型企业竞争力的提升将提高其增加研发投入的能力，促进社会技术进步；最后，资本密集型企业竞争力的提升将扩大其对高技能劳动力的需求，进而增加高技能劳动力的收入，形成示范效应，激励家庭和个人增加教育培训投入以提高劳动技能，促进社会人力资本积累。

七、本章小结

本章选取城市平均企业净利润率 NPR_{it} 作为企业竞争力的第一个代理变量，并借鉴了金碚（2003）、李钢（2004）的研究，构造城市层面企业的竞争力合成变量 SEC_{it} 作为企业竞争力的第二个代理变量，以城市层面的居住证制度改革作为促进劳动力自由流动的政策冲击，构建多期 DID 模型检验了劳动力要素市场化配置对企业竞争力的影响，得出了以下结论：

第一，劳动力要素市场化配置对企业竞争力的提升具有积极的促进作用，且这一结论是有效和稳健的：为保证基准模型回归结果的有效性，本章检验了居住证制度改革之前实验组和对照组企业竞争力的平行趋势；为保证基准模型回归结果的稳健性，本章首先使用了企业层面数据检验了居住证制度改革对企业竞争力的影响，其次使用了两期双重差分的方法进行了检验，然后扩大了样本城市的范围进行检验，最后在控制变量中加入了一组城市财政支出的变量进行检验。

第二，作用机制检验结果显示，居住证制度改革带来的城市劳动力供给增加，并未引起城市平均工资水平的显著下降，也未通过工资水平的作用渠道对企业竞争力产生显著影响；但劳动力供给增加，通过劳动效率的作用渠道促进了企业竞争力的提升。这一结论与供求机制理论不符。对此，本章进行了深入研究，发现其根本原因在于供求机制理论有一个隐含的前提假设，即商品具有较强的同质性。但劳动力要素作为一种特殊商品，同质性不强，因此当其供给增加时，企业没有选择降低工资，而是选择雇佣具有更高劳动技能的劳动者以提高劳动效率，且这一选择具有重要的社会经济意义。

第三，异质性检验结果显示，居住证制度改革对劳动密集型企业竞争力的作用不显著，但其对资本密集型企业竞争力的提升具有显著的促进作用。原因如下：（1）我国当前劳动力供给和需求存在结构性差异，加之产业结构升级调整，造成了劳动密集型企业需要的低技能劳动力供过于求，而资本密集型企业需要的高技能劳动力供不应求，因此居住证制度改革仅对资本密集型企业具有显著影响；（2）高技能劳动力相比于低技能劳动力更有能力抓住居住证制度改革的契机实现家庭整体迁移，从而更加稳定地在资本密集型企业工作，降低企业的管理成本，从而提升其竞争力。资本密集型企业竞争力的提升将成为我国产业结构升级的重要推动力。

第四，居住证制度改革使劳动力要素自由流动，不仅促进了微观企业竞争力的提升，更从多个方面促进了社会经济的长期发展。

第六章　结论与政策建议

一、研究的主要结论

坚持社会主义市场经济体制改革，使市场在资源配置中起决定性作用，同时更好地发挥政府作用，是中国经济发展的重要推动力。从计划经济时期到社会主义市场经济的建立完善时期，市场机制经历了从几乎不发挥作用到"在资源配置中起决定性作用"的转变。当前，我国商品和服务的配置已经基本实现了市场化，但要素市场化配置的范围还相对有限，主要表现为要素价格形成机制不健全、要素自由流动面临体制机制障碍、市场竞争不充分。因此，要素市场化配置改革是当前我国社会主义市场经济体制改革的重要内容，2020年4月9日，中共中央、国务院印发《关于构建更加完善的要素市场化配置体制机制的意见》，指导我国当前通过要素市场化配置改革，实现完善社会主义市场经济体制，让市场在资源配置中发挥决定性作用的目标。因此，充分发挥市场机制的作用，实现要素市场化配置，成为当前影响我国企业发展的重要外部环境，也成为企业竞争力的重要外部来源。在此背景下，本书首先梳理了竞争机制、要素市场化配置及企业竞争力的相关理论和文献，厘清了市场机制的三个构成要素——价格机制、供求机制和竞争机制——与要素市场化配置的理论关系。以此为依据，分别以外资自由化为例描述了竞争机制、以利率市场化为例描述了价格机制、以劳动力自由流动为例描述了供求机制，深入研究了市场机制对企业竞争力的影响，并得出了以下结论：

第一，基于资本（外资和内资）要素和劳动力要素市场化的经验进行研究，结果显示，尽管不同要素市场化改革的政策着力点不同，作用机理也各异，但总体上都显著促进了企业竞争力的提升，可见，市场机制改革是企业竞争力的重要外部来源。

第二，竞争机制有助于提高要素利用效率从而促进企业竞争力的提升。本书进一步研究发现：一方面，竞争机制对处于不同发展演化阶段企业的影响存在差异。新企业将获得更多进入机会；部分存续企业通过提高技术水平、改善经营管理，将实现竞争力的提升；而部分企业则将被加速淘汰。另一方面，当前我国不同领域的市场竞争程度存在差异，导致不同领域引入竞争带来的影响也具有异质性。部分领域引入竞争有助于实现市场充分竞争，从而促进企业竞争力提升；而部分领域引入竞争则可能带来过度竞争，造成企业竞争力下降，如我国不同地区、不同行业、不同资源、不同领域、不同生产环节的市场竞争状况各不相同，对内资企业竞争力产生了不同的影响。当前，我国劳动力等要素市场化配置体制机制不完善，配置效率低，因此在劳动力等要素市场引入竞争，有利于促进其配置效率的提升；而当前商品消费市场的内需不足，导致企业间在商品销售市场的竞争非常激烈，再引入竞争，则会形成"过度"竞争，造成效率损失。由此，国家在进行竞争机制改革时，以及企业在竞争环境中寻求发展时，都应深入分析竞争机制的影响效应及影响机理。

第三，价格机制有助于提高资源的配置效率从而促进企业竞争力提升。本章进一步研究发现，价格机制促进企业竞争力提升的渠道除了企业内部效率，还有企业外部环境。价格机制与企业竞争力的关系还受到地区经济发展水平及企业规模的影响，具体而言，地区经济发展水平与企业规模对价格机制与企业竞争力的关系具有负向调节作用。此外，价格机制对国有企业和非国有企业竞争力的影响具有异质性。由此，国家在进行价格机制改革，以及企业在利用价格机制导向制定发展策略时，都应深入分析价格机制的影响效应及影响机理。

第四，供求机制有助于调节资源供给和需求的"流量"朝均衡水平发展，从而促进企业竞争力提升。本书进一步研究发现，"流量"不仅可以表现为"数量"，还可以表现为"质量"，因此，对供求机制的认识不应局限于"需求不变时，供给增加，价格下降"，还应该认识到供求机制可能表现为"需求数量不变时，供给增加，需求方提出更高的质量要求（或从中选择质量更优者）"。由此，国家在进行供求机制改革，以及兼具要素需求方和产品供给方双重身份的企业要借助供求机制实现竞争力提升时，都应深入分析供求机制的影响效应及影响机理。

第五，要素市场化配置的经验证据显示，市场机制不仅能从微观层面直接促进企业竞争力的提升，更能从宏观层面改善企业的生产经营环境，并从多个方面促进社会经济的长期发展。

二、政策建议

基于以上研究结论，本书提出如下政策建议：

第一，建设统一开放、竞争有序的市场体系，完善市场机制，这是促进企业竞争力提升的重要途径，也是带动产业竞争力和国家竞争力提升的重要方式。

第二，完善竞争机制，持续扩大改革开放、放宽市场准入，持续优化营商环境，这是内资企业竞争力提升的必要条件，但并非是充分条件；企业竞争力的提升还有赖于企业内部诸多因素的共同作用；在未来中国主动参与和推动经济全球化进程、发展更高层次开放型经济的过程中，应充分考虑不同类型外资自由化给中国市场带来的影响，结合我国不同地区的经济发展水平及资源优势，制定更加合理的外资布局和利用策略。

第三，完善价格机制，破除资本（内资）要素市场及其他要素市场的价格机制障碍，完善主要由市场决定的价格形成机制，充分发挥价格的信息传递和资源导向作用，将资源有效配置到效率最高的领域、行业和企业，提高资源配置效率，促进社会主义市场经济体制不断完善。

第四，完善供求机制，破除劳动力市场及其他要素市场阻碍资源自由流动的制度障碍，进一步完善社会保障体系，促进社会公平发展。

第五，由于市场机制本身存在缺陷，因此，既要发挥市场在资源配置中的决定性作用，也要更好地发挥政府的作用。在不同的市场机制改革中，政府应发挥不同的作用。在完善竞争机制的过程中，尤其是引入竞争机制的过程中，政府首先要有效识别市场原有的竞争状况，并据此适度引入竞争；其次要合理规范市场主体的竞争行为，避免过度竞争。在完善价格机制的过程中，政府首先要对价格的形成及变动进行监管，避免出现价格大幅波动带来的风险，尤其是金融资产价格大幅波动的风险；其次要对由生产要素价格波动带来的收入不公平问题进行调节。在完善供求机制的过程中，政府需要对资源过度集中于大城市和发达地区的问题进行调节，避免造成区域间经济发展失衡。

附录一：外商投资产业指导目录
（1997 年 12 月修订）[①]

鼓励外商投资产业目录

（一）农、林、牧、渔业及相关工业

1. 荒地、荒山、滩涂开垦、开发（含有军事设施的除外），中低产田改造

2. 糖料、果树、蔬菜、花卉、牧草等农作物优质高产新品种、新技术开发

3. 蔬菜、花卉无土栽培系列化生产

4. 林木营造及林木良种引进

5. 优良种畜种禽、水产苗种繁育（不含我国特有的珍贵优良品种）

6. 名特优水产品养殖

7. 高效、安全的农药原药新品种（杀虫率、杀菌率达 80% 及以上，对人畜、作物等安全）

8. 高浓度化肥（钾肥、磷肥）

9. 农膜生产新技术及新产品开发（纤维膜、光解膜、多功能膜及原料）

---

① 《外商投资产业指导目录》（1997 年 12 月修订）为本书第三章设计准自然实验的重要依据。

10. 动物用抗菌原料药（包括抗生素、化学合成类）

11. 动物用驱虫药、杀虫药、抗球虫药新产品及新剂型

12. 饲料添加剂及饲料蛋白资源开发

13. 粮食、蔬菜、水果、肉食品、水产品的贮藏、保鲜、干燥、加工新技术、新设备

14. 林业化学产品及林区"次、小、薪"材和竹材的综合利用新技术、新产品

15. 综合利用水利枢纽的建设、经营（中方控股或占主导地位）

16. 节水灌溉新技术设备制造

17. 农业机具新技术设备制造

18. 生态环境整治和建设工程

（二）轻工业

1. 非金属制品模具设计、加工、制造

2. 纸浆（年产木浆 17 万吨及以上，并建设相应的原料基地）

3. 皮革后整饰加工及其新技术设备制造

4. 无汞碱锰二次电池、锂离子电池生产

5. 高技术含量的特种工业缝纫机生产

6. 聚酰亚胺保鲜薄膜生产

7. 新型、高效酶制剂生产

8. 合成香料、单离香料生产

9. 替代氟利昂应用技术研究及推广

10. 烟用二醋酸纤维素及丝束加工

（三）纺织工业

1. 纺织化纤木浆（年产 10 万吨及以上，并建设相应的原料基地）

2. 工业用特种纺织品

3. 高仿真化纤及高档织物面料的印染及后整理加工

4. 纺织用助剂、油剂、染化料生产

（四）交通运输、邮电通信业

1. 铁路运输技术设备：机车车辆及主要部件设计与制造、线路设备设计与制造、高速铁路有关技术与设备制造、通信信号和运输安全监测设备制造、电气化铁路设备和器材制造

2. 支线铁路、地方铁路及其桥梁、隧道、轮渡设施的建设、经营（不允许外商独资）

3. 公路、港口新型机械设备设计与制造

4. 城市地铁及轻轨的建设、经营（中方控股或占主导地位）

5. 公路、独立桥梁和隧道的建设、经营

6. 港口公用码头设施的建设、经营（中方控股或占主导地位）

7. 民用机场的建设、经营（中方控股或占主导地位）

8. 蜂窝移动通信交叉连接/码分多址（DCS/CDMA）系统设备制造

9. 2.5 千兆比/秒（2.5GB/S）及以上光同步、微波同步数字系列传输设备制造

10. 2.5 千兆比/秒（2.5GB/S）光通信、无线通信、数据通信计量仪表制造

11. 异步转移模式（ATM）交换机设备制造

（五）煤炭工业

1. 煤炭采掘运选设备设计与制造

2. 煤炭开采与洗选（特种、稀有煤种由中方控股或占主导地位）

3. 水煤浆、煤炭液化生产

4. 煤炭综合开发利用

5. 低热值燃料及伴生资源综合开发利用

6. 煤炭管道运输

7. 煤层气勘查、开发

（六）电力工业

1. 单机容量 30 万千瓦及以上火电站的建设、经营

2. 发电为主水电站的建设、经营

3. 核电站的建设、经营（中方控股或占主导地位）

4. 煤洁净燃烧技术电站的建设、经营

5. 新能源电站的建设、经营（包括太阳能、风能、磁能、地热能、潮汐能、生物质能等）

（七）黑色冶金工业

1. 50 吨及以上超高功率电炉（配备炉外精炼和连铸）、50 吨及以上转炉炼钢

2. 不锈钢冶炼

3. 冷轧硅钢片生产

4. 热、冷轧不锈钢板生产

5. 石油钢管

6. 废钢加工和处理

7. 铁矿、锰矿采选

8. 直接还原铁和熔融还原铁生产

9. 高铝矾土、硬质粘土矿开采及熟料生产

10. 针状焦、捣固焦和煤焦油深加工

11. 干熄焦生产

（八）有色金属工业

1. 单晶硅（直径 8 英寸及以上）、多晶硅生产

2. 硬质合金、锡化合物、锑化合物生产

3. 有色金属复合材料、新型合金材料生产

4. 铜、铅、锌矿开采（不允许外商独资）

5. 铝矿开采（不允许外商独资），年产 30 万吨及以上氧化铝生产

6. 稀土应用

（九）石油、石油化工及化学工业

1. 烧碱用离子膜生产

2. 年产 60 万吨及以上乙烯（中方控股或占主导地位）

3. 聚氯乙烯树脂（中方控股或占主导地位）

4. 乙烯副产品 C5 – C9 产品的综合利用

5. 工程塑料及塑料合金

6. 合成材料的配套原料：双酚 A、丁苯吡胶乳、吡啶、4.4′二苯基甲烷二异氰酸酯、甲苯二异氰酸酯

7. 基本有机化工原料：苯、甲苯、二甲苯（对、邻、间）衍生物产品的综合利用

8. 合成橡胶：溶液丁苯橡胶、丁基橡胶、异戊橡胶、乙丙橡胶、丁二烯法氯丁橡胶、聚氨酯橡胶、丙烯酸橡胶、氯醇橡胶生产

9. 精细化工：染（颜）料、中间体、催化剂、助剂及石油添加剂新产品、新技术，染（颜）料商品化加工技术，电子、造纸用高科技化学品，食品添加剂、饲料添加剂，皮革化学品、油田助剂，表面活性剂，水处理剂，胶粘剂，无机纤维，无机粉体填料生产

10. 氯化法钛白粉生产

11. 煤化工产品生产

12. 废气、废液、废渣综合利用

13. 汽车尾气净化剂、催化剂及其他助剂生产

14. 增加石油采收率的三次采油新技术开发与运用（中方控股或占主导地位）

15. 输油、输气管道及油库、石油专用码头的建设、经营（中方控股或占主导地位）

（十）机械工业

1. 高性能焊接机器人和高效焊装生产线设备制造

2. 耐高温绝缘材料（绝缘等级为 F、H 级）及绝缘成型件生产

3. 井下无轨采、装、运设备，100 吨及以上机械传动矿用自卸车，移动式破碎机，3000 立方米/小时及以上斗轮挖掘机，5 立方米及以上矿用装载机，全断面巷道掘进机制造

4. 卷筒纸和对开以上单纸张多色胶印机制造

5. 机电井清洗设备制造和药物生产

6. 年产 30 万吨及以上合成氨、48 万吨及以上尿素、30 万吨及以上乙烯成套设备中的透平压缩机、混合造粒机制造（中方控股或占主导地位）

7. 新型纺织机械、新型造纸机械（含纸浆）等成套设备制造

8. 精密在线测量仪器开发与制造

9. 安全生产及环保检测仪器新技术设备制造

10. 新型仪表元器件和材料（主要指智能型仪用传感器、仪用接插件、柔性线路板、光电开关、接近开关等新型仪用开关、仪用功能材料等）

11. 重要基础机械、基础件、重大技术装备等研究、设计开发中心

12. 比例、伺服液压技术，低功率气动控制阀，填料静密封生产

13. 精冲模、精密型腔模、模具标准件生产

14. 25 万吨/日及以上城市污水处理设备，工业废水膜处理设备，上流式厌氧流化床设备和其他生物处理废水设备，粉煤灰砌块生产设备（5~10 吨/年），废塑料再生处理设备，工业锅炉脱硫脱硝设备，大型耐高温、耐酸袋式除尘器制造

15. 精密轴承及各种主机专用轴承制造

16. 汽车关键零部件制造：制动器总成、驱动桥总成、变速器、柴油机燃油泵、活塞（含活塞环）、气门、液压挺杆、轴瓦、增压器、滤清器（三滤）、等速万向节、减震器、座椅调角器、车锁、后

视镜、玻璃升降器、组合仪表、灯具及灯泡、专用高强度紧固件

17. 汽车、摩托车模具（含冲模、注塑模、模压模等）、夹具（焊装夹具、检验夹具等）制造

18. 汽车、摩托车用铸锻毛坯件制造

19. 汽车、摩托车技术研究、设计开发中心

20. 石油工业专用沙漠车等特种专用车生产

21. 摩托车关键零部件制造：化油器、磁电机、起动电机、灯具、盘式制动器

22. 水质在线监测仪器的新技术设备制造

23. 特种防汛抢险机械和设备制造

24. 湿地土方及清淤机械制造

25. 10 吨/小时及以上的饲料加工成套设备、关键部件生产

26. 石油勘探开发新型仪器设备设计与制造

（十一）电子工业

1. 线宽 0.35 微米及以下大规模集成电路生产

2. 新型电子元器件（含片式元器件）及电力电子元器件生产

3. 光电器件、敏感元器件及传感器生产

4. 大中型电子计算机制造

5. 可兼容数字电视、高清晰度电视（HDTV）、数字磁带录放机生产

6. 半导体、光电子专用材料开发

7. 新型显示器件（平板显示器及显示屏）制造

8. 计算机辅助设计（三维 CAD）、辅助测试（CAT）、辅助制造（CAM）、辅助工程（CAE）系统及其他计算机应用系统制造

9. 电子专用设备、仪器、工模具制造

10. 水文数据采集仪器及设备制造

11. 卫星通信系统设备制造

12. 数字交叉连接设备制造

13. 空中交通管制设备制造（不允许外商独资）

14. 大容量光、磁盘存储器及其部件开发与制造

15. 新型打印装置（激光打印机等）开发与制造

16. 数据通信多媒体系统设备制造

17. 单模光纤生产

18. 接入网通信系统设备制造

19. 支撑通讯网的新技术设备制造

20. 宽带综合业务数字网设备（ISDN）制造

（十二）建筑材料、设备及其他非金属矿制品工业

1. 日熔化 500 吨级及以上优质浮法玻璃生产线

2. 年产 50 万件及以上高档卫生瓷生产线及其配套的五金件、塑料件

3. 新型建筑材料（墙体材料、装饰装修材料、防水材料、保温材料）

4. 日产 4000 吨及以上水泥熟料新型干法水泥生产线（限于中西部地区）

5. 散装水泥仓储运输设施

6. 年产 1 万吨及以上玻璃纤维（池窑拉丝工艺生产线）及玻璃钢制品

7. 无机非金属材料及制品（石英玻璃、人工晶体）

8. 玻璃、陶瓷、玻璃纤维窑炉用高档耐火材料

9. 平板玻璃深加工技术及设备制造

10. 隧道挖掘机、城市地铁暗挖设备制造

11. 城市卫生特种设备制造

12. 树木移载机械设备制造

13. 路面铣平、翻修机械设备制造

（十三）医药工业

1. 受我国专利保护或行政保护的化学原料药，需进口的医药专用中间体

2. 采用新技术设备生产解热镇痛药

3. 维生素类：烟酸

4. 新型抗癌药物及新型心脑血管药

5. 药品制剂：采用缓释、控释、靶向、透皮吸收等新技术的新剂型、新产品

6. 氨基酸类：丝氨酸、色氨酸、组氨酸等

7. 新型药品包装材料、容器及先进的制药设备

8. 新型、高效、经济的避孕药具

9. 中成药产品质量控制、改变剂型包装的新技术、新设备、新仪器

10. 中药有效成分分析的新技术、提取的新工艺、新设备

11. 采用生物工程技术生产的新型药物

12. 新型佐剂的开发应用

13. 肝炎、艾滋病及放射免疫类等诊断试剂生产

（十四）医疗器械制造业

1. 具有中频技术、计算机控制技术和数字图像处理技术，辐射剂量小的 80 千瓦及以上医用 X 线机组

2. 电子内窥镜

3. 医用导管

（十五）航天航空工业

1. 民用飞机设计与制造（中方控股或占主导地位）

2. 民用飞机零部件制造

3. 航空发动机设计与制造（中方控股或占主导地位）

4. 航空机载设备制造

5. 轻型燃气轮机制造

6. 民用卫星设计与制造（中方控股或占主导地位）

7. 民用卫星有效载荷制造（中方控股或占主导地位）

8. 民用卫星零部件制造

9. 民用卫星应用技术开发

10. 民用运载火箭设计与制造（中方控股或占主导地位）

（十六）新兴产业

1. 微电子技术

2. 新材料

3. 生物工程技术（不包括基因工程技术）

4. 信息、通信系统网络技术

5. 同位素、辐射及激光技术

6. 海洋开发及海洋能开发技术

7. 海水淡化及利用技术

8. 节约能源开发技术

9. 资源再生及综合利用技术

10. 环境污染治理工程及监测和治理技术

（十七）服务业

1. 国际经济、科技、环保信息咨询

2. 精密仪器设备维修、售后服务

3. 高新技术、新产品开发中心的建设与企业孵化

（十八）产品全部直接出口的允许类项目

限制外商投资产业目录

（甲）

（一）轻工业

1. 洗衣机、电冰箱、冰柜生产

2. 合成脂肪醇、醇醚及醇醚硫酸盐

3. 空调、冰箱用轴功率 2 千瓦以下压缩机生产

（二）纺织工业

1. 常规切片纺的化纤抽丝

2. 单线能力在 2 万吨/年以下粘胶短纤维生产

（三）石油、石油化工及化学工业

1. 钡盐生产

2. 500 万吨以下炼油厂建设

3. 斜交轮胎、旧轮胎（子午胎除外）翻新及低性能工业橡胶配件生产

4. 硫酸法钛白粉生产

（四）机械工业

1. 一般涤纶长丝、短纤维设备制造

2. 柴油发电机组制造

3. 各种普通磨料（含刚玉、碳化硅），直径 400 毫米以下砂轮及人造金刚石锯片生产

4. 电钻、电动砂轮机生产

5. 普通碳钢焊条

6. 普通级标准紧固件、小型和中小型普通轴承

7. 普通铅酸蓄电池

8. 集装箱

9. 电梯

10. 铝合金轮毂

（五）电子工业

1. 卫星电视接收机及关键件

2. 数字程控局用和用户交换机设备

（六）医药工业

1. 氯霉素、洁霉素、庆大霉素、双氢链霉素、丁胺卡那霉素、盐酸四环素、土霉素、乙酰螺旋霉素、麦迪霉素、柱晶白霉素、红霉素、环丙氟哌酸、氟哌酸、氟嗪酸生产

2. 安乃近、阿司匹林、扑热息痛、维生素 B1、维生素 B2、维生素 B6 生产

（七）医疗器械制造业

1. 中低档 B 型超声显像仪生产

（八）运输服务业

1. 出租汽车（限于国内购车）

2. 加油站（限于与高速公路配套建设、经营）

（乙）

（一）农、林、牧、渔业及相关工业

1. 粮食、棉花、油料种子开发生产（中方控股或占主导地位）

2. 珍贵树种原木加工、出口（不允许外商独资）

3. 近海及内陆水域水产捕捞业（不允许外商独资）

4. 中药材种植、养殖（不允许外商独资）

（二）轻工业

1. 食盐、工业用盐生产

2. 外国牌号无酒精饮料（含固体饮料）生产

3. 黄酒、名牌白酒生产

4. 卷烟、过滤嘴棒等烟草加工业

5. 猪、牛、羊蓝湿皮加工及生产

6. 天然香料生产

7. 油脂加工

8. 纸及纸板

（三）纺织工业

1. 毛纺织、棉纺织

2. 生丝、坯绸

3. 高仿真化学纤维及芳纶、碳纤维等特种化纤（不允许外商独资）

4. 纤维级及非纤用聚酯、腈纶、氨纶（不允许外商独资）

（四）交通运输、邮电通信业

1. 干线铁路建设、经营（中方控股或占主导地位）

2. 水上运输（中方控股或占主导地位）

3. 出入境汽车运输（不允许外商独资）

4. 航空运输（中方控股或占主导地位）

5. 通用航空（中方控股或占主导地位）

（五）电力工业

1. 单机容量30万千瓦以下常规燃煤火电厂的建设、经营（小电网、边远山区及低质煤、煤矸石电厂除外）

（六）有色金属工业（不允许外商独资）

1. 铜加工、铝加工

2. 贵金属（金、银、铂族）矿产开采、选矿、冶炼、加工

3. 钨、锡、锑矿等有色金属开采

4. 稀土勘查、开采、选矿、冶炼、分离

（七）石油、石油化工及化学工业

1. 感光材料（胶片、胶卷、PS版、相纸）

2. 硼镁铁矿开采及加工

3. 联苯胺

4. 离子膜烧碱及有机氯系列化工产品

5. 子午线轮胎（中方控股或占主导地位）

6. 合成纤维原料：精对苯二甲酸、丙烯腈、己内酰胺、尼龙66

盐等

（八）机械工业

1. 汽车（含各类轿车、载货车、客车、改装车）及摩托车整车（中方控股或占主导地位）

2. 汽车、摩托车发动机（中方控股或占主导地位）

3. 汽车用空调压缩机、电子控制燃油喷射系统、电子控制制动防抱死系统、安全气囊及其他汽车电子设备系统、电机、铝散热器制造

4. 旧汽车、摩托车及其发动机翻新、拆解（改装）

5. 火电设备：10 万千瓦及以上机组（发电机、汽轮机、锅炉、辅机和控制装置）、燃气轮机联合循环发电设备、循环流化床锅炉、煤气化联合循环技术及装备（IGCC）、增压流化床（PFBC）、脱硫及脱硝设备制造（不允许外商独资）

6. 水电设备：转轮直径 5 米及以上水电机组（含水电辅机和控制装置）、5 万千瓦及以上大型抽水蓄能机组、1 万千瓦及以上大型贯流式机组制造（不允许外商独资）

7. 核电机组：60 万千瓦及以上机组制造（不允许外商独资）

8. 输变电设备：220 千伏及以上大型变压器、高压开关、互感器、电缆设备制造（不允许外商独资）

9. 320 马力以下履带式推土机、3 立方米以下轮式装载机、50 吨以下汽车起重机（不允许外商独资）

10. 薄板连铸机制造

11. 复印机、照相机

（九）电子工业

1. 彩色电视机（含投影电视机）、彩色显像管及玻壳

2. 摄像机（含摄录一体机）

3. 录像机、录像机磁头、磁鼓、机芯

4. 模拟移动通信系统（蜂窝、集群、无线寻呼、无线电话）

5. 卫星导航定位接受设备及关键部件（不允许外商独资）

6. 稀路由卫星通信（VSAT）系统设备制造

7. 2.5 千兆比/秒（2.5GB/S）以下光同步数字系列、144 兆比/秒（144MB/S）及以下微波通信系统设备制造

（十）建筑材料、设备及其他非金属矿制品业

1. 金刚石及其他天然宝石等贵重非金属矿的勘查、开采及加工（不允许外商独资）

（十一）医药工业

1. 中药材、中成药半成品及制成品（中药饮片传统炮制工艺技术除外）

2. 毒品前体：麻黄碱、伪麻黄碱、麦角新碱、麦角胺、麦角酸等

3. 青霉素 G

4. 成瘾性麻醉药品及精神药品的生产（中方控股或占主导地位）

5. 高技术的疫苗生产（艾滋病疫苗、丙肝疫苗、避孕疫苗等，中方控股或占主导地位）

6. 国家计划免疫的疫苗、菌苗类及抗毒素、类毒素类（卡介苗、脊髓灰质炎、百白破、麻疹、乙脑、流脑疫苗等）的生产

7. 维生素 C 生产

8. 血液制品的生产

（十二）医疗器械制造业

1. 一次性注射器、输液器、输血器及血袋

2. X 射线计算机体层摄影装置（CT）、磁共振成像装置（MRI）及医用加速器等大型医疗设备制造

（十三）船舶工业（中方控股或占主导地位）

1. 特种船、高性能和 3.5 万吨及以上船舶的修理、设计与制造

2. 船舶柴油机、辅机、无线通信、导航设备及配件设计与制造

（十四）内外贸、旅游、房地产及服务业（不允许外商独资）

1. 国内商业（中方控股或占主导地位）

2. 对外贸易（中方控股或占主导地位）

3. 旅行社

4. 合作办学（基础教育除外）

5. 医疗机构（中方控股或占主导地位）

6. 会计、审计、法律咨询服务，经纪人公司

7. 代理业务（船舶、货运、期货、销售、广告等）

8. 高档宾馆、别墅、高档写字楼、国际会展中心

9. 高尔夫球场

10. 土地成片开发

11. 大型旅游、文化、娱乐公园及人造景观

12. 国家级旅游区建设、经营

（十五）金融及相关行业

1. 银行、财务公司、信托投资公司

2. 保险公司、保险经纪人及代理人公司

3. 证券公司、投资银行、商业银行、基金管理公司

4. 金融租赁

5. 外汇经纪

6. 金融、保险、外汇咨询

7. 金银、珠宝、首饰生产、加工、批发和销售

（十六）其他

1. 印刷、出版发行业务（中方控股或占主导地位）

2. 进出口商品检验、鉴定、认证业务（不允许外商独资）

3. 音像制品制作、出版、发行，电子出版物（中方控股或占主导地位）

（十七）国家和我国缔结或者参加的国际条约规定限制的其他产业

禁止外商投资产业目录

（一）农、林、牧、渔业及相关工业

1. 国家保护的野生动植物资源

2. 我国稀有的珍贵优良品种（包括种植业、畜牧业、水产业的优良基因）

3. 动植物的自然保护区建设

4. 绿茶及特种茶（名茶、黑茶等）加工

（二）轻工业

1. 象牙雕刻、虎骨加工

2. 手工地毯

3. 脱胎漆器

4. 琅玕制品

5. 青花玲珑瓷

6. 宣纸、墨锭

（三）电力工业及城市公用事业

1. 电网的建设、经营

2. 城市供排水、煤气、热力管网的建设、经营

（四）矿业采选及加工业

1. 放射性矿产的开采、选矿、冶炼及加工

（五）石油、石油化工及化学工业

1. 硼镁石开采及加工

2. 天青石开采及加工

（六）医药工业

1. 列入国家保护资源的中药材（麝香、甘草等）

2. 传统的中药饮片炮制技术及中成药秘方产品

（七）交通运输、邮电通信业

1. 邮政、电信业务的经营管理

2. 空中交通管制

（八）贸易金融业

1. 商品期货，金融期货等衍生金融业务

（九）广播影视业

1. 各级广播电台（站）、电视台（网）、发射、转播台（站）

2. 广播电视节目制作、出版、发行及播放

3. 电影制片、发行、放映

4. 录像放映

（十）新闻业

（十一）武器生产业

（十二）其他

1. 危害军事设施安全和使用效能的项目

2. 致癌、致畸、致突变原料及加工

3. 跑马场、赌博

4. 色情服务

（十三）国家和我国缔结或者参加的国际条约规定禁止的其他产业

附录二：外商投资产业指导目录
（2002 年 3 月修订）[①]

鼓励外商投资产业目录

一、农、林、牧、渔业

1. 中低产农田改造

2. 蔬菜（含食用菌、西甜瓜）、水果、茶叶无公害栽培技术及产品系列化开发、生产

3. 糖料、果树、花卉、牧草等农作物优质高产新技术、新品种（转基因品种除外）开发、生产

4. 花卉生产与苗圃基地的建设、经营

5. 农作物秸秆还田及综合利用、有机肥料资源的开发、生产

6. 中药材种植、养殖（限于合资、合作）

7. 林木（竹）营造及良种培育

8. 天然橡胶、剑麻、咖啡种植

9. 优良种畜种禽、水产苗种繁育（不含我国特有的珍贵优良品种）

10. 名特优水产品养殖、深水网箱养殖

11. 防治荒漠化及水土流失的植树种草等生态环境保护工程建设、经营

---

① 《外商投资产业指导目录》（2002 年 3 月修订）为本书第三章设计准自然实验的重要依据。

二、采掘业

*1. 石油、天然气的风险勘探、开发

*2. 低渗透油气藏（田）的开发

*3. 提高原油采收率的新技术开发与应用

*4. 物探、钻井、测井、井下作业等石油勘探开发新技术的开发与应用

5. 煤炭及伴生资源勘探、开发

6. 煤层气勘探、开发

7. 低品位、难选冶金矿开采、选矿（限于合资、合作，在西部地区外商可独资）

8. 铁矿、锰矿勘探、开采及选矿

9. 铜、铅、锌矿勘探、开采（限于合资、合作，在西部地区外商可独资）

10. 铝矿勘探、开采（限于合资、合作，在西部地区外商可独资）

11. 硫、磷、钾等化学矿开采、选矿

三、制造业

（一）食品加工业

1. 粮食、蔬菜、水果、禽畜产品的储藏及加工

2. 水产品加工、贝类净化及加工、海藻功能食品开发

3. 果蔬饮料、蛋白饮料、茶饮料、咖啡饮料的开发、生产

4. 婴儿、老年食品及功能食品的开发、生产

5. 乳制品生产

6. 生物饲料、蛋白饲料的开发、生产

（二）烟草加工业

1. 二醋酸纤维素及丝束加工

2. 造纸法烟草薄片生产

（三）纺织业

1. 工程用特种纺织品生产

2. 高档织物面料的织染及后整理加工

（四）皮革、皮毛制品业

1. 猪、牛、羊蓝湿皮新技术加工

2. 皮革后整饰新技术加工

（五）木材加工及竹、藤、棕、草制品业

1. 林区"次、小、薪"材和竹材的综合利用新技术、新产品开发与生产

（六）造纸及纸制品业

1. 年产 30 万吨及以上化学木浆、年产 10 万吨及以上化学机械木浆（CTMP、BCTMP、APMP）和原料林基地的林木浆一体化工程的建设、经营（限于合资、合作）

2. 高档纸及纸板生产（新闻纸除外）

（七）石油加工及炼焦业

1. 针状焦、煤焦油深加工

2. 捣固焦、干熄焦生产

3. 重交通道路沥青生产

（八）化学原料及化学品制造业

1. 重油催化裂化制烯烃生产

2. 年产 60 万吨及以上规模乙烯生产（中方相对控股）

3. 乙烯副产品 C5 – C9 产品的综合利用

4. 大型聚氯乙烯树脂生产（乙烯法）

5. 有机氯系列化工产品生产（高残留有机氯产品除外）

6. 基本有机化工原料：苯、甲苯、二甲苯（对、邻、间）衍生物产品的综合利用

7. 合成材料的配套原料：双酚 A、4.4′二苯基甲烷二异氰酸酯、

甲苯二异氰酸酯生产

8. 合成纤维原料：精对苯二甲酸、丙烯腈、己内酰胺、尼龙 66 盐生产

9. 合成橡胶：溶液丁苯橡胶、丁基橡胶、异戊橡胶、丁二烯法氯丁橡胶、聚氨酯橡胶、丙烯酸橡胶、氯醇橡胶生产

10. 工程塑料及塑料合金生产

11. 精细化工：催化剂、助剂及石油添加剂新产品、新技术，染（颜）料商品化加工技术，电子、造纸用高科技化学品，食品添加剂、饲料添加剂，皮革化学品、油田助剂，表面活性剂，水处理剂，胶粘剂，无机纤维、无机粉体填料生产

12. 纺织及化纤抽丝用助剂、油剂、染化料生产

13. 汽车尾气净化剂、催化剂及其他助剂生产

14. 天然香料、合成香料、单离香料生产

15. 高性能涂料生产

16. 氯化法钛白粉生产

17. 氟氯烃替代物生产

18. 大型煤化工产品生产

19. 林业化学产品新技术、新产品开发与生产

20. 烧碱用离子膜生产

21. 生物肥料、高浓度化肥（钾肥、磷肥）、复合肥料生产

22. 高效、低毒和低残留的化学农药原药新品种开发与生产

23. 生物农药开发与生产

24. 环保用无机、有机和生物膜开发与生产

25. 废气、废液、废渣综合利用和处理、处置

（九）医药制造业

1. 我国专利或行政保护的原料药及需进口的化学原料药生产

2. 维生素类：烟酸生产

3. 氨基酸类：丝氨酸、色氨酸、组氨酸等生产

4. 采用新技术设备生产解热镇痛药

5. 新型抗癌药物及新型心脑血管药生产

6. 新型、高效、经济的避孕药具生产

7. 采用生物工程技术生产的新型药物生产

8. 基因工程疫苗生产（艾滋病疫苗、丙肝疫苗、避孕疫苗等）

9. 海洋药物开发与生产

10. 艾滋病及放射免疫类等诊断试剂生产

11. 药品制剂：采用缓释、控释、靶向、透皮吸收等新技术的新剂型、新产品生产

12. 新型药用佐剂的开发应用

13. 中药材、中药提取物、中成药加工及生产（中药饮片传统炮制工艺技术除外）

14. 生物医学材料及制品生产

15. 兽用抗菌原料药生产（包括抗生素、化学合成类）

16. 兽用抗菌药、驱虫药、杀虫药、抗球虫药新产品及新剂型开发与生产

（十）化学纤维制造业

1. 差别化化学纤维及芳纶、氨纶、碳纤维等高新技术化纤生产

2. 粘胶无毒纺等环保型化纤的生产

3. 日产 400 吨及以上纤维及非纤维用聚酯生产

（十一）塑料制品业

1. 聚酰亚胺保鲜薄膜生产

2. 农膜新技术及新产品（光解膜、多功能膜及原料等）开发与生产

3. 废旧塑料的消解和再利用

（十二）非金属矿物制品业

1. 日熔化 500 吨级及以上优质浮法玻璃生产（限于中西部地区）

2. 日产 2000 吨及以上水泥熟料新型干法水泥生产（限于中西部地区）

3. 年产 1 万吨及以上玻璃纤维（池窑拉丝工艺生产线）及玻璃钢制品生产

4. 年产 50 万件及以上高档卫生瓷生产

5. 陶瓷原料的标准化精制、陶瓷用高档装饰材料生产

6. 玻璃、陶瓷、玻璃纤维窑炉用高档耐火材料生产

7. 无机非金属材料及制品生产（人工晶体、高性能复合材料、特种玻璃、特种陶瓷、特种密封材料、特种胶凝材料）

8. 新型建筑材料生产（轻质高强多功能墙体材料、高档环保型装饰装修材料、优质防水密封材料、高效保温材料）

9. 非金属矿深加工（超细粉碎、高纯、精制、改性）

（十三）黑色金属冶炼及压延加工业

1. 宽厚板生产

2. 镀锌及耐高腐蚀性铝锌合金板、涂层板生产

3. 直接还原铁和熔融还原铁生产

4. 废钢加工

（十四）有色金属冶炼及压延加工业

1. 年产 30 万吨及以上氧化铝生产

2. 低品位、难选冶金矿冶炼（限于合资、合作，在西部地区外商可独资）

3. 硬质合金、锡化合物、锑化合物生产

4. 有色金属复合材料、新型合金材料生产

5. 稀土应用

（十五）金属制品业

1. 非金属制品模具设计、制造

2. 汽车、摩托车模具（含冲模、注塑模、模压模等）、夹具（焊装夹具、检验夹具等）设计、制造

3. 高档建筑五金件、水暖器材及五金件开发、生产

（十六）普通机械制造业

1. 三轴以上联动的数控机床、数控系统及伺服装置制造

2. 高性能焊接机器人和高效焊装生产设备制造

3. 耐高温绝缘材料（绝缘等级为 F、H 级）及绝缘成型件生产

4. 比例、伺服液压技术，低功率气动控制阀，填料静密封生产

5. 精冲模、精密型腔模、模具标准件生产

6. 精密轴承及各种主机专用轴承制造

7. 汽车、摩托车用铸锻毛坯件制造

（十七）专用设备制造业

1. 粮食、棉花、油料、蔬菜、水果、花卉、牧草、肉食品、水产品的贮藏、保鲜、分级、包装、干燥、运输、加工的新技术、新设备开发与制造

2. 设施农业设备制造

3. 农业、林业机具新技术设备制造

4. 拖拉机、联合收割机等农用发动机设计与制造

5. 农作物秸秆还田及综合利用设备制造

6. 农用废物的综合利用及规模化畜禽养殖废物的综合利用设备制造

7. 节水灌溉新技术设备制造

8. 湿地土方及清淤机械制造

9. 水生生态系统的环境保护技术、设备制造

10. 长距离调水工程的调度系统设备制造

11. 特种防汛抢险机械和设备制造

12. 食品行业的高速、无菌灌装设备、贴标机等关键设备制造

13. 氨基酸、酶制剂、食品添加剂等生产技术及关键设备制造

14. 10 吨/小时及以上的饲料加工成套设备、关键部件生产

15. 卷筒纸和对开以上单纸张多色胶印机制造

16. 皮革后整饰新技术设备制造

17. 高技术含量的特种工业缝纫机制造

18. 新型纺织机械、新型造纸机械（含纸浆）等成套设备制造

19. 公路、港口新型机械设备设计与制造

20. 公路桥梁养护、自动检测设备制造

21. 公路隧道营运监控、通风、防灾和救助系统设备制造

22. 铁路大型施工及养护设备设计与制造

23. 园林机械、机具新技术设备制造

24. 城市环卫特种设备制造

25. 路面铣平、翻修机械设备制造

26. 隧道挖掘机、城市地铁暗挖设备制造

27. 8 万吨/日及以上城市污水处理设备，工业废水膜处理设备，上流式厌氧流化床设备和其他生物处理废水设备，废塑料再生处理设备，工业锅炉脱硫脱硝设备，大型耐高温、耐酸袋式除尘器制造，垃圾焚烧处理设备制造

28. 年产 30 万吨及以上合成氨、48 万吨及以上尿素、45 万吨及以上乙烯成套设备中的透平压缩机、混合造粒机制造

29. 火电站脱硫技术及设备制造

30. 薄板连铸机制造

31. 平板玻璃深加工技术及设备制造

32. 井下无轨采、装、运设备，100 吨及以上机械传动矿用自卸车，移动式破碎机，3000 立方米/小时及以上斗轮挖掘机，5 立方米

及以上矿用装载机，全断面巷道掘进机制造

33. 石油勘探开发新型仪器设备设计与制造

34. 机电井清洗设备制造和药物生产

35. 电子内窥镜制造

36. 具有高频技术、直接数字图像处理技术、辐射剂量小的 80 千瓦及以上医用 X 线机组制造

37. 高场强超导型磁共振成像装置（MRI）的制造

38. 单采血浆机制造

39. 全自动酶免系统（含加样、酶标、洗板、孵育、数据后处理等部分功能）设备制造

40. 药产品质量控制新技术、新设备制造

41. 中药有效物质分析的新技术、提取的新工艺、新设备开发与制造

42. 新型药品包装材料、容器及先进的制药设备制造

（十八）交通运输设备制造业

*1. 汽车、摩托车整车制造

2. 汽车、摩托车发动机制造

3. 汽车关键零部件制造：制动器总成、驱动桥总成、变速器、柴油机燃油泵、柴油机涡轮增压器、柴油车机外排放控制装置、滤清器（三滤）、等速万向节、减震器、组合仪表、专用高强度紧固件

4. 电子控制燃油喷射系统、电子控制制动防抱死系统、安全气囊及其他汽车电子设备系统制造

5. 摩托车关键零部件制造：化油器、磁电机、起动电机、盘式制动器

6. 石油工业专用沙漠车等特种专用车制造

7. 铁路运输技术设备：机车车辆及主要部件设计与制造，线路、桥梁设备设计与制造，高速铁路有关技术与设备制造，通信信号和运

输安全监测设备制造，电气化铁路设备和器材制造

8. 城市快速轨道交通运输设备：地铁、城市轻轨的动车组及主要部件设计与制造

9. 民用飞机设计与制造（中方控股）

10. 民用飞机零部件制造

11. 民用直升机设计与制造（中方控股）

12. 航空发动机设计与制造（中方控股）

13. 民用航空机载设备设计与制造（中方控股）

14. 轻型燃气轮机制造

15. 船舶低速柴油机的曲轴设计与制造

16. 特种船、高性能船舶的修理、设计与制造（中方相对控股）

17. 船舶中高速柴油机、辅机、无线通信、导航设备及配件设计与制造（中方相对控股）

18. 玻璃钢渔船、游艇制造

（十九）电气机械及器材制造业

1. 火电设备：60万千瓦及以上超临界机组、大型燃气轮机、10万千瓦及以上燃气－蒸汽联合循环发电设备、煤气化联合循环技术及装备（IGCC）、增压循环流化床（PFBC）、60万千瓦及以上大型空冷机组（限于合资、合作）

2. 水电设备：15万千瓦及以上大型抽水蓄能机组、15万千瓦及以上大型贯流式机组制造（限于合资、合作）

3. 核电机组：60万千瓦及以上机组制造（限于合资、合作）

4. 输变电设备：500千伏及以上超高压直流输变电设备制造（限于合资、合作）

（二十）电子及通信设备制造业

1. 数字电视机、数字摄录机、数字录放机、数字放声设备制造

2. 新型平板显示器件、中高分辨率彩色显像管/显示管及玻壳生产

3. 数字音、视频编解码设备，数字广播电视演播室设备，数字有线电视系统设备，数字音频广播发射设备制造

4. 集成电路设计与线宽 0.35 微米及以下大规模集成电路生产

5. 大中型电子计算机、便携式微型计算机、高档服务器制造

6. 大容量光、磁盘驱动器及其部件开发与制造

7. 计算机辅助设计（三维 CAD）、辅助测试（CAT）、辅助制造（CAM）、辅助工程（CAE）系统及其他计算机应用系统制造

8. 软件产品开发、生产

9. 半导体、元器件专用材料开发、生产

10. 电子专用设备、测试仪器、工模具制造

11. 新型电子元器件（片式元器件、敏感元器件及传感器、频率控制与选择元件、混合集成电路、电力电子器件、光电子器件、新型机电元件）生产

12. 无汞碱锰电池、动力镍氢电池、锂离子电池、高容量全密封免维护铅酸蓄电池、燃料电池、圆柱型锌空气电池等高技术绿色电池生产

13. 高密度数字光盘机用关键件开发与生产

14. 可记录光盘生产（CD – R、CD – RW、DVD – R、DVD – ARM）

15. 民用卫星设计与制造（中方控股）

16. 民用卫星有效载荷制造（中方控股）

17. 民用卫星零部件制造

18. 民用运载火箭设计与制造（中方控股）

19. 卫星通信系统设备制造

20. 卫星导航定位接收设备及关键部件制造（限于合资、合作）

21. 光纤预制棒制造

22. 622 兆比/秒及以上数字微波同步系列传输设备制造

23. 10 千兆比/秒以上光同步系列传输设备制造

24. 宽带接入网通信系统设备制造

25. 光交叉连接设备（OXC）制造

26. 异步转移模式（ATM）及 IP 数据通信系统制造

27. 移动通信系统（含 GSM、CDMA、DCS1800、PHS、DECT、IMT2000 等）手机、基站、交换设备及数字集群系统设备制造

28. 高端路由器、千兆比以上网络交换机开发、制造

29. 空中交通管制系统设备制造（限于合资、合作）

（二十一）仪器仪表及文化、办公用机械制造业

1. 数字照相机及关键件开发与生产

2. 精密在线测量仪器开发与制造

3. 安全生产及环保检测仪器新技术设备制造

4. 水质及烟气在线监测仪器的新技术设备制造

5. 水文数据采集、处理与传输和防洪预警仪器及设备制造

6. 新型仪表元器件和材料（主要指智能型仪用传感器、仪用接插件、柔性线路板、光电开关、接近开关等新型仪用开关、仪用功能材料等）生产

7. 新型打印装置（激光、喷墨打印机）制造

8. 精密仪器、设备维修与售后服务

（二十二）其他制造业

1. 洁净煤技术产品的开发利用（煤炭气化、液化、水煤浆、工业型煤）

2. 煤炭洗选及粉煤灰（包括脱硫石膏）、煤矸石等综合利用

四、电力、煤气及水的生产及供应业

1. 单机容量 30 万千瓦及以上火电站的建设、经营

2. 煤洁净燃烧技术电站的建设、经营

3. 热电联产电站的建设、经营

4. 天然气发电站的建设、经营

5. 发电为主水电站的建设、经营

6. 核电站的建设、经营（中方控股）

7. 新能源电站的建设、经营（包括太阳能、风能、磁能、地热能、潮汐能、生物质能等）

8. 城市供水厂建设、经营

五、水利管理业

1. 综合水利枢纽的建设、经营（中方相对控股）

六、交通运输、仓储及邮电通信业

1. 铁路干线路网的建设、经营（中方控股）

2. 支线铁路、地方铁路及其桥梁、隧道、轮渡设施的建设、经营（限于合资、合作）

3. 公路、独立桥梁和隧道的建设、经营

4. 港口公用码头设施的建设、经营

5. 民用机场的建设、经营（中方相对控股）

6. 航空运输公司（中方控股）

7. 农、林、渔业通用航空公司（限于合资、合作）

*8. 定期、不定期国际海上运输业务

*9. 国际集装箱多式联运业务

*10. 公路货物运输公司

11. 输油（气）管道、油（气）库及石油专用码头的建设、经营

12. 煤炭管道运输设施的建设、经营

13. 运输业务相关的仓储设施建设、经营

七、批发和零售贸易业

*1. 一般商品的批发、零售、物流配送

八、房地产业

1. 普通住宅的开发建设

九、社会服务业

（一）公共设施服务业

1. 城市封闭型道路建设、经营

2. 城市地铁及轻轨的建设、经营（中方控股）

3. 污水、垃圾处理厂，危险废物处理处置厂（焚烧厂、填埋场）及环境污染治理设施的建设、经营

（二）信息、咨询服务业

1. 国际经济、科技、环保信息咨询服务

*2. 会计、审计

十、卫生、体育和社会福利业

1. 老年人、残疾人服务

十一、教育、文化艺术及广播电影电视业

1. 高等教育机构（限于合资、合作）

十二、科学研究和综合技术服务业

1. 生物工程与生物医学工程技术

2. 同位素、辐射及激光技术

3. 海洋开发及海洋能开发技术

4. 海水淡化及利用技术

5. 海洋监测技术

6. 节约能源开发技术

7. 资源再生及综合利用技术

8. 环境污染治理及监测技术

9. 防沙漠化及沙漠治理技术

10. 民用卫星应用技术

11. 研究开发中心

12. 高新技术、新产品开发与企业孵化中心

十三、产品全部直接出口的允许类外商投资项目

限制外商投资产业目录

一、农、林、牧、渔业

1. 粮食（包括马铃薯）、棉花、油料种子开发生产（中方控股）

2. 珍贵树种原木加工（限于合资、合作）

二、采掘业

1. 钨、锡、锑、钼、重晶石、萤石等矿产勘查、开采（限于合资、合作）

2. 贵金属（金、银、铂族）勘查、开采

3. 金刚石等贵重非金属矿的勘查、开采

4. 特种、稀有煤种勘查、开发（中方控股）

5. 硼镁石及硼镁铁矿石开采

6. 天青石开采

三、制造业

（一）食品加工业

1. 黄酒、名优白酒生产

2. 外国牌号碳酸饮料生产

3. 糖精等合成甜味剂生产

4. 油脂加工

（二）烟草加工业

1. 卷烟、过滤嘴棒生产

（三）纺织业

1. 毛纺、棉纺

2. 缫丝

（四）印刷及复制业

1. 出版物印刷（中方控股，包装装潢印刷除外）

（五）石油加工及炼焦业

1. 炼油厂建设、经营

（六）化学原料及化学制品制造业

1. 离子膜烧碱生产

2. 感光材料生产

3. 联苯胺生产

4. 易制毒化学品生产（麻黄素、3，4－亚基二氧苯基－2－丙酮、苯乙酸、1－苯基－2－丙酮、胡椒醛、黄樟脑、异黄樟脑、醋酸酐）

5. 硫酸法钛白粉生产

6. 硼镁铁矿石加工

7. 钡盐生产

（七）医药制造业

1. 氯霉素、青霉素 G、洁霉素、庆大霉素、双氢链霉素、丁胺卡那霉素、盐酸四环素、土霉素、麦迪霉素、柱晶白霉素、环丙氟哌酸、氟哌酸、氟嗪酸生产

2. 安乃近、扑热息痛、维生素 B1、维生素 B2、维生素 C、维生素 E 生产

3. 国家计划免疫的疫苗、菌苗类及抗毒素、类毒素类（卡介苗、脊髓灰质炎、百白破、麻疹、乙脑、流脑疫苗等）生产

4. 成瘾性麻醉药品及精神药品原料药生产（中方控股）

5. 血液制品的生产

6. 非自毁式一次性注射器、输液器、输血器及血袋生产

（八）化学纤维制造业

1. 常规切片纺的化纤抽丝生产

2. 单线能力在 2 万吨/年以下粘胶短纤维生产

3. 日产 400 吨以下纤维及非纤维用聚酯生产，氨纶生产

（九）橡胶制品业

1. 斜交轮胎、旧轮胎翻新（子午线轮胎除外）及低性能工业橡胶配件生产

（十）有色金属冶炼及压延加工业

1. 稀土冶炼、分离（限于合资、合作）

（十一）普通机械制造业

1. 集装箱生产

2. 中小型普通轴承制造

3. 50 吨以下汽车起重机制造（限于合资、合作）

（十二）专用设备制造业

1. 中低档 B 型超声显像仪制造

2. 一般涤纶长丝、短纤维设备制造

3. 320 马力以下履带式推土机、3 立方米以下轮式装载机制造（限于合资、合作）

（十三）电子及通信设备制造业

1. 卫星电视接收机及关键件生产

四、电力、煤气及水的生产和供应业

1. 单机容量 30 万千瓦以下以发电为主的常规燃煤火电厂的建设、经营（小电网除外）

五、交通运输、仓储及邮电通信业

1. 公路旅客运输公司

*2. 出入境汽车运输公司

*3. 水上运输公司

*4. 铁路货物运输公司

5. 铁路旅客运输公司（中方控股）

6. 摄影、探矿、工业等通用航空公司（中方控股）

*7. 电信公司

六、批发和零售贸易业

*1. 商品交易、直销、邮购、网上销售、特许经营、委托经营、销售代理、商业管理等各类商业公司，以及粮、棉、植物油、食糖、药品、烟草、汽车、原油、农业生产资料的批发、零售、物流配送

*2. 图书、报纸、期刊的批发、零售业务

*3. 音像制品（除电影外）的分销

4. 商品拍卖

*5. 货物租赁公司

*6. 代理公司（船舶、货运、外轮理货、广告等）

*7. 成品油批发及加油站建设、经营

8. 对外贸易公司

七、金融、保险业

1. 银行、财务公司、信托投资公司

*2. 保险公司

*3. 证券公司、证券投资基金管理公司

4. 金融租赁公司

5. 外汇经纪

*6. 保险经纪公司

八、房地产业

1. 土地成片开发（限于合资、合作）

2. 高档宾馆、别墅、高档写字楼和国际会展中心的建设、经营

九、社会服务业

（一）公共设施服务业

1. 大中城市燃气、热力和供排水管网的建设、经营（中方控股）

（二）信息、咨询服务业

1. 法律咨询

十、卫生、体育和社会福利业

1. 医疗机构（限于合资、合作）

2. 高尔夫球场的建设、经营

十一、教育、文化艺术及广播电影电视业

1. 高中阶段教育机构（限于合资、合作）

2. 电影院的建设、经营（中方控股）

十二、科学研究和综合技术服务

1. 测绘公司（中方控股）

*2. 进出口商品检验、鉴定、认证公司

十三、国家和我国缔结或者参加的国际条约规定限制的其他产业

禁止外商投资产业目录

一、农、林、牧、渔业

1. 我国稀有的珍贵优良品种的养殖、种植（包括种植业、畜牧业、水产业的优良基因）

2. 转基因植物种子生产、开发

3. 我国管辖海域及内陆水域水产品捕捞

二、采掘业

1. 放射性矿产的勘查、开采、选矿

2. 稀土勘查、开采、选矿

三、制造业

（一）食品加工业

1. 我国传统工艺的绿茶及特种茶加工（名茶、黑茶等）

（二）医药制造业

1. 列入国家保护资源的中药材加工（麝香、甘草、黄麻草等）

2. 传统中药饮片炮制技术的应用及中成药秘方产品的生产

（三）有色金属冶炼及压延加工业

1. 放射性矿产的冶炼、加工

（四）武器弹药制造业

（五）其他制造业

1. 象牙雕刻

2. 虎骨加工

3. 脱胎漆器生产

4. 珐琅制品生产

5. 宣纸、墨锭生产

6. 致癌、致畸、致突变产品和持久性有机污染物产品生产

四、电力、煤气及水的生产和供应业

1. 电网的建设、经营

五、交通运输、仓储及邮电通信业

1. 空中交通管制公司

2. 邮政公司

六、金融、保险业

1. 期货公司

七、社会服务业

1. 国家保护的野生动植物资源开发

2. 动植物自然保护区的建设、经营

3. 博彩业（含赌博类跑马场）

4. 色情业

八、教育、文化艺术及广播电影电视业

1. 基础教育（义务教育）机构

2. 图书、报纸、期刊的出版、总发行和进口业务

3. 音像制品和电子出版物的出版、制作、总发行和进口业务

4. 新闻机构

5. 各级广播电台（站）、电视台（站）、广播电视传输覆盖网（发射台、转播台、广播电视卫星、卫星上行站、卫星收转站、微波站、监测台、有线广播电视传输覆盖网）

6. 广播电视节目制作、出版、发行及播放公司

7. 电影制片、发行公司

8. 录像放映公司

九、其他行业

1. 危害军事设施安全和使用效能的项目

十、国家和我国缔结或者参加的国际条约规定禁止的其他产业

注：标 * 的条目与我国加入世界贸易组织的承诺有关，具体内容见附件。

《外商投资产业指导目录》附件

一、鼓励类

1. 石油、天然气的风险勘探、开发：限于合作

2. 低渗透油气藏（田）的开发：限于合作

3. 提高原油采收率的新技术开发与应用：限于合作

4. 物探、钻井、测井、井下作业等石油勘探开发新技术的开发与应用：限于合作

5. 汽车、摩托车整车制造：外资比例不超过 50%

6. 定期、不定期国际海上运输业务：外资比例不超过 49%

7. 国际集装箱多式联运：外资比例不超过 50%；不迟于 2002 年 12 月 11 日允许外方控股；不迟于 2005 年 12 月 11 日允许外方独资

8. 公路货物运输公司：不迟于 2002 年 12 月 11 日允许外方控股；不迟于 2004 年 12 月 11 日允许外方独资

9. 一般商品的批发、零售、物流配送：限定条件见限制类第（五）

10. 会计、审计：限于合作、合伙

二、限制类

（一）出入境汽车运输公司：不迟于 2002 年 12 月 11 日允许外方控股，不迟于 2004 年 12 月 11 日允许外方独资

（二）水上运输公司：外资比例不超过 49%

（三）铁路货物运输公司：外资比例不超过 49%；不迟于 2004 年 12 月 11 日允许外方控股；不迟于 2007 年 12 月 11 日允许外方独资

（四）电信公司

1. 增值电信、基础电信中的寻呼服务：自 2001 年 12 月 11 日起允许外商投资，外资比例不超过 30%；不迟于 2002 年 12 月 11 日允许外资比例不超过 49%；不迟于 2003 年 12 月 11 日允许外资比例达 50%

2. 基础电信中的移动话音和数据服务：自 2001 年 12 月 11 日起允许外商投资，外资比例不超过 25%；不迟于 2002 年 12 月 11 日外资比例不超过 35%；不迟于 2004 年 12 月 11 日允许外资比例达 49%

3. 基础电信中的国内业务、国际业务：不迟于 2004 年 12 月 11 日允许外商投资，外资比例不超过 25%；不迟于 2006 年 12 月 11 日允许外资比例达 35%；不迟于 2007 年 12 月 11 日允许外资比例达 49%

（五）商品交易、直销、邮购、网上销售、特许经营、委托经营、销售代理、商业管理等各类商业公司，以及粮、棉、植物油、食糖、药品、烟草、汽车、原油、农业生产资料的批发、零售、物流配送；图书、报纸、期刊的批发、零售业务；成品油批发及加油站建设、经营

1. 佣金代理、批发（不包括盐、烟草）：不迟于 2002 年 12 月 11 日允许外商投资，外资比例可达 50%，但不允许经营书报杂志、药品、农药、农膜、化肥、成品油、原油；不迟于 2003 年 12 月 11 日

允许外方控股；不迟于 2004 年 12 月 11 日允许外方独资，允许经营书报杂志、药品、农药、农膜；不迟于 2006 年 12 月 11 日允许经营化肥、成品油、原油

2. 零售（不包括烟草）：允许外商投资，但不允许经营书报杂志、药品、农药、农膜、化肥、成品油；不迟于 2002 年 12 月 11 日允许外资比例可达 50%，允许经营书报杂志；不迟于 2003 年 12 月 11 日允许外方控股；不迟于 2004 年 12 月 11 日允许外方独资，允许经营药品、农药、农膜、成品油；不迟于 2006 年 12 月 11 日允许经营化肥。经营产品包括汽车（不迟于 2006 年 12 月 11 日取消限制）、书报杂志、药品、农药、农膜、成品油、化肥、粮食、植物油、食糖、烟草、棉花的超过 30 家分店的连锁店不允许外方控股

3. 特许经营和无固定地点的批发、零售：不迟于 2004 年 12 月 11 日允许外商投资

（六）音像制品（除电影外）的分销：限于合作，中方控股

（七）货物租赁公司：不迟于 2002 年 12 月 11 日允许外方控股，不迟于 2004 年 12 月 11 日允许外方独资

（八）代理公司

1. 船舶：外资比例不超过 49%

2. 货运（不包括邮政部门专营服务的业务）：外资比例不超过 50%（速递服务不超过 49%）；不迟于 2002 年 12 月 11 日允许外方控股；不迟于 2005 年 12 月 11 日允许外方独资

3. 外轮理货：限于合资、合作

4. 广告：外资比例不超过 49%；不迟于 2003 年 12 月 11 日允许外方控股；不迟于 2005 年 12 月 11 日允许外方独资

（九）保险公司

1. 非寿险保险公司：外资比例不超过 51%；不迟于 2003 年 12 月 11 日允许外方独资

2. 寿险保险公司：外资比例不超过 50%

（十）证券公司、证券投资基金管理公司

1. 证券公司：不迟于 2004 年 12 月 11 日允许外商投资，外资比例不超过 1/3

2. 证券投资基金管理公司：允许外商投资，外资比例不超过 33%；不迟于 2004 年 12 月 11 日允许外资比例达 49%

（十一）保险经纪公司：外资比例不超过 50%；不迟于 2004 年 12 月 11 日允许外资比例达 51%；不迟于 2006 年 12 月 11 日允许外方独资

（十二）进出口商品检验、鉴定、认证公司：不迟于 2003 年 12 月 11 日允许外方控股；不迟于 2005 年 12 月 11 日允许外方独资

附录三：1998～2002年工业企业四位行业代码 外商投资项目类别

（基于 GB/T4754 – 1994 产业分类标准）

工业企业 1998～2002年 四位行业代码	行业名称	1998年 行业层 面归并 目录类别	1998年 产品层 面归并 目录类别	2002年 行业层 面归并 目录类别	2002年 产品层 面归并 目录类别
0610	煤炭开采业	3	2	2	2
0620	煤炭洗选业	3	2	3	2
0710	天然原油开采业	2	2	3	2
0720	天然气开采业	2	2	3	2
0730	油页岩开采业	2	2	2	2
0810	铁矿采选业	3	2	2	2
0821	锰矿采选业	3	2	3	2
0822	铬矿采选业	2	2	2	2
0911	铜矿采选业	3	2	3	2
0912	铅锌矿采选业	3	2	3	2
0914	镍钴矿采选业	2	2	2	2
0915	锡矿采选业	1	2	1	2
0916	锑矿采选业	1	2	1	2
0917	汞矿采选业	2	2	2	2
0919	其他重有色金属矿采选业	2	2	2	2
0931	铝矿采选业	3	2	3	2
0932	镁矿采选业	2	2	2	2
0933	钛矿采选业	2	2	2	2

续表

工业企业 1998～2002 年 四位行业代码	行业名称	1998 年 行业层 面归并 目录类别	1998 年 产品层 面归并 目录类别	2002 年 行业层 面归并 目录类别	2002 年 产品层 面归并 目录类别
0939	其他轻有色金属矿采选业	2	2	2	2
0951	金矿采选业	1	2	1	3
0952	银矿采选业	1	2	1	2
0959	其他贵金属矿采选业	1	2	1	2
0961	钨钼矿采选业	1	2	1	2
0962	稀有轻金属矿采选业	1	2	0	2
0963	稀有高熔点金属矿采选业	1	2	0	2
0964	稀散金属矿采选业	1	2	0	2
0965	稀土金属矿采选业	1	2	0	2
0969	其他稀有稀土金属矿采选业	1	2	0	2
1011	石灰石开采业	2	2	2	2
1012	建筑装饰用石开采业	2	2	2	2
1013	耐火土石开采业	2	2	2	2
1019	其他土砂石开采业	3	2	2	2
1021	硫矿采选业	2	2	3	2
1022	磷矿采选业	2	2	3	2
1023	天然钾盐采选业	2	2	3	2
1024	硼矿采选业	2	2	2	2
1029	其他化学矿采选业	1	2	1	2
1031	海盐业	2	2	2	2
1032	湖盐业	2	2	2	2
1033	井盐业	2	2	2	2
1034	矿盐业	2	2	2	2
1091	石棉采选业	2	2	2	2
1092	云母采选业	2	2	2	2

续表

工业企业 1998～2002 年 四位行业代码	行业名称	1998 年 行业层 面归并 目录类别	1998 年 产品层 面归并 目录类别	2002 年 行业层 面归并 目录类别	2002 年 产品层 面归并 目录类别
1093	石墨采选业	2	2	2	2
1094	石膏采选业	2	2	2	2
1095	宝石、玉石采选业	1	2	2	2
1096	水晶采选业	2	2	1	2
1097	滑石采选业	2	2	2	2
1099	其他类未包括的非金属矿采选业	1	2	1	2
1100	其他矿采选业	2	2	2	2
1311	碾米业	2	2	3	2
1312	磨粉业	2	2	2	2
1313	面、米制品业	2	2	2	2
1314	配合及混合饲料制造业	2	2	2	2
1315	蛋白饲料制造业	3	2	3	2
1317	水产饲料制造业	2	2	2	2
1319	其他饲料制造业	3	2	3	2
1321	食用植物油加工业	2	2	2	2
1322	非食用植物油加工业	2	2	2	2
1331	甘蔗糖业	2	2	3	2
1332	甜菜糖业	2	2	2	2
1334	加工糖业	2	2	2	2
1341	屠宰业	3	2	3	2
1342	肉制品加工业	3	2	3	2
1343	肉类副产品加工业	3	2	3	2
1344	蛋品加工业	2	2	2	2
1351	冷冻水产品加工业	3	2	3	2

续表

工业企业 1998～2002 年 四位行业代码	行业名称	1998 年 行业层 面归并 目录类别	1998 年 产品层 面归并 目录类别	2002 年 行业层 面归并 目录类别	2002 年 产品层 面归并 目录类别
1352	干制水产品加工业	3	2	3	2
1353	腌制水产品加工业	3	2	3	2
1354	鱼糜及鱼糜制品加工业	3	2	3	2
1359	其他水产品加工业	3	2	3	2
1360	盐加工业	1	2	2	2
1390	其他食品加工业	3	2	3	2
1411	糖果业	2	2	2	2
1412	糕点业	2	2	2	2
1413	饼干业	2	2	2	2
1414	方便主食品业	2	2	2	2
1415	蜜饯业	2	2	2	2
1419	其他糕点、糖果制品业	2	2	2	2
1420	乳制品制造业	2	2	3	2
1431	肉类罐头制造业	2	2	2	2
1432	禽类罐头制造业	2	2	2	2
1433	水产罐头制造业	2	2	2	2
1434	水果罐头制造业	2	2	2	2
1435	蔬菜罐头制造业	2	2	2	2
1439	其他罐头食品制造业	2	2	2	2
1441	氨基酸制造业	2	2	3	2
1442	味精制造业	2	2	2	2
1443	柠檬酸制造业	2	2	3	2
1444	酵母制品业	2	2	3	2
1445	酶制剂制造业	3	2	3	2
1449	其他发酵制品业	2	2	3	2

续表

工业企业 1998~2002年 四位行业代码	行业名称	1998年行业层面归并目录类别	1998年产品层面归并目录类别	2002年行业层面归并目录类别	2002年产品层面归并目录类别
1451	酱油、酱类制造业	2	2	2	2
1452	食醋制造业	2	2	2	2
1453	调味料制造业	2	2	3	2
1454	调味油制造业	2	2	3	2
1459	其他调味品制造业	2	2	3	2
1491	豆制品制造业	2	2	2	2
1492	淀粉及淀粉制品业	2	2	3	2
1493	代乳品制造业	2	2	2	2
1495	制冰业	2	2	2	2
1497	淀粉糖业	2	2	2	2
1498	冷冻饮品制造业	2	2	2	2
1499	其他类未包括的食品制造业	2	2	2	2
1511	酒精制造业	2	2	2	2
1512	白酒制造业	1	2	1	2
1513	啤酒制造业	2	2	2	2
1514	黄酒制造业	1	2	1	2
1515	葡萄酒制造业	2	2	2	2
1516	果露酒制造业	2	2	2	2
1521	碳酸饮料制造业	1	2	1	2
1522	天然矿泉水制造业	1	2	2	2
1523	果菜汁饮料制造业	1	2	3	2
1524	固体饮料制造业	1	2	2	2
1529	其他软饮料制造业	1	2	3	2
1550	制茶业	0	2	0	2
1590	其他饮料制造业	2	2	2	2

续表

工业企业 1998～2002 年 四位行业代码	行业名称	1998 年 行业层 面归并 目录类别	1998 年 产品层 面归并 目录类别	2002 年 行业层 面归并 目录类别	2002 年 产品层 面归并 目录类别
1610	烟叶复烤业	2	2	2	2
1620	卷烟制造业	1	2	1	2
1690	其他烟草加工业	1	2	1	2
1721	棉纺业	1	2	1	2
1722	棉织业	1	2	2	2
1723	印染业	3	2	2	2
1724	棉制品业	2	2	2	2
1725	棉线带制造业	2	2	2	2
1726	帘子布制造业	2	2	2	2
1729	其他棉纺织业	2	2	2	2
1741	毛条加工业	2	2	2	2
1742	毛纺业	1	2	1	2
1743	毛织业	1	2	2	2
1744	毛染整业	2	2	2	2
1745	工业用呢、工业用毡制造业	2	2	2	2
1749	其他毛纺织业	2	2	2	2
1761	苎麻纺织业	2	2	2	2
1762	亚麻纺织业	2	2	2	2
1763	黄、洋、青麻纺织业	2	2	2	2
1769	其他麻纺织业	2	2	2	2
1771	缫丝业	1	2	1	2
1772	绢纺业	2	2	2	2
1773	丝织业	2	2	2	2
1774	丝印染业	2	2	3	2
1775	丝制品业	2	2	2	2

续表

工业企业 1998~2002年 四位行业代码	行业名称	1998年 行业层 面归并 目录类别	1998年 产品层 面归并 目录类别	2002年 行业层 面归并 目录类别	2002年 产品层 面归并 目录类别
1779	其他丝绢纺织业	2	2	2	2
1781	棉针织品业	2	2	2	2
1782	毛针织品业	2	2	2	2
1783	丝针织品业	2	2	2	2
1789	其他针织品业	2	2	2	2
1790	其他纺织业	3	2	3	2
1810	服装制造业	2	2	2	2
1820	制帽业	2	2	2	2
1830	制鞋业	2	2	2	2
1890	其他纤维制品制造业	2	2	2	2
1911	轻革业	1	2	3	2
1912	重革业	1	2	3	2
1919	其他制革业	1	2	3	2
1921	皮鞋制造业	2	2	2	2
1923	革皮服装制造业	2	2	2	2
1924	皮箱制造业	2	2	2	2
1925	皮包制造业	2	2	2	2
1929	其他类未包括的皮革制品业	2	2	2	2
1931	毛皮鞣制业	2	2	2	2
1932	毛皮服装业	2	2	2	2
1939	其他毛皮制品业	2	2	2	2
1951	羽毛（绒）加工业	2	2	2	2
1952	羽毛（绒）制品业	2	2	2	2
2011	锯材加工业	3	2	3	2
2012	木片加工业	3	2	3	2

续表

工业企业 1998～2002 年四位行业代码	行业名称	1998 年行业层面归并目录类别	1998 年产品层面归并目录类别	2002 年行业层面归并目录类别	2002 年产品层面归并目录类别
2021	胶合板制造业	2	2	2	2
2022	纤维板制造业	2	2	2	2
2023	刨花板制造业	2	2	2	2
2029	其他人造板制造业	2	2	2	2
2031	生产用木制品业	2	2	2	2
2033	生活用木制品业	2	2	2	2
2040	竹、藤、棕、草制品业	3	2	3	2
2110	木制家具制造业	2	2	2	2
2120	竹、藤家具制造业	2	2	2	2
2130	金属家具制造业	2	2	2	2
2140	塑料家具制造业	2	2	2	2
2190	其他家具制造业	2	2	2	2
2210	纸浆制造业	3	2	3	2
2221	机制纸及纸板制造业	1	2	3	2
2223	手工纸制造业	0	2	0	2
2224	加工纸制造业	2	2	2	2
2230	纸制品业	2	2	2	2
2311	书、报、刊印刷业	1	2	1	2
2312	包装装潢印刷业	2	2	2	2
2319	其他印刷业	2	2	2	2
2320	记录媒介的复制	2	2	2	2
2411	文具制造业	2	2	2	2
2413	本册制造业	2	2	2	2
2415	笔制造业	2	2	2	2
2417	教学标本、模型制造业	2	2	2	2

续表

工业企业 1998~2002 年四位行业代码	行业名称	1998 年行业层面归并目录类别	1998 年产品层面归并目录类别	2002 年行业层面归并目录类别	2002 年产品层面归并目录类别
2419	其他文化用品制造业	2	2	2	2
2421	球类制造业	2	2	2	2
2423	体育器材制造业	2	2	2	2
2429	其他体育用品制造业	2	2	2	2
2431	中乐器制造业	2	2	2	2
2433	西乐器制造业	2	2	2	2
2435	电子乐器制造业	2	2	2	2
2439	其他乐器及文娱用品制造业	2	2	2	2
2440	玩具制造业	2	2	2	2
2450	游艺器材制造业	2	2	2	2
2490	其他类未包括的文教体育用品制造业	2	2	2	2
2510	人造原油生产业	2	2	2	2
2530	石油制品业	2	2	3	2
2570	炼焦业	3	2	2	2
2611	无机酸制造业	2	2	2	2
2613	烧碱制造业	1	2	1	2
2615	纯碱制造业	1	2	1	2
2617	无机盐制造业	2	2	2	2
2619	其他基本化学原料制造业	3	2	3	2
2621	氮肥制造业	2	2	2	2
2622	磷肥制造业	3	2	2	2
2623	钾肥制造业	3	2	2	2
2624	复合肥料制造业	2	2	3	2
2625	微量元素肥料制造业	2	2	2	2

续表

工业企业 1998～2002 年 四位行业代码	行业名称	1998 年 行业层 面归并 目录类别	1998 年 产品层 面归并 目录类别	2002 年 行业层 面归并 目录类别	2002 年 产品层 面归并 目录类别
2629	其他化学肥料制造业	2	2	2	2
2631	农药原药制造业	3	2	3	2
2633	农药制剂制造业	2	2	2	2
2651	有机化工原料制造业	3	2	3	2
2652	涂料制造业	2	2	3	2
2653	油墨制造业	2	2	2	2
2654	颜料制造业	3	2	3	2
2655	染料制造业	3	2	3	2
2659	其他有机化学产品制造业	3	2	3	2
2661	聚烯烃塑料制造业	2	2	2	2
2662	热固性树脂及塑料制造业	2	2	2	2
2663	功能高分子制造业	2	2	2	2
2664	工程塑料制造业	3	2	3	2
2665	有机硅氟材料制造业	2	2	2	2
2666	合成橡胶制造业	3	2	3	2
2667	合成纤维单（聚合）体制造业	2	2	2	2
2669	其他合成材料制造业	3	2	3	2
2671	化学试剂、助剂制造业	3	2	3	2
2672	专项化学用品制造业	2	2	2	2
2673	林产化学产品制造业	3	2	3	2
2674	炸药及火工产品制造业	2	2	2	2
2675	信息化学品制造业	3	2	3	2
2676	放射化学产品制造业	2	2	2	2
2677	添加剂制造业	3	2	3	2

续表

工业企业 1998~2002年 四位行业代码	行业名称	1998年 行业层面归并目录类别	1998年 产品层面归并目录类别	2002年 行业层面归并目录类别	2002年 产品层面归并目录类别
2681	肥皂及皂粉、合成洗涤剂制造业	2	2	2	2
2682	合成脂肪酸制造业	2	2	2	2
2683	硬脂酸、硬化油制造业	2	2	2	2
2684	香料、香精制造业	3	1	3	2
2685	化妆品制造业	2	2	2	2
2686	牙膏制造业	2	2	2	2
2687	火柴制造业	2	2	2	2
2688	动物胶制造业	2	2	2	2
2689	其他日用化学产品制造业	2	2	2	2
2710	化学药品原药制造业	3	2	3	2
2720	化学药品制剂制造业	2	2	3	2
2730	中药材及中成药加工业	1	0	3	0
2740	动物药品制造业	3	2	3	2
2750	生物制品业	2	2	3	2
2811	化纤浆粕制造业	3	2	2	2
2812	粘胶纤维制造业	2	1	3	1
2819	其他纤维素纤维制造业	3	2	3	2
2821	锦纶纤维制造业	2	2	2	2
2822	涤纶纤维制造业	2	2	2	2
2823	腈纶纤维制造业	1	2	2	2
2824	维纶纤维制造业	2	2	2	2
2851	渔具用丝制造业	2	2	2	2
2852	渔具用线制造业	2	2	2	2
2853	渔具用绳制造业	2	2	2	2

续表

工业企业 1998~2002 年 四位行业代码	行业名称	1998 年 行业层 面归并 目录类别	1998 年 产品层 面归并 目录类别	2002 年 行业层 面归并 目录类别	2002 年 产品层 面归并 目录类别
2854	渔网制造业	2	2	2	2
2859	其他渔具制造业	2	2	2	2
2910	轮胎制造业	1	2	1	2
2920	力车胎制造业	2	2	2	2
2930	橡胶板、管、带制造业	2	2	2	2
2940	橡胶零件制品业	2	2	2	2
2950	再生橡胶制造业	2	2	2	2
2960	橡胶靴鞋制造业	2	2	2	2
2970	日用橡胶制品业	2	2	2	2
2981	轮胎翻新业	2	2	2	2
2989	其他橡胶制品翻修业	2	2	2	2
2990	其他橡胶制品业	2	2	2	2
3010	塑料薄膜制造业	3	2	3	2
3020	塑料板、管、棒材制造业	2	2	2	2
3030	塑料丝、绳及编织品制造业	2	2	2	2
3040	泡沫塑料及人造革、合成革制造业	2	2	2	2
3050	塑料包装箱及容器制造业	2	2	2	2
3060	塑料鞋制造业	2	2	2	2
3070	日用塑料杂品制造业	2	2	2	2
3080	塑料零件制造业	2	2	2	2
3090	其他塑料制品业	2	2	2	2
3110	水泥制造业	3	2	3	2
3121	水泥制品业	2	2	2	2
3123	砼结构构件制造业	2	2	2	2

续表

工业企业 1998～2002年 四位行业代码	行业名称	1998年 行业层 面归并 目录类别	1998年 产品层 面归并 目录类别	2002年 行业层 面归并 目录类别	2002年 产品层 面归并 目录类别
3124	石棉水泥制品业	2	2	2	2
3129	其他水泥制品业	2	2	2	2
3131	砖瓦制造业	2	2	2	2
3132	石灰制造业	2	2	2	2
3133	建筑用石加工业	2	2	2	2
3134	轻质建筑材料制造业	2	2	3	2
3135	防水密封建筑材料制造业	2	2	3	2
3136	隔热保温材料制造业	2	2	2	2
3139	其他砖瓦、石灰和轻质建筑材料制造业	3	2	3	2
3141	建筑用玻璃制品业	3	2	3	2
3142	工业技术用玻璃制造业	2	2	2	2
3143	光学玻璃制造业	2	2	2	2
3145	玻璃仪器制造业	2	2	2	2
3147	日用玻璃制品业	2	2	2	2
3148	玻璃保温容器制造业	2	2	2	2
3149	其他玻璃及玻璃制品业	3	2	3	2
3151	建筑、卫生陶瓷制造业	3	2	3	2
3153	工业用陶瓷制造业	2	2	2	2
3155	日用陶瓷制造业	2	2	2	2
3159	其他陶瓷制品业	2	2	2	2
3161	石棉制品业	2	2	2	2
3163	云母制品业	2	2	2	2
3169	其他耐火材料制品业	3	2	3	2
3171	冶金用碳素制品业	2	2	2	2

续表

工业企业 1998～2002 年 四位行业代码	行业名称	1998 年 行业层 面归并 目录类别	1998 年 产品层 面归并 目录类别	2002 年 行业层 面归并 目录类别	2002 年 产品层 面归并 目录类别
3172	电工用碳素制品业	2	2	2	2
3179	其他石墨及碳素制品业	2	2	2	2
3181	玻璃纤维及其制品业	3	2	3	2
3182	玻璃钢制品业	3	2	3	2
3189	其他矿物纤维及其制品业	2	2	2	2
3190	其他类未包括的非金属矿物制品业	1	2	3	2
3210	炼铁业	3	2	3	2
3220	炼钢业	3	2	2	2
3240	钢压延加工业	2	2	3	2
3260	铁合金冶炼业	2	2	3	2
3311	铜冶炼业	2	2	2	2
3312	铅锌冶炼业	2	2	2	2
3314	镍钴冶炼业	2	2	2	2
3316	锡冶炼业	2	2	2	2
3317	锑冶炼业	2	2	2	2
3318	汞冶炼业	2	2	2	2
3319	其他重有色金属冶炼业	2	2	2	2
3321	铝冶炼业	2	2	2	2
3322	镁冶炼业	2	2	2	2
3323	钛冶炼业	2	2	2	2
3329	其他轻有色金属冶炼业	2	2	2	2
3331	金冶炼业	1	2	3	2
3332	银冶炼业	1	2	2	2
3339	其他贵金属冶炼业	1	2	2	2

续表

工业企业 1998～2002 年 四位行业代码	行业名称	1998 年 行业层 面归并 目录类别	1998 年 产品层 面归并 目录类别	2002 年 行业层 面归并 目录类别	2002 年 产品层 面归并 目录类别
3341	钨钼冶炼业	2	2	2	2
3349	其他稀有稀土金属冶炼业	1	2	1	2
3360	有色金属合金业	3	2	3	2
3381	重有色金属压延加工业	1	2	2	2
3383	轻有色金属压延加工业	1	2	3	2
3385	贵金属压延加工业	2	2	2	2
3387	稀有稀土金属压延加工业	3	2	3	2
3410	金属结构制造业	2	2	2	2
3420	铸铁管制造业	3	2	3	2
3431	切削工具制造业	2	2	2	2
3434	模具制造业	3	2	3	2
3435	手工具制造业	2	2	2	2
3439	其他工具制造业	2	2	2	2
3441	集装箱制造业	1	2	1	2
3442	金属包装物品及容器制造业	2	2	2	2
3450	金属丝绳及其制品业	2	2	2	2
3461	建筑小五金制造业	2	2	3	2
3463	水暖管道零件制造业	2	2	3	2
3465	金属门窗制造业	2	2	2	2
3469	其他建筑用金属制品业	2	2	2	2
3470	金属表面处理及热处理业	2	2	2	2
3481	搪瓷制造业	2	2	2	2
3482	铝制品业	2	2	3	2
3483	不锈钢制品业	3	2	2	2
3484	刀剪制造业	2	2	2	2

续表

工业企业 1998～2002 年四位行业代码	行业名称	1998 年行业层面归并目录类别	1998 年产品层面归并目录类别	2002 年行业层面归并目录类别	2002 年产品层面归并目录类别
3485	制锁业	2	2	2	2
3486	炊事用具制造业	2	2	2	2
3487	燃气用具制造业	2	2	2	2
3488	理发用具制造业	2	2	2	2
3489	其他日用金属制品业	2	2	2	2
3491	铁制小农具制造业	2	2	2	2
3495	焊条制造业	1	2	2	2
3499	其他类未包括的金属制品业	2	2	2	2
3511	锅炉制造业	2	2	3	2
3512	内燃机制造业	2	2	2	2
3513	汽轮机制造业	2	2	2	2
3514	水轮机制造业	2	2	2	2
3515	内燃机零部件及配件制造业	2	2	2	2
3519	其他锅炉及原动机制造业	2	2	2	2
3521	金属切削机床制造业	2	2	2	2
3523	锻压设备制造业	2	2	2	2
3525	铸造机械制造业	2	2	3	2
3526	机床附件制造业	2	2	2	2
3529	其他金属加工机械制造业	1	2	2	2
3531	起重运输设备制造业	2	2	2	2
3532	工矿车辆制造业	2	2	3	2
3533	泵制造业	2	2	2	2
3534	风机制造业	2	2	2	2
3535	气体压缩机及气体分离设备制造业	3	1	3	2

续表

工业企业 1998～2002年 四位行业代码	行业名称	1998年 行业层 面归并 目录类别	1998年 产品层 面归并 目录类别	2002年 行业层 面归并 目录类别	2002年 产品层 面归并 目录类别
3536	冷冻设备制造业	2	2	2	2
3537	风动工具制造业	2	2	2	2
3538	电动工具制造业	2	2	2	2
3539	其他通用设备制造业	2	2	3	2
3541	轴承制造业	3	1	3	1
3542	阀门制造业	2	2	2	2
3561	液压件及液力件制造业	3	2	3	2
3562	气动元件制造业	2	2	3	2
3563	密封件制造业	2	2	2	2
3564	粉末冶金制品业	2	2	2	2
3565	紧固件制造业	1	2	2	2
3566	弹簧制造业	2	2	2	2
3567	链条制造业	2	2	2	2
3568	齿轮制造业	2	2	2	2
3569	其他类未包括的通用零部件制造业	2	2	2	2
3571	铸件制造业	3	2	3	2
3572	锻件制造业	3	2	3	2
3580	普通机械修理业	2	2	2	2
3590	其他普通机械制造业	2	2	3	2
3611	矿山设备制造业	3	2	3	2
3613	冶金工业专用设备制造业	1	2	3	2
3615	电工专用设备制造业	2	2	2	2
3617	电子工业专用设备制造业	2	2	3	2
3619	其他机电工业专用设备制造业	2	2	2	2

续表

工业企业 1998～2002 年 四位行业代码	行业名称	1998 年 行业层 面归并 目录类别	1998 年 产品层 面归并 目录类别	2002 年 行业层 面归并 目录类别	2002 年 产品层 面归并 目录类别
3621	石油工业专用设备制造业	3	2	3	2
3622	化学工业专用设备制造业	2	2	2	2
3623	化学纤维工业专用设备制造业	1	2	1	2
3624	橡胶工业专用设备制造业	2	2	2	2
3625	塑料工业专用设备制造业	2	2	3	2
3626	森林工业专用设备制造业	2	2	3	2
3627	印刷工业专用设备制造业	3	2	3	2
3628	制药工业专用设备制造业	2	2	3	2
3629	建筑材料及其他非金属矿物制品专用设备制造业	2	2	3	2
3631	食品、饮料、烟草工业专用设备制造业	2	2	3	2
3632	粮油工业专用设备制造业	2	2	3	2
3633	饲料工业专用设备制造业	3	2	3	2
3634	包装工业专用设备制造业	2	2	3	2
3635	纺织、服装、皮革工业专用设备制造业	3	2	3	2
3636	照明器具工业专用设备制造业	2	2	2	2
3637	日用硅酸制品工业专用设备制造业	2	2	2	2
3638	制浆、造纸工业专用设备制造业	3	2	3	2
3639	日用化学工业专用设备制造业	2	2	2	2
3641	拖拉机制造业	2	2	2	2
3642	机械化农机具制造业	3	2	3	2

续表

工业企业 1998~2002 年四位行业代码	行业名称	1998 年行业层面归并目录类别	1998 年产品层面归并目录类别	2002 年行业层面归并目录类别	2002 年产品层面归并目录类别
3643	营林机械制造业	2	2	2	2
3644	畜牧机械制造业	2	2	2	2
3645	渔业机械制造业	2	2	2	2
3646	水利机械制造业	3	2	3	2
3647	拖拉机配件制造业	2	2	3	2
3649	其他农、林、牧、渔、水利业机械制造业	3	2	3	2
3651	手术器械制造业	3	2	3	2
3652	医疗仪器、设备制造业	1	2	1	2
3653	诊断用品制造业	3	2	3	2
3654	医用材料及医疗用品制造业	2	2	2	2
3655	假肢、矫形器制造业	2	2	2	2
3671	建筑机械制造业	3	1	3	1
3672	地质专用设备制造业	2	2	2	2
3673	畜牧兽医医疗器械制造业	3	2	3	2
3674	缝纫机制造业	3	2	3	2
3675	商业、饮食业、服务业专用机械制造业	2	2	2	2
3676	邮政机械及器材制造业	2	2	2	2
3677	环境保护机械制造业	3	2	3	2
3678	社会公共安全设备及器材制造业	2	2	3	2
3679	其他类未包括的专用设备制造业	1	2	3	2
3681	工业专用设备修理业	2	2	2	2
3683	农、林、牧、渔、水利机械修理业	2	2	2	2

续表

工业企业 1998～2002 年 四位行业代码	行业名称	1998 年 行业层 面归并 目录类别	1998 年 产品层 面归并 目录类别	2002 年 行业层 面归并 目录类别	2002 年 产品层 面归并 目录类别
3685	医疗器械修理业	2	2	2	2
3689	其他专用机械设备修理业	2	2	2	2
3711	机车制造业	2	2	3	2
3712	客车制造业	2	2	3	2
3713	货车制造业	2	2	3	2
3714	机车车辆配件制造业	3	2	3	2
3715	铁路信号设备制造业	3	2	3	2
3716	铁路专用设备制造业	3	2	3	2
3717	铁路专用器材制造业	3	2	3	2
3719	其他铁路运输设备制造业	3	2	3	2
3721	载重汽车制造业	1	2	3	2
3722	客车制造业	1	2	3	2
3723	小轿车制造业	1	2	3	2
3724	微型汽车制造业	1	2	3	2
3725	特种车辆及改装汽车制造业	3	1	3	2
3726	汽车车身制造业	2	2	2	2
3727	汽车零部件及配件制造业	3	1	3	2
3731	摩托车整车制造业	1	2	3	2
3732	摩托车零部件及配件制造业	3	1	3	2
3740	自行车制造业	2	2	2	2
3750	电车制造业	2	2	2	2
3761	海洋运输船制造业	2	2	3	2
3762	内河船制造业	2	2	3	2
3763	渔轮制造业	2	2	3	2
3764	船舶机械设备制造业	1	2	3	2

工业企业 1998~2002年 四位行业代码	行业名称	1998年 行业层 面归并 目录类别	1998年 产品层 面归并 目录类别	2002年 行业层 面归并 目录类别	2002年 产品层 面归并 目录类别
3771	飞机制造业	3	2	3	2
3779	其他航空航天器制造业	2	2	2	2
3781	铁路运输设备修理业	2	2	2	2
3782	汽车修理业	2	2	2	2
3784	电车修理业	2	2	2	2
3785	船舶修理业	2	2	2	2
3786	飞机修理业	3	2	3	2
3789	其他交通运输设备修理业	2	2	2	2
3791	航标器材制造业	2	2	2	2
3792	潜水装备制造业	2	2	2	2
3793	公路标志制造业	2	2	2	2
3900	武器弹药制造业	0	2	0	2
4011	发电机制造业	1	2	3	2
4012	电动机制造业	2	2	2	2
4013	微电机制造业	2	2	2	2
4021	变压器制造业	1	2	3	2
4022	整流器制造业	2	2	3	2
4023	电容器制造业	2	2	3	2
4024	开关控制设备制造业	1	2	3	2
4027	电器设备元件制造业	2	2	2	2
4029	其他输配电及控制设备制造业	1	2	3	2
4041	电线电缆制造业	3	2	3	2
4043	绝缘制品业	3	2	3	2
4045	蓄电池制造业	3	1	3	2

续表

工业企业 1998～2002 年 四位行业代码	行业名称	1998 年 行业层 面归并 目录类别	1998 年 产品层 面归并 目录类别	2002 年 行业层 面归并 目录类别	2002 年 产品层 面归并 目录类别
4046	原电池制造业	3	2	3	2
4049	其他电工器材制造业	2	2	2	2
4061	洗衣机制造业	1	2	2	2
4062	吸尘器制造业	2	2	2	2
4063	电冰箱制造业	1	2	2	2
4064	电风扇制造业	2	2	2	2
4065	空调器制造业	2	2	2	2
4066	排油烟机制造业	2	2	2	2
4069	其他日用电器制造业	2	2	2	2
4071	电光源制造业	2	2	2	2
4072	灯头、灯座制造业	2	2	2	2
4073	灯具制造业	2	2	2	2
4074	灯用电器附件制造业	2	2	2	2
4079	其他照明器具制造业	2	2	2	2
4080	电气机械修理业	2	2	2	2
4091	电焊机制造业	3	2	3	2
4092	工业用电炉制造业	3	2	2	2
4099	其他类未包括的电气机械制造业	2	2	2	2
4111	传输设备制造业	3	2	3	2
4112	交换设备制造业	3	2	3	2
4113	通信终端设备制造业	3	2	3	2
4119	其他通信设备制造业	3	2	3	2
4121	雷达整机制造业	2	2	2	2
4122	雷达专用配套设备及部件制造业	2	2	2	2

工业企业 1998~2002年 四位行业代码	行业名称	1998年行业层面归并目录类别	1998年产品层面归并目录类别	2002年行业层面归并目录类别	2002年产品层面归并目录类别
4130	广播电视设备制造业	2	2	3	2
4141	电子计算机整机制造业	3	2	3	2
4151	电真空器件制造业	2	2	2	2
4153	半导体器件制造业	3	2	3	2
4155	集成电路制造业	3	2	3	2
4171	电视机、录像机、摄像机制造业	3	1	3	2
4172	收音机、录音机制造业	2	2	2	2
4173	电子计算器制造业	2	2	2	2
4181	通信设备修理业	2	2	3	2
4182	广播电视设备修理业	2	2	2	2
4189	其他电子设备修理业	2	2	3	2
4190	其他电子设备制造业	3	2	3	2
4211	工业自动化仪表制造业	2	2	2	2
4212	电工仪器、仪表制造业	2	2	2	2
4213	光学仪器制造业	2	2	2	2
4214	计时仪器制造业	2	2	2	2
4215	分析仪器制造业	2	2	2	2
4216	试验机制造业	2	2	2	2
4217	实验室仪器及装置制造业	2	2	2	2
4218	通用仪器仪表元件、器件制造业	2	2	2	2
4219	其他通用仪器仪表制造业	2	2	2	2
4221	环境保护仪器仪表制造业	3	2	3	2
4222	汽车仪器仪表制造业	2	2	2	2
4223	导航、制导仪器制造业	1	2	3	2

续表

工业企业 1998～2002 年 四位行业代码	行业名称	1998 年 行业层 面归并 目录类别	1998 年 产品层 面归并 目录类别	2002 年 行业层 面归并 目录类别	2002 年 产品层 面归并 目录类别
4224	农、林、牧、渔仪器仪表制造业	2	2	2	2
4225	地质勘探、钻采、地震专用仪器制造业	2	2	2	2
4226	气象、海洋、水文、天文测量仪器制造业	3	2	3	2
4227	教学仪器制造业	2	2	2	2
4228	核子及核辐射测量仪器制造业	2	2	2	2
4229	专用仪器仪表元件、器件制造业	3	2	3	2
4230	电子测量仪器制造业	2	2	2	2
4241	传递标准用计量仪器制造业	3	2	3	2
4242	量具量仪制造业	2	2	2	2
4243	衡器制造业	2	2	2	2
4251	电影机械制造业	2	2	2	2
4252	幻灯机及投影仪制造业	2	2	2	2
4254	照相机及器材制造业	1	1	3	1
4256	复印机制造业	3	1	3	2
4257	打字机及油印机制造业	2	2	3	2
4259	其他文化、办公用机械制造业	2	2	2	2
4260	钟表制造业	2	2	2	2
4290	其他仪器仪表制造业	2	2	3	2
4311	雕塑工艺品制造业	0	2	0	2
4312	金属工艺品制造业	2	2	2	2
4313	漆器工艺品制造业	0	2	0	2

工业企业1998~2002年四位行业代码	行业名称	1998年行业层面归并目录类别	1998年产品层面归并目录类别	2002年行业层面归并目录类别	2002年产品层面归并目录类别
4314	花画工艺品制造业	2	2	2	2
4315	竹、藤、棕、草工艺品制造业	2	2	2	2
4316	抽纱刺绣工艺品制造业	2	2	2	2
4317	地毯制造业	0	2	2	2
4318	首饰制造业	2	2	2	2
4319	其他工艺美术品制造业	2	2	0	2
4351	制镜业	2	2	2	2
4353	眼镜制造业	2	2	2	2
4355	制伞业	2	2	2	2
4357	鬃毛加工及制刷业	2	2	2	2
4392	生活用其他产品制造业	2	2	0	2
4411	火力发电业	3	1	3	1
4412	水力发电业	3	2	3	2
4413	核力发电业	3	2	3	2
4419	其他电业	3	2	3	2
4420	电力供应业	2	2	2	2
4430	蒸汽、热水生产和供应业	2	2	2	2
4510	煤气生产业	2	2	2	2
4520	煤气供应业	2	2	2	2
4610	自来水生产业	2	2	3	2
4620	自来水供应业	2	2	2	2
6290	再生物资回收批发业	3	2	3	2
7550	市政工程管理业	3	2	3	2

附录四：2003~2007 年工业企业四位行业代码外商投资项目类别

（基于 GB/T4754 - 2002 产业分类标准）

工业企业 2003~2007 年四位行业代码	行业名称	1998 年行业层面归并目录类别	1998 年产品层面归并目录类别	2002 年行业层面归并目录类别	2002 年产品层面归并目录类别
0610	烟煤和无烟煤的开采洗选	3	2	3	2
0620	褐煤的开采洗选	2	2	2	2
0690	其他煤炭采选	3	2	2	2
0710	天然原油和天然气开采	2	2	3	2
0790	与石油和天然气开采有关的服务活动	2	2	2	2
0810	铁矿采选	3	2	2	2
0890	其他黑色金属矿采选	3	2	3	2
0911	铜矿采选	3	2	3	2
0912	铅锌矿采选	3	2	3	2
0913	镍钴矿采选	2	2	2	2
0914	锡矿采选	1	2	1	2
0915	锑矿采选	1	2	1	2
0916	铝矿采选	3	2	3	2
0917	镁矿采选	2	2	2	2
0919	其他常用有色金属矿采选	2	2	2	2
0921	金矿采选	1	2	1	3
0922	银矿采选	1	2	1	2
0929	其他贵金属矿采选	1	2	1	2

续表

工业企业 2003~2007年 四位行业代码	行业名称	1998年 行业层 面归并 目录类别	1998年 产品层 面归并 目录类别	2002年 行业层 面归并 目录类别	2002年 产品层 面归并 目录类别
0931	钨钼矿采选	1	2	1	2
0932	稀土金属矿采选	1	2	0	2
0939	其他稀有金属矿采选	1	2	0	2
1011	石灰石、石膏开采	2	2	2	2
1012	建筑装饰用石开采	2	2	2	2
1013	耐火土石开采	2	2	2	2
1019	粘土及其他土砂石开采	3	2	2	2
1020	化学矿采选	2	2	3	2
1030	采盐	2	2	2	2
1091	石棉、云母矿采选	2	2	2	2
1092	石墨、滑石采选	2	2	2	2
1093	宝石、玉石开采	1	2	2	2
1099	其他非金属矿采选	2	2	1	2
1100	其他采矿业	2	2	2	2
1310	谷物磨制	2	2	3	2
1320	饲料加工	2	2	2	2
1331	食用植物油加工	2	2	2	2
1332	非食用植物油加工	2	2	2	2
1340	制糖	2	2	3	2
1351	畜禽屠宰	3	2	3	2
1352	肉制品及副产品加工	3	2	3	2
1353	肉制品及副产品加工	3	2	3	2
1361	水产品冷冻加工	3	2	3	2
1362	鱼糜制品及水产品干腌制加工	3	2	3	2

续表

工业企业 2003～2007 年 四位行业代码	行业名称	1998 年 行业层 面归并 目录类别	1998 年 产品层 面归并 目录类别	2002 年 行业层 面归并 目录类别	2002 年 产品层 面归并 目录类别
1363	水产饲料制造	2	2	2	2
1364	鱼油提取及制品的制造	3	2	3	2
1369	其他水产品加工	3	2	3	2
1370	蔬菜、水果和坚果加工	3	2	3	2
1391	淀粉及淀粉制品的制造	2	2	3	2
1392	豆制品制造	2	2	2	2
1393	蛋品加工	2	2	2	2
1399	其他未列明的农副食品加工	3	2	3	2
1411	糕点、面包制造	2	2	2	2
1419	饼干及其他焙烤食品制造	2	2	2	2
1421	糖果、巧克力制造	2	2	2	2
1422	蜜饯制作	2	2	2	2
1431	米、面制品制造	2	2	2	2
1432	速冻食品制造	2	2	2	2
1439	方便面及其他方便食品制造	2	2	2	2
1440	液体乳及乳制品制造	2	2	3	2
1451	肉、禽类罐头制造	2	2	2	2
1452	水产品罐头制造	2	2	2	2
1453	蔬菜、水果罐头制造	2	2	2	2
1459	其他罐头食品制造	2	2	2	2
1461	味精制造	2	2	2	2
1462	酱油、食醋及类似制品的制造	2	2	2	2
1469	其他调味品、发酵制品制造	2	2	3	2
1491	营养、保健食品制造	2	2	2	2

续表

工业企业 2003～2007年 四位行业代码	行业名称	1998年 行业层 面归并 目录类别	1998年 产品层 面归并 目录类别	2002年 行业层 面归并 目录类别	2002年 产品层 面归并 目录类别
1492	冷冻饮品及食用冰制造	2	2	2	2
1493	盐加工	1	2	2	2
1494	食品及饲料添加剂制造	3	2	3	2
1499	其他未列明的食品制造	2	2	2	2
1510	酒精制造	2	2	2	2
1521	白酒制造	1	2	1	2
1522	啤酒制造	2	2	2	2
1523	黄酒制造	1	2	1	2
1524	葡萄酒制造	2	2	2	2
1529	其他酒制造	2	2	2	2
1531	碳酸饮料制造	1	2	1	2
1532	瓶（罐）装饮用水制造	1	2	2	2
1533	果菜汁及果菜汁饮料制造	1	2	3	2
1534	含乳饮料和植物蛋白饮料制造	1	2	3	2
1535	固体饮料制造	1	2	2	2
1539	茶饮料及其他软饮料制造	2	2	2	2
1540	精制茶加工	0	2	0	2
1610	烟叶复烤	2	2	2	2
1620	卷烟制造	1	2	1	2
1690	其他烟草制品加工	1	2	1	2
1711	棉、化纤纺织加工	1	2	2	2
1712	棉、化纤印染精加工	3	2	2	2
1721	毛条加工	2	2	2	2
1722	毛纺织	1	2	2	2

续表

工业企业 2003～2007 年 四位行业代码	行业名称	1998 年 行业层 面归并 目录类别	1998 年 产品层 面归并 目录类别	2002 年 行业层 面归并 目录类别	2002 年 产品层 面归并 目录类别
1723	毛染整精加工	2	2	2	2
1730	麻纺织	2	2	2	2
1741	缫丝加工	1	2	1	2
1742	绢纺和丝织加工	2	2	2	2
1743	丝印染精加工	2	2	3	2
1751	棉及化纤制品制造	2	2	2	2
1752	毛制品制造	2	2	2	2
1753	麻制品制造	2	2	2	2
1754	丝制品制造	2	2	2	2
1755	绳、索、缆的制造	2	2	2	2
1756	纺织带和帘子布制造	2	2	2	2
1757	无纺布制造	3	2	3	2
1759	其他纺织制成品制造	3	2	3	2
1761	棉、化纤针织品及编织品制造	2	2	2	2
1762	毛针织品及编织品制造	2	2	2	2
1763	丝针织品及编织品制造	2	2	2	2
1769	其他针织品及编织品制造	2	2	2	2
1810	纺织服装制造	2	2	2	2
1820	纺织面料鞋的制造	2	2	2	2
1830	制帽	2	2	2	2
1910	皮革鞣制加工	1	2	3	2
1921	皮鞋制造	2	2	2	2
1922	皮革服装制造	2	2	2	2
1923	皮箱、包（袋）制造	2	2	2	2

续表

工业企业 2003～2007年 四位行业代码	行业名称	1998年 行业层 面归并 目录类别	1998年 产品层 面归并 目录类别	2002年 行业层 面归并 目录类别	2002年 产品层 面归并 目录类别
1924	皮手套及皮装饰制品制造	2	2	2	2
1929	其他皮革制品制造	2	2	2	2
1931	毛皮鞣制加工	2	2	2	2
1932	毛皮服装加工	2	2	2	2
1939	其他毛皮制品加工	2	2	2	2
1941	羽毛（绒）加工	2	2	2	2
1942	羽毛（绒）制品加工	2	2	2	2
2011	锯材加工	3	2	3	2
2012	木片加工	3	2	3	2
2021	胶合板制造	2	2	2	2
2022	纤维板制造	2	2	2	2
2023	刨花板制造	2	2	2	2
2029	其他人造板、材制造	2	2	2	2
2031	建筑厓木料及木材组件加工	2	2	2	2
2032	木容器制造	2	2	2	2
2039	软木制品及其他木制品制造	2	2	2	2
2040	竹、藤、棕、草制品制造	3	2	3	2
2110	木质家具制造	2	2	2	2
2120	竹、藤家具制造	2	2	2	2
2130	金属家具制造	2	2	2	2
2140	塑料家具制造	2	2	2	2
2190	其他家具制造	2	2	2	2
2210	纸浆制造	3	2	3	2
2221	机制纸及纸板制造	1	2	3	2
2222	手工纸制造	0	2	0	2

续表

工业企业 2003～2007 年 四位行业代码	行业名称	1998 年 行业层 面归并 目录类别	1998 年 产品层 面归并 目录类别	2002 年 行业层 面归并 目录类别	2002 年 产品层 面归并 目录类别
2223	加工纸制造	2	2	2	2
2231	纸和纸板容器的制造	2	2	2	2
2239	其他纸制品制造	2	2	2	2
2311	书、报、刊印刷	1	2	1	2
2312	本册印制	2	2	2	2
2319	包装装潢及其他印刷	2	2	2	2
2320	装订及其他印刷服务活动	2	2	2	2
2330	记录媒介的复制	2	2	2	2
2411	文具制造	2	2	2	2
2412	笔的制造	2	2	2	2
2413	教学用模型及教具制造	2	2	2	2
2414	墨水、墨汁制造	2	2	2	2
2419	其他文化用品制造	2	2	2	2
2421	球类制造	2	2	2	2
2422	体育器材及配件制造	2	2	2	2
2423	训练健身器材制造	2	2	2	2
2424	运动防护用具制造	2	2	2	2
2429	其他体育用品制造	2	2	2	2
2431	中乐器制造	2	2	2	2
2432	西乐器制造	2	2	2	2
2433	电子乐器制造	2	2	2	2
2439	其他乐器及零件制造	2	2	2	2
2440	玩具制造	2	2	2	2
2451	露天游乐场所游乐设备制造	2	2	2	2

续表

工业企业 2003~2007年 四位行业代码	行业名称	1998年 行业层 面归并 目录类别	1998年 产品层 面归并 目录类别	2002年 行业层 面归并 目录类别	2002年 产品层 面归并 目录类别
2452	游艺用品及室内游艺器材制造	2	2	2	2
2511	原油加工及石油制品制造	2	2	3	2
2512	人造原油生产	2	2	2	2
2520	炼焦	3	2	2	2
2530	核燃料加工	2	2	2	2
2611	无机酸制造	2	2	2	2
2612	无机碱制造	1	2	1	2
2613	无机盐制造	2	2	2	2
2614	有机化学原料制造	3	2	3	2
2619	其他基础化学原料制造	2	2	2	2
2621	氮肥制造	2	2	2	2
2622	磷肥制造	3	2	2	2
2623	钾肥制造	3	2	2	2
2624	复混肥料制造	2	2	3	2
2625	有机肥料及微生物肥料制造	2	2	2	2
2629	其他肥料制造	2	2	2	2
2631	化学农药制造	3	2	3	2
2632	生物化学农药及微生物农药制造	2	2	2	2
2641	涂料制造	2	2	3	2
2642	油墨及类似产品制造	2	2	2	2
2643	颜料制造	3	2	3	2
2644	染料制造	3	2	3	2
2645	密封用填料及类似品制造	3	2	3	2

续表

工业企业 2003～2007 年 四位行业代码	行业名称	1998 年 行业层 面归并 目录类别	1998 年 产品层 面归并 目录类别	2002 年 行业层 面归并 目录类别	2002 年 产品层 面归并 目录类别
2651	初级形态的塑料及合成树脂制造	2	2	2	2
2652	合成橡胶制造	3	2	3	2
2653	合成纤维单（聚合）体的制造	2	2	2	2
2659	其他合成材料制造	3	2	3	2
2661	化学试剂和助剂制造	3	2	3	2
2662	专项化学用品制造	2	2	2	2
2663	林产化学产品制造	3	2	3	2
2664	炸药及火工产品制造	2	2	2	2
2665	信息化学品制造	3	2	3	2
2666	环境污染处理专用药剂材料制造	3	2	3	2
2667	动物胶制造	2	2	2	2
2669	其他专用化学产品制造	2	2	2	2
2671	肥皂及合成洗涤剂制造	2	2	2	2
2672	化妆品制造	2	2	2	2
2673	口腔清洁用品制造	2	2	2	2
2674	香料、香精制造	3	1	3	2
2679	其他日用化学产品制造	2	2	2	2
2710	化学药品原药制造	3	2	3	2
2720	化学药品制剂制造	2	2	3	2
2730	中药饮片加工	1	0	3	0
2740	中成药制造	1	0	3	0
2750	兽用药品制造	3	2	3	2
2760	生物、生化制品的制造	2	2	3	2

续表

工业企业 2003~2007 年四位行业代码	行业名称	1998 年行业层面归并目录类别	1998 年产品层面归并目录类别	2002 年行业层面归并目录类别	2002 年产品层面归并目录类别
2770	卫生材料及医药用品制造	2	2	2	2
2811	化纤浆粕制造	3	2	2	2
2812	人造纤维（纤维素纤维）制造	2	1	3	1
2821	锦纶纤维制造	2	2	2	2
2822	涤纶纤维制造	2	2	2	2
2823	腈纶纤维制造	1	2	2	2
2824	维纶纤维制造	2	2	2	2
2911	车辆、飞机及工程机械轮胎制造	1	2	1	2
2912	力车胎制造	2	2	2	2
2913	轮胎翻新加工	2	2	2	2
2920	橡胶板、管、带的制造	2	2	2	2
2930	橡胶零件制造	2	2	2	2
2940	再生橡胶制造	2	2	2	2
2950	日用及医用橡胶制品制造	2	2	2	2
2960	橡胶靴鞋制造	2	2	2	2
2990	其他橡胶制品制造	2	2	2	2
3010	塑料薄膜制造	3	2	3	2
3020	塑料板、管、型材的制造	2	2	2	2
3030	塑料丝、绳及编织品的制造	2	2	2	2
3040	泡沫塑料制造	2	2	2	2
3050	塑料人造革、合成革制造	2	2	2	2
3060	塑料包装箱及容器制造	2	2	2	2
3070	塑料零件制造	2	2	2	2

续表

工业企业 2003～2007 年 四位行业代码	行业名称	1998 年 行业层 面归并 目录类别	1998 年 产品层 面归并 目录类别	2002 年 行业层 面归并 目录类别	2002 年 产品层 面归并 目录类别
3081	塑料鞋制造	2	2	2	2
3082	日用塑料杂品制造	2	2	2	2
3090	其他塑料制品制造	2	2	2	2
3111	水泥制造	3	2	3	2
3112	石灰和石膏制造	2	2	2	2
3121	水泥制品制造	2	2	2	2
3122	砼结构构件制造	2	2	2	2
3123	石棉水泥制品制造	2	2	2	2
3124	轻质建筑材料制造	2	2	3	2
3129	其他水泥制品制造	2	2	2	2
3131	粘土砖瓦及建筑砌块制造	2	2	2	2
3132	建筑陶瓷制品制造	3	2	3	2
3133	建筑用石加工	2	2	2	2
3134	防水建筑材料制造	2	2	3	2
3135	隔热和隔音材料制造	2	2	2	2
3139	其他建筑材料制造	3	2	3	2
3141	平板玻璃制造	3	2	3	2
3142	技术玻璃制品制造	2	2	2	2
3143	光学玻璃制造	2	2	2	2
3144	玻璃仪器制造	2	2	2	2
3145	日用玻璃制品及玻璃包装容器制造	2	2	2	2
3146	玻璃保温容器制造	2	2	2	2
3147	玻璃纤维及制品制造	3	2	3	2
3148	玻璃纤维增强塑料制品制造	3	2	3	2

续表

工业企业2003~2007年四位行业代码	行业名称	1998年行业层面归并目录类别	1998年产品层面归并目录类别	2002年行业层面归并目录类别	2002年产品层面归并目录类别
3149	其他玻璃制品制造	3	2	3	2
3151	卫生陶瓷制品制造	3	2	3	2
3152	特种陶瓷制品制造	2	2	2	2
3153	日用陶瓷制品制造	2	2	2	2
3159	园林、陈设艺术及其他陶瓷制品制造	2	2	2	2
3161	石棉制品制造	2	2	2	2
3162	云母制品制造	2	2	2	2
3169	耐火陶瓷制品及其他耐火材料制造	3	2	3	2
3191	石墨及碳素制品制造	2	2	2	2
3199	其他非金属矿物制品制造	1	2	3	2
3210	炼铁	3	2	3	2
3220	炼钢	3	2	2	2
3230	钢压延加工	2	2	3	2
3240	铁合金冶炼	2	2	3	2
3311	铜冶炼	2	2	2	2
3312	铅锌冶炼	2	2	2	2
3313	镍钴冶炼	2	2	2	2
3314	锡冶炼	2	2	2	2
3315	锑冶炼	2	2	2	2
3316	铝冶炼	2	2	2	2
3317	镁冶炼	2	2	2	2
3319	其他常用有色金属冶炼	2	2	2	2
3321	金冶炼	1	2	3	2

续表

工业企业 2003～2007 年 四位行业代码	行业名称	1998 年 行业层 面归并 目录类别	1998 年 产品层 面归并 目录类别	2002 年 行业层 面归并 目录类别	2002 年 产品层 面归并 目录类别
3322	银冶炼	1	2	2	2
3329	其他贵金属冶炼	1	2	2	2
3331	钨钼冶炼	2	2	2	2
3332	稀土金属冶炼	1	2	1	2
3339	其他稀有金属冶炼	1	2	1	2
3340	有色金属合金制造	3	2	3	2
3351	常用有色金属压延加工	1	2	2	2
3352	贵金属压延加工	2	2	2	2
3353	稀有稀土金属压延加工	3	2	3	2
3411	金属结构制造	2	2	2	2
3412	金属门窗制造	2	2	2	2
3421	切削工具制造	2	2	2	2
3422	手工具制造	2	2	2	2
3423	农用及园林用金属工具制造	2	2	2	2
3424	刀剪及类似日用金属工具制造	2	2	2	2
3429	其他金属工具制造	2	2	2	2
3431	集装箱制造	1	2	1	2
3432	金属压力容器制造	2	2	2	2
3433	金属包装容器制造	2	2	2	2
3440	金属丝绳及其制品的制造	2	2	2	2
3451	建筑、家具用金属配件制造	2	2	3	2
3452	建筑装饰及水暖管道零件制造	2	2	3	2
3453	安全、消防用金属制品制造	2	2	2	2

续表

工业企业 2003~2007年 四位行业代码	行业名称	1998年 行业层 面归并 目录类别	1998年 产品层 面归并 目录类别	2002年 行业层 面归并 目录类别	2002年 产品层 面归并 目录类别
3459	其他建筑、安全用金属制品制造	2	2	2	2
3460	金属表面处理及热处理加工	2	2	2	2
3471	工业生产配套用搪瓷制品制造	2	2	2	2
3472	搪瓷卫生洁具制造	2	2	2	2
3479	搪瓷日用品及其他搪瓷制品制造	2	2	2	2
3481	金属制厨房调理及卫生器具制造	3	2	2	2
3482	金属制厨用器皿及餐具制造	2	2	3	2
3489	其他日用金属制品制造	2	2	2	2
3491	铸币及贵金属制实验室用品制造	2	2	2	2
3499	其他未列明的金属制品制造	1	2	2	2
3511	锅炉及辅助设备制造	2	2	3	2
3512	内燃机及配件制造	2	2	2	2
3513	汽轮机及辅机制造	2	2	2	2
3514	水轮机及辅机制造	2	2	2	2
3519	其他原动机制造	2	2	2	2
3521	金属切削机床制造	2	2	2	2
3522	金属成形机床制造	2	2	2	2
3523	铸造机械制造	2	2	3	2
3524	金属切割及焊接设备制造	3	2	3	2
3525	机床附件制造	2	2	2	2
3529	其他金属加工机械制造	1	2	2	2

续表

工业企业 2003～2007年 四位行业代码	行业名称	1998年 行业层 面归并 目录类别	1998年 产品层 面归并 目录类别	2002年 行业层 面归并 目录类别	2002年 产品层 面归并 目录类别
3530	起重运输设备制造	2	2	2	2
3541	泵及真空设备制造	2	2	2	2
3542	气体压缩机械制造	3	1	3	2
3543	阀门和旋塞的制造	2	2	2	2
3544	液压和气压动力机械及元件制造	3	2	3	2
3551	轴承制造	3	1	3	1
3552	齿轮、传动和驱动部件制造	2	2	2	2
3560	烘炉、熔炉及电炉制造	3	2	2	2
3571	风机、风扇制造	2	2	2	2
3572	气体、液体分离及纯净设备制造	2	2	2	2
3573	制冷、空调设备制造	2	2	2	2
3574	风动和电动工具制造	2	2	2	2
3575	喷枪及类似器具制造	2	2	2	2
3576	包装专用设备制造	2	2	3	2
3577	衡器制造	2	2	2	2
3579	其他通用设备制造	2	2	3	2
3581	金属密封件制造	2	2	2	2
3582	紧固件、弹簧制造	1	2	2	2
3583	机械零部件加工及设备修理	2	2	2	2
3589	其他通用零部件制造	2	2	2	2
3591	钢铁铸件制造	3	2	3	2
3592	锻件及粉末冶金制品制造	2	2	2	2
3611	采矿、采石设备制造	3	2	3	2

续表

工业企业2003～2007年四位行业代码	行业名称	1998年行业层面归并目录类别	1998年产品层面归并目录类别	2002年行业层面归并目录类别	2002年产品层面归并目录类别
3612	石油钻采专用设备制造	3	2	3	2
3613	建筑工程用机械制造	3	1	3	1
3614	建筑材料生产专用机械制造	2	2	3	2
3615	冶金专用设备制造	1	2	3	2
3621	炼油、化工生产专用设备制造	2	2	2	2
3622	橡胶加工专用设备制造	2	2	2	2
3623	塑料加工专用设备制造	2	2	3	2
3624	木材加工机械制造	2	2	3	2
3625	模具制造	3	2	3	2
3629	其他非金属加工专用设备制造	2	2	2	2
3631	食品、饮料、烟草工业专用设备制造	2	2	3	2
3632	农副食品加工专用设备制造	2	2	3	2
3633	饲料生产专用设备制造	3	2	3	2
3641	制浆和造纸专用设备制造	3	2	3	2
3642	印刷专用设备制造	3	2	3	2
3643	日用化工专用设备制造	2	2	3	2
3644	制药专用设备制造	2	2	3	2
3645	照明器具生产专用设备制造	2	2	2	2
3646	玻璃、陶瓷和搪瓷制品生产专用设备制造	2	2	2	2
3649	其他日用品生产专用设备制造	1	2	3	2
3651	纺织专用设备制造	3	2	3	2

续表

工业企业 2003～2007 年 四位行业代码	行业名称	1998 年 行业层 面归并 目录类别	1998 年 产品层 面归并 目录类别	2002 年 行业层 面归并 目录类别	2002 年 产品层 面归并 目录类别
3652	皮革、毛皮及其制品加工专用设备制造	3	2	3	2
3653	缝纫机械制造	3	2	3	2
3659	其他服装加工专用设备制造	2	2	2	2
3661	电工机械专用设备制造	2	2	2	2
3662	电子工业专用设备制造	2	2	3	2
3663	武器弹药制造	0	2	0	2
3669	航空、航天及其他专用设备制造	2	2	2	2
3671	拖拉机制造	2	2	2	2
3672	机械化农业及园艺机具制造	3	2	3	2
3673	营林及木竹采伐机械制造	2	2	2	2
3674	畜牧机械制造	2	2	2	2
3675	渔业机械制造	2	2	2	2
3676	农林牧渔机械配件制造	2	2	3	2
3679	其他农林牧渔业机械制造及机械修理	3	2	3	2
3681	医疗诊断、监护及治疗设备制造	1	2	1	2
3682	口腔科用设备及器具制造	1	2	1	2
3683	实验室及医用消毒设备和器具的制造	1	2	1	2
3684	医疗、外科及兽医用器械制造	3	2	3	2
3685	机械治疗及病房护理设备制造	2	2	2	2
3686	假肢、人工器官及植（介）入器械制造	2	2	2	2

续表

工业企业 2003~2007年 四位行业代码	行业名称	1998年 行业层 面归并 目录类别	1998年 产品层 面归并 目录类别	2002年 行业层 面归并 目录类别	2002年 产品层 面归并 目录类别
3689	其他医疗设备及器械制造	2	2	2	2
3691	环境污染防治专用设备制造	3	2	3	2
3692	地质勘查专用设备制造	2	2	2	2
3693	邮政专用机械及器材制造	2	2	2	2
3694	商业、饮食、服务业专用设备制造	2	2	2	2
3695	社会公共安全设备及器材制造	2	2	2	2
3696	交通安全及管制专用设备制造	2	2	3	2
3697	水资源专用机械制造	3	2	3	2
3699	其他专用设备制造	3	2	3	2
3711	铁路机车车辆及动车组制造	2	2	3	2
3712	工矿有轨专用车辆制造	2	2	3	2
3713	铁路机车车辆配件制造	3	2	3	2
3714	铁路专用设备及器材、配件制造	3	2	3	2
3719	其他铁路设备制造及设备修理	3	2	3	2
3721	汽车整车制造	1	2	3	2
3722	改装汽车制造	3	1	3	2
3723	电车制造	2	2	2	2
3724	汽车车身、挂车的制造	2	2	2	2
3725	汽车零部件及配件制造	3	1	3	2
3726	汽车修理	2	2	2	2
3731	摩托车整车制造	1	2	3	2

续表

工业企业 2003～2007 年 四位行业代码	行业名称	1998 年 行业层 面归并 目录类别	1998 年 产品层 面归并 目录类别	2002 年 行业层 面归并 目录类别	2002 年 产品层 面归并 目录类别
3732	摩托车零部件及配件制造	3	1	3	2
3741	脚踏自行车及残疾人座车制造	2	2	2	2
3742	助动自行车制造	2	2	2	2
3751	金属船舶制造	2	2	3	2
3752	非金属船舶制造	2	2	3	2
3753	娱乐船和运动船的建造和修理	2	2	2	2
3754	船用配套设备制造	1	2	3	2
3755	船舶修理及拆船	2	2	2	2
3759	航标器材及其他浮动装置的制造	2	2	2	2
3761	飞机制造及修理	3	2	3	2
3762	航天器制造	3	2	3	2
3769	其他飞行器制造	2	2	2	2
3791	潜水及水下救捞装备制造	2	2	2	2
3792	交通管理用金属标志及设施制造	2	2	2	2
3799	其他交通运输设备制造	2	2	2	2
3911	发电机及发电机组制造	1	2	3	2
3912	电动机制造	2	2	2	2
3919	微电机及其他电机制造	2	2	2	2
3921	变压器、整流器和电感器制造	1	2	3	2
3922	电容器及其配套设备制造	2	2	3	2
3923	配电开关控制设备制造	1	2	3	2

续表

工业企业 2003~2007年 四位行业代码	行业名称	1998年 行业层 面归并 目录类别	1998年 产品层 面归并 目录类别	2002年 行业层 面归并 目录类别	2002年 产品层 面归并 目录类别
3924	电力电子元器件制造	2	2	2	2
3929	其他输配电及控制设备制造	1	2	3	2
3931	电线电缆制造	2	2	3	2
3932	光纤、光缆制造	3	2	3	2
3933	绝缘制品制造	3	2	3	2
3939	其他电工器材制造	2	2	2	2
3940	电池制造	3	1	3	2
3951	家用制冷电器具制造	1	2	2	2
3952	家用空气调节器制造	2	2	2	2
3953	家用通风电器具制造	2	2	2	2
3954	家用厨房电器具制造	2	2	2	2
3955	家用清洁卫生电器具制造	1	2	2	2
3956	家用美容、保健电器具制造	2	2	2	2
3957	家用电力器具专用配件制造	2	2	2	2
3959	其他家用电力器具制造	2	2	2	2
3961	燃气、太阳能及类似能源的器具制造	2	2	2	2
3969	其他非电力家用器具制造	2	2	2	2
3971	电光源制造	2	2	2	2
3972	照明灯具制造	2	2	2	2
3979	灯用电器附件及其他照明器具制造	2	2	2	2
3991	车辆专用照明及电气信号设备装置制造	2	2	2	2
3999	其他未列明的电气机械制造	2	2	2	2
4011	通信传输设备制造	3	2	3	2

续表

工业企业 2003～2007 年四位行业代码	行业名称	1998 年行业层面归并目录类别	1998 年产品层面归并目录类别	2002 年行业层面归并目录类别	2002 年产品层面归并目录类别
4012	通信交换设备制造	3	2	3	2
4013	通信终端设备制造	3	2	3	2
4014	移动通信及终端设备制造	3	2	3	2
4019	其他通信设备制造	3	2	3	2
4020	雷达及配套设备制造	2	2	2	2
4031	广播电视节目制作及发射设备制造	2	2	3	2
4039	应用电视设备及其他广播电视设备制造	2	2	2	2
4041	电子计算机整机制造	3	2	3	2
4042	计算机网络设备制造	3	2	3	2
4043	电子计算机外部设备制造	3	2	3	2
4051	电子真空器件制造	2	2	2	2
4052	半导体分立器件制造	3	2	3	2
4053	集成电路制造	3	2	3	2
4059	光电子器件及其他电子器件制造	3	2	3	2
4061	电子元件及组件制造	3	2	3	2
4062	印制电路板制造	2	2	3	2
4071	家用影视设备制造	3	1	3	2
4072	家用音响设备制造	2	2	2	2
4090	其他电子设备制造	2	2	3	2
4111	工业自动控制系统装置制造	2	2	2	2
4112	电工仪器仪表制造	2	2	2	2
4113	绘图、计算及测量仪器制造	3	2	3	2
4114	实验分析仪器制造	2	2	2	2

续表

工业企业 2003~2007年 四位行业代码	行业名称	1998年 行业层 面归并 目录类别	1998年 产品层 面归并 目录类别	2002年 行业层 面归并 目录类别	2002年 产品层 面归并 目录类别
4115	试验机制造	2	2	2	2
4119	供应用仪表及其他通用仪器制造	2	2	2	2
4121	环境监测专用仪器仪表制造	3	2	3	2
4122	汽车及其他用计数仪表制造	2	2	2	2
4123	导航、气象及海洋专用仪器制造	1	2	3	2
4124	农林牧渔专用仪器仪表制造	2	2	2	2
4125	地质勘探和地震专用仪器制造	2	2	2	2
4126	教学专用仪器制造	2	2	2	2
4127	核子及核辐射测量仪器制造	2	2	2	2
4128	电子测量仪器制造	2	2	2	2
4129	其他专用仪器制造	3	2	3	2
4130	钟表与计时仪器制造	2	2	2	2
4141	光学仪器制造	2	2	2	2
4142	眼镜制造	2	2	2	2
4151	电影机械制造	2	2	2	2
4152	幻灯及投影设备制造	2	2	2	2
4153	照相机及器材制造	1	1	3	1
4154	复印和胶印设备制造	3	1	3	2
4155	计算器及货币专用设备制造	2	2	2	2
4159	其他文化、办公用机械制造	2	2	2	2
4190	其他仪器仪表的制造及修理	2	2	3	2
4211	雕塑工艺品制造	0	2	0	2
4212	金属工艺品制造	2	2	2	2

续表

工业企业 2003～2007年 四位行业代码	行业名称	1998年 行业层 面归并 目录类别	1998年 产品层 面归并 目录类别	2002年 行业层 面归并 目录类别	2002年 产品层 面归并 目录类别
4213	漆器工艺品制造	0	2	0	2
4214	花画工艺品制造	2	2	2	2
4215	天然植物纤维编织工艺品制造	2	2	2	2
4216	抽纱刺绣工艺品制造	2	2	2	2
4217	地毯、挂毯制造	0	2	2	2
4218	珠宝首饰及有关物品的制造	2	2	2	2
4219	其他工艺美术品制造	2	2	0	2
4221	制镜及类似品加工	2	2	2	2
4222	鬃毛加工、制刷及清扫工具的制造	2	2	2	2
4229	其他日用杂品制造	2	2	2	2
4230	煤制品制造	3	2	3	2
4240	核辐射加工	2	2	2	2
4290	其他未列明的制造业	2	2	0	2
4310	金属废料和碎屑的加工处理	3	2	3	2
4320	非金属废料和碎屑的加工处理	2	2	3	2
4411	火力发电	3	1	3	1
4412	水力发电	3	2	3	2
4413	核力发电	3	2	3	2
4419	其他能源发电	3	2	3	2
4420	电力供应	2	2	2	2
4430	热力生产和供应	2	2	2	2
4500	燃气生产和供应业	2	2	2	2
4610	自来水的生产和供应	2	2	3	2

续表

工业企业2003～2007年四位行业代码	行业名称	1998年行业层面归并目录类别	1998年产品层面归并目录类别	2002年行业层面归并目录类别	2002年产品层面归并目录类别
4620	污水处理及其再生利用	3	2	3	2
4690	其他水的处理、利用与分配	2	2	3	2

附录五：行业调整代码[①]

调整代码	工业企业 2003~2007 年 四位行业代码	工业企业 1998~2002 年 四位行业代码	调整代码	工业企业 2003~2007 年 四位行业代码	工业企业 1998~2002 年 四位行业代码
1310	1310	1312	1364	1369	1359
1310	1310	1311	1364	1364	1359
1320	1320	1314	1370	1399	1390
1320	1320	1315	1370	1370	1390
1320	1320	1319	1391	1391	1492
1331	1331	1321	1391	1391	1497
1332	1332	1322	1392	1392	1491
1340	1340	1332	1393	1393	1344
1340	1340	1334	1411	1411	1412
1340	1340	1331	1419	1419	1413
1351	1351	1341	1421	1421	1411
1352	1352	1342	1422	1422	1419
1352	1352	1343	1422	1422	1415
1361	1361	1351	1431	1431	1313
1362	1362	1353	1432	1432	1414
1362	1362	1354	1432	1439	1414
1362	1362	1352	1440	1440	1420
1363	1363	1317	1451	1451	1431

[①] 资料来源：Brandt L, Biesebroeck J, Zhang Y. Challenges of Working with the Chinese Nbs Firm – Level Data ［J］. China Economic Review, 2014, 30 (2)：339 – 352.

续表

调整代码	工业企业 2003～2007 年 四位行业代码	工业企业 1998～2002 年 四位行业代码	调整代码	工业企业 2003～2007 年 四位行业代码	工业企业 1998～2002 年 四位行业代码
1451	1451	1432	1523	1523	1514
1452	1452	1433	1524	1524	1515
1453	1453	1434	1529	1529	1516
1453	1453	1435	1531	1531	1521
1459	1459	1439	1532	1532	1522
1461	1461	1442	1533	1533	1523
1462	1462	1451	1534	1539	1529
1462	1462	1452	1534	1539	1590
1469	1469	1445	1534	1534	1529
1469	1469	1454	1535	1535	1524
1469	1469	1444	1540	1540	1550
1469	1469	1453	1610	1610	1610
1469	1469	1441	1620	1620	1620
1469	1469	1443	1690	1690	1690
1469	1469	1449	1711	1711	1729
1469	1469	1459	1711	1711	1721
1491	1491	1493	1711	1711	1722
1492	1492	1498	1712	1712	1723
1492	1492	1495	1721	1721	1741
1493	1493	1360	1722	1722	1742
1494	1494	2677	1722	1722	1749
1499	1499	1499	1722	1722	1743
1510	1510	1511	1723	1723	1744
1521	1521	1512	1730	1730	1769
1522	1522	1513	1730	1730	1761

调整代码	工业企业 2003～2007 年 四位行业代码	工业企业 1998～2002 年 四位行业代码	调整代码	工业企业 2003～2007 年 四位行业代码	工业企业 1998～2002 年 四位行业代码
1730	1730	1762	1830	1830	1820
1741	1741	1771	1910	1910	1919
1742	1742	1773	1910	1910	1912
1742	1742	1779	1910	1910	1911
1742	1742	1772	1921	1921	1921
1743	1743	1774	1922	1922	1923
1751	1751	1724	1923	1923	1924
1752	1752	1745	1923	1923	1925
1753	1753	1763	1924	1924	1929
1754	1754	1775	1924	1929	1929
1755	1755	2851	1931	1931	1931
1755	1755	2852	1932	1932	1932
1755	1755	2853	1939	1939	1939
1755	1755	2854	1941	1941	1951
1756	1756	1725	1942	1942	1952
1756	1756	1726	2011	2011	2011
1757	1759	1890	2012	2012	2012
1757	1757	1790	2021	2021	2021
1757	1759	1790	2022	2022	2022
1761	1761	1781	2023	2023	2023
1762	1762	1782	2029	2029	2029
1763	1763	1783	2031	2663	2673
1769	1769	1789	2031	2032	2031
1810	1810	1810	2031	2039	2031
1820	1820	1830	2031	2032	2033

续表

调整代码	工业企业 2003~2007年 四位行业代码	工业企业 1998~2002年 四位行业代码	调整代码	工业企业 2003~2007年 四位行业代码	工业企业 1998~2002年 四位行业代码
2031	2031	2031	2422	3753	2423
2031	2039	2673	2422	2422	2423
2040	2040	2040	2423	2429	2859
2110	2110	2110	2423	2424	2429
2120	2120	2120	2423	2429	2429
2130	2130	2130	2423	2423	2429
2140	2140	2140	2431	2431	2431
2190	2190	2190	2432	2432	2433
2210	2210	2210	2433	2433	2435
2221	2221	2221	2439	2439	2439
2222	2222	2223	2440	2440	2440
2223	2223	2224	2451	2451	2450
2231	2231	2230	2452	2452	2490
2231	2239	2230	2511	2511	2520
2311	2311	2311	2511	2511	2530
2312	2312	2413	2512	2512	2510
2319	2319	2312	2520	2520	2570
2320	2320	2319	2530	3353	3387
2330	2330	2320	2530	3332	3349
2411	2414	2411	2530	2530	3387
2411	2411	2411	2530	3339	3349
2412	2412	2415	2530	2530	3349
2413	2413	2417	2530	2530	2676
2419	2419	2419	2611	2611	2611
2421	2421	2421	2612	2612	2615

续表

调整代码	工业企业 2003～2007年 四位行业代码	工业企业 1998～2002年 四位行业代码	调整代码	工业企业 2003～2007年 四位行业代码	工业企业 1998～2002年 四位行业代码
2612	2612	2613	2651	2651	2661
2613	2613	2617	2652	2652	2666
2614	2614	2651	2653	2653	2667
2619	2669	2619	2659	2659	2669
2619	2619	2619	2661	2661	2671
2619	2666	2619	2662	2662	2672
2621	2621	2621	2662	2662	2683
2622	2622	2622	2662	2662	2682
2623	2623	2623	2664	2664	2674
2624	2624	2624	2665	2665	2675
2625	2629	2629	2667	2667	2688
2625	2629	2625	2671	2671	2681
2625	2625	2629	2672	2672	2685
2631	2631	2631	2673	2673	2686
2631	2632	2633	2674	2674	2684
2631	2631	2633	2679	2679	2687
2641	2641	2652	2679	2679	2689
2642	2642	2653	2710	2710	2710
2643	2643	2654	2720	2720	2720
2644	2644	2655	2730	2740	2730
2645	2645	2659	2730	2730	2730
2651	2651	2664	2750	2750	2740
2651	2651	2662	2760	2760	2750
2651	2651	2665	2770	2770	3654
2651	2651	2663	2811	2811	2811

续表

调整代码	工业企业 2003～2007 年四位行业代码	工业企业 1998～2002 年四位行业代码	调整代码	工业企业 2003～2007 年四位行业代码	工业企业 1998～2002 年四位行业代码
2812	2812	2812	3082	3082	3070
2812	2812	2819	3090	3090	3090
2821	2821	2821	3111	3111	3110
2822	2822	2822	3112	3112	3132
2823	2823	2823	3121	3121	3121
2824	2824	2824	3122	3122	3123
2829	2829	2829	3123	3123	3124
2911	2911	2910	3124	3124	3134
2912	2912	2920	3129	3129	3129
2913	2913	2981	3131	3131	3131
2920	2920	2930	3132	3132	3151
2930	2930	2940	3132	3151	3151
2940	2940	2950	3133	3133	3133
2950	2950	2970	3134	3134	3135
2960	2960	2960	3135	3135	3136
2990	2990	2990	3139	3139	3139
2990	2990	2989	3141	3141	3141
3010	3010	3010	3142	3142	3142
3020	3020	3020	3143	3143	3143
3030	3030	3030	3144	3144	3145
3040	3050	3040	3145	3145	3147
3040	3040	3040	3146	3146	3148
3060	3060	3050	3147	3147	3181
3070	3070	3080	3148	3148	3182
3081	3081	3060	3149	3149	3189

续表

调整代码	工业企业 2003~2007年 四位行业代码	工业企业 1998~2002年 四位行业代码	调整代码	工业企业 2003~2007年 四位行业代码	工业企业 1998~2002年 四位行业代码
3149	3149	3149	3319	3319	3318
3152	3152	3153	3319	3319	3323
3153	3153	3155	3321	3321	3331
3159	3159	3159	3322	3322	3332
3161	3161	3161	3329	3329	3339
3162	3162	3163	3331	3331	3341
3169	3169	3169	3340	3340	3360
3191	3191	3171	3351	3351	3381
3191	3191	3172	3351	3351	3383
3199	3199	3190	3352	3352	3385
3199	3199	3179	3411	3411	3410
3210	3210	3420	3412	3412	3465
3210	3210	3210	3421	3421	3431
3220	3220	3220	3422	3422	3435
3230	3230	3240	3423	3423	3491
3240	3240	3260	3424	3424	3484
3311	3311	3311	3424	3424	3488
3312	3312	3312	3429	3429	3439
3313	3313	3314	3431	3431	3441
3314	3314	3316	3432	3432	3442
3315	3315	3317	3432	3433	3442
3316	3316	3321	3440	3440	3450
3317	3317	3322	3451	3451	3461
3319	3319	3319	3451	3451	3485
3319	3319	3329	3452	3452	3463

调整代码	工业企业 2003~2007年 四位行业代码	工业企业 1998~2002年 四位行业代码	调整代码	工业企业 2003~2007年 四位行业代码	工业企业 1998~2002年 四位行业代码
3453	3499	3499	3530	3530	3531
3453	3491	3499	3541	3541	3533
3453	3499	3495	3542	3572	3535
3453	3453	3499	3542	3542	3535
3459	3459	3469	3543	3543	3542
3460	3460	3470	3544	3544	3561
3471	3472	3481	3544	3544	3562
3471	3471	3481	3551	3551	3541
3471	3479	3481	3552	3552	3568
3481	3481	3483	3552	3552	3567
3481	3482	3483	3560	3560	4092
3481	3482	3482	3571	3571	3534
3489	3489	3489	3573	3573	3536
3511	3511	3511	3574	3574	3537
3512	3512	3512	3574	3574	3538
3512	3512	3515	3575	3575	3539
3513	3513	3513	3575	3579	3539
3514	3514	3514	3575	3579	3590
3519	3519	3519	3576	3576	3634
3521	3521	3521	3577	3577	4243
3522	3522	3523	3581	3581	3563
3523	3523	3525	3582	3582	3565
3524	3524	4091	3582	3582	3566
3525	3525	3526	3583	3583	3580
3529	3529	3529	3583	3583	3681

调整代码	工业企业 2003～2007年 四位行业代码	工业企业 1998～2002年 四位行业代码	调整代码	工业企业 2003～2007年 四位行业代码	工业企业 1998～2002年 四位行业代码
3583	3583	3689	3644	3644	3628
3589	3589	3569	3645	3645	3636
3591	3591	3571	3646	3646	3637
3592	3592	3564	3649	3649	3679
3592	3592	3572	3649	3699	3679
3611	3611	3611	3651	3652	3635
3612	3612	3621	3651	3651	3635
3613	3613	3671	3651	3659	3635
3614	3614	3629	3653	3653	3674
3614	3629	3629	3661	3661	3615
3615	3615	3613	3662	3662	3617
3621	3621	3622	3663	3663	3900
3621	3621	3623	3669	3669	3619
3622	3622	3624	3671	3671	3641
3623	3623	3625	3672	3672	3642
3624	3673	3643	3674	3674	3644
3624	3673	3626	3675	3675	3645
3624	3624	3626	3676	3676	3647
3625	3625	3434	3679	3679	3683
3631	3631	3631	3679	3679	3649
3632	3632	3632	3681	3681	3652
3633	3633	3633	3681	3683	3652
3641	3641	3638	3681	3682	3652
3642	3642	3627	3681	3685	3652
3643	3643	3639	3684	3684	3651

调整代码	工业企业 2003~2007年 四位行业代码	工业企业 1998~2002年 四位行业代码	调整代码	工业企业 2003~2007年 四位行业代码	工业企业 1998~2002年 四位行业代码
3684	3684	3653	3722	3722	3725
3684	3684	3673	3723	3723	3784
3686	3686	3655	3723	3723	3750
3689	3689	3685	3724	3724	3726
3691	3691	3677	3725	3725	3727
3692	3692	3672	3726	3726	3782
3693	3693	3676	3731	3731	3731
3694	3694	3675	3732	3732	3732
3695	3695	3678	3741	3742	3740
3695	3696	3678	3741	3741	3740
3697	3697	3646	3751	3751	3763
3711	3711	3712	3751	3751	3762
3711	3711	3713	3751	3751	3761
3711	3711	3711	3752	4290	4392
3712	3712	3532	3752	3752	4391
3713	3713	3714	3752	3755	3785
3714	3714	3717	3752	4290	4391
3714	3714	3716	3752	3755	4391
3714	3714	3715	3752	4230	4392
3719	3719	3781	3752	4240	4391
3719	3719	3719	3754	3754	3764
3721	3721	3722	3759	3759	3791
3721	3721	3723	3761	3761	3786
3721	3721	3724	3761	3761	3771
3721	3721	3721	3762	3769	3779

调整代码	工业企业 2003～2007年 四位行业代码	工业企业 1998～2002年 四位行业代码	调整代码	工业企业 2003～2007年 四位行业代码	工业企业 1998～2002年 四位行业代码
3762	3762	3779	3956	3956	4069
3791	3791	3792	3956	3957	4069
3792	3792	3793	3956	3959	4069
3799	3799	3789	3961	3961	3487
3911	3911	4011	3969	3969	3486
3912	3912	4012	3971	3971	4071
3919	3919	4013	3972	3972	4073
3921	3921	4022	3979	3979	4072
3921	3921	4021	3979	3979	4074
3922	3922	4023	3979	3979	4079
3923	3923	4024	3991	3991	4099
3924	3924	4027	3991	3999	4080
3929	3929	4029	3991	3999	4099
3931	3931	4041	4011	4011	4111
3931	3932	4041	4012	4012	4112
3933	3933	4043	4013	4014	4113
3939	3939	4049	4013	4013	4113
3940	3940	4045	4019	4019	4119
3940	3940	4046	4019	4019	4181
3951	3951	4063	4020	4020	4122
3952	3952	4065	4020	4020	4121
3953	3953	4064	4031	4031	4130
3954	3954	4066	4031	4032	4130
3955	3955	4062	4039	4039	4182
3955	3955	4061	4041	4041	4141

调整代码	工业企业 2003~2007 年 四位行业代码	工业企业 1998~2002 年 四位行业代码	调整代码	工业企业 2003~2007 年 四位行业代码	工业企业 1998~2002 年 四位行业代码
4042	4042	4143	4124	4124	4224
4042	4043	4143	4125	4125	4225
4051	4051	4151	4126	4126	4227
4052	4059	4153	4127	4127	4228
4052	4052	4153	4128	4128	4230
4053	4053	4155	4129	4129	4229
4061	4061	4160	4130	4130	4214
4061	4062	4160	4130	4130	4260
4071	4071	4171	4141	4141	4213
4072	4072	4172	4142	4142	4353
4090	4090	4190	4151	4151	4251
4090	4090	4189	4152	4152	4252
4111	4111	4211	4153	4153	4254
4112	4112	4212	4154	4154	4257
4113	4113	4242	4154	4154	4256
4113	4113	4241	4155	4155	4173
4114	4114	4215	4159	4159	4259
4114	4114	4217	4190	4190	4290
4115	4115	4216	4211	4211	4311
4119	4119	4219	4212	4212	4312
4119	4119	4218	4213	4213	4313
4121	4121	4221	4214	4214	4314
4122	4122	4222	4215	4215	4315
4123	4123	4226	4216	4216	4316
4123	4123	4223	4217	4217	4317

续表

调整代码	工业企业 2003～2007 年 四位行业代码	工业企业 1998～2002 年 四位行业代码	调整代码	工业企业 2003～2007 年 四位行业代码	工业企业 1998～2002 年 四位行业代码
4218	4218	4318	4229	4229	4355
4219	4219	4319	4310	4320	6290
4221	4221	4351	4310	4310	6290
4222	4222	4357			

主要参考文献

[1] 包群，叶宁华，王艳灵．外资竞争、产业关联与中国本土企业的市场存活 [J]．经济研究，2015．

[2] 蔡昉，都阳，王美艳，等．户籍制度与劳动力市场保护 [J]．经济研究，2001．

[3] 蔡雯霞，邱悦爽．利率市场化下企业全要素生产率研究：基于信贷资源配置的视角 [J]．江苏社会科学，2018．

[4] 曾静．参与生产国际分工如何提升了企业竞争力？[J]．现代经济探讨，2019．

[5] 柴国俊，冯尧，文珂．内生质量选择与双重加价：垂直兼并能否提高企业竞争力？[J]．世界经济文汇，2012．

[6] 陈波，张小劲．内部激励与外部约束：新一轮城市竞争中的户籍制度改革逻辑 [J]．治理研究，2019．

[7] 陈飞翔．市场结构与引进外商直接投资 [J]．财贸经济，2002．

[8] 陈蔓生，张正堂．企业竞争力的模糊综合评价探析 [J]．数量经济技术经济研究，1999．

[9] 陈胜蓝，马慧．贷款可获得性与公司商业信用：中国利率市场化改革的准自然实验证据 [J]．管理世界，2018．

[10] 陈涛涛．影响中国外商直接投资溢出效应的行业特征 [J]．中国社会科学，2003．

[11] 陈学胜，罗润东．利率市场化改革进程下企业贷款成本与资本配置效率研究［J］．经济管理，2017.

[12] 程恩富．借鉴西方经验建立有计划主导的市场经济体制［J］．财经研究，1992.

[13] 崔总合．市场机制与政府作用的耦合：当前学前教育发展的基本路径［J］．现代教育管理，2018.

[14] 都阳，蔡昉，屈小博，等．延续中国奇迹：从户籍制度改革中收获红利［J］．经济研究，2014.

[15] 杜江，李恒，李政．外商直接投资对国内资本挤入挤出效应研究［J］．四川大学学报（哲学社会科学版），2009.

[16] 范秀成，罗海成．基于顾客感知价值的服务企业竞争力探析［J］．南开管理评论，2003.

[17] 费威．食品安全供给侧的市场与政府机制及其关系［J］．宏观经济研究，2017.

[18] 傅元海，王晓彤．模仿效应、竞争效应影响制造业结构优化研究［J］．审计与经济研究，2018.

[19] 高凌云，易先忠．外资并购对目标企业生存的影响［J］．数量经济技术经济研究，2019.

[20] 高山行，李妹，江旭．能力二元性对企业竞争力的影响研究：组织冗余的调节效应［J］．科学学与科学技术管理，2015.

[21] 葛扬．市场机制作用下国企改革、民企转型与混合所有制经济的发展［J］．经济纵横，2015.

[22] 贡小妹，黄帅，敦帅，等．专利视角下科技型企业竞争力提升路径探究：以华为公司发展的动态过程为例［J］．科技管理研究，2018.

[23] 郭先登．社会主义市场经济体制是一种全新的调节模式［J］．经济科学，1993.

［24］韩超，朱鹏洲，王震．外资产业准入政策对企业全要素生产率的溢出效应：逆全球化思潮下吸引外商投资政策再思考［J］．财经问题研究，2018.

［25］韩颂善．市场机制概论［M］．济南：山东大学出版社，1997.

［26］何东、王红林．利率双轨制与中国货币政策实施［J］．金融研究，2011.

［27］何玉梅，罗巧，朱筱薇．环境规制、生态创新与企业竞争力：基于矿产资源企业数据的分析［J］．商业研究，2018.

［28］何正全，李亚萍．人民币升值影响我国企业竞争力实证研究［J］．工业技术经济，2016.

［29］侯欣裕，孙浦阳，杨光．服务业外资管制、定价策略与下游生产率［J］．世界经济，2018.

［30］侯新烁．户籍门槛是否阻碍了城市化?：基于空间异质效应模型的分析［J］．人口与发展，2018.

［31］胡鞍钢，魏星，高宇宁．中国国有企业竞争力评价(2003—2011)：世界500强的视角［J］．清华大学学报（哲学社会科学版），2013.

［32］胡晨光，厉英珍，吕亚倩．研发强度，出口调节与企业经营绩效：基于企业要素密集度差异的视角［J］．财经科学，2020.

［33］胡大立，卢福财，汪华林．企业竞争力决定维度及形成过程［J］．管理世界，2007.

［34］胡晖，张璐．利率市场化对成长型企业融资约束的影响：基于对中小板企业的研究［J］．经济评论，2015.

［35］黄璐．企业竞争力导向的 CS 经营［J］．经济管理，2002.

［36］霍建国．以开放促改革［N］．人民日报，2014.

［37］纪洋，谭语嫣，黄益平．金融双轨制与利率市场化［J］．

经济研究，2016.

[38] 江飞涛，李晓萍. 改革开放四十年中国产业政策演进与发展：兼论中国产业政策体系的转型 [J]. 管理世界，2018.

[39] 蒋殿春，张宇. 经济转型与外商直接投资技术溢出效应 [J]. 经济研究，2008.

[40] 蒋海，张小林，陈创练. 利率市场化进程中商业银行的资本缓冲行为 [J]. 中国工业经济，2018.

[41] 蒋灵多，陆毅，陈勇兵. 市场机制是否有利于僵尸企业处置：以外资管制放松为例 [J]. 世界经济，2018.

[42] 金碚，龚健健. 经济走势、政策调控及其对企业竞争力的影响：基于中国行业面板数据的实证分析 [J]. 中国工业经济，2014.

[43] 金碚，李钢. 中国企业盈利能力与竞争力 [J]. 中国工业经济，2007.

[44] 金碚. 企业竞争力测评的理论与方法 [J]. 中国工业经济，2003.

[45] 金碚. 中国工业国际竞争力：理论、方法与实证研究 [M]. 北京：经济管理出版社，1997.

[46] 金碚. 中国企业竞争力报告（2003）：竞争力的性质与源泉 [R]. 北京：社会科学文献出版社，2003.

[47] 金中夏，洪浩，李宏瑾. 利率市场化对货币政策有效性和经济结构调整的影响 [J]. 经济研究，2013.

[48] 荆德刚. 企业核心竞争力的经济学分析 [D]. 吉林大学，2005.

[49] 柯继铭. 论市场配置资源的机制 [J]. 西南民族学院学报（哲学社会科学版），1998.

[50] 克劳斯·施瓦布. 第四次工业革命 [M]. 李菁，译. 北

京：中信出版社，2016.

［51］库尔特·勒布，托马斯·盖尔·穆尔．施蒂格勒论文精粹［M］．吴珠华，译．北京：商务印书馆，2010.

［52］赖明勇，包群，彭水军，等．外商直接投资与技术外溢：基于吸收能力的研究［J］．经济研究，2005.

［53］雷辉．我国东、中、西部外商直接投资（FDI）对国内资本的挤入挤出效应：基于 PanelData 模型的分析［J］．中国软科学，2006.

［54］黎齐．货币政策、利率市场化与信贷资源错配：基于非平等市场地位的信贷市场资金供给平衡模型［J］．金融经济学研究，2016.

［55］李崇光，宋长鸣．蔬菜水果产品价格波动与调控政策［J］．农业经济问题，2016.

［56］李刚．劳动力短缺的多维解析与破解路径［J］．经济学家，2014.

［57］李钢．产品关系与产品竞争研究［J］．中国工业经济，2004.

［58］李磊，王小洁，孙浦阳．外资进入、竞争与性别就业差异［J］．财经研究，2016.

［59］李梅，高燕，徐鑫亮．管理者过度自信、投资偏好与企业竞争力［J］．财会通讯，2019.

［60］李梅．政府、市场、社会：精准扶贫的秩序维度［J］．学术界，2018.

［61］李萍，冯梦黎．利率市场化对我国经济增长质量的影响：一个新的解释思路［J］．经济评论，2016.

［62］李显君．企业竞争力形成机理［J］．数量经济技术经济研究，2002.

［63］李晓春，马轶群. 我国户籍制度下的劳动力转移［J］. 管理世界，2004.

［64］厉以宁. 市场调节经济政府管理市场［J］. 经济研究，1992.

［65］梁小民，西方经济学导论［M］. 北京：北京大学出版社，2014.

［66］林毅夫，张鹏飞. 后发优势、技术引进和落后国家的经济增长［J］. 经济学（季刊），2005.

［67］凌晓东. 市场经济中的政府干预［J］. 管理世界，1992.

［68］刘灿雷，康茂楠，邱立成. 外资进入与内资企业利润率：来自中国制造业企业的证据［J］. 世界经济，2018.

［69］刘国光. 关于社会主义市场经济理论的几个问题［J］. 经济研究，1992.

［70］刘欢，席鹏辉. 户籍管制与流动人口家庭化迁移——基于2016 年流动人口监测数据的经验分析［J］. 经济与管理研究，2019.

［71］刘戒骄，王振. 市场化解产能过剩的原理与措施分析［J］. 经济管理，2017.

［72］刘金全，范拓源，刘子玉. 利率市场化进程中的金融摩擦与货币政策有效性研究［J］. 吉林大学社会科学学报，2019.

［73］刘金山，何炜. 我国利率市场化进程测度：观照发达国家［J］. 改革，2014.

［74］刘莉亚，余晶晶，杨金强，等. 竞争之于银行信贷结构调整是双刃剑吗?：中国利率市场化进程的微观证据［J］. 经济研究，2017.

［75］刘伟. 中国经济改革对社会主义政治经济学根本性难题的突破［J］. 中国社会科学，2017.

［76］刘小玄，李双杰. 制造业企业相对效率的度量和比较及其

外生决定因素（2000—2004）［J］. 经济学（季刊），2008.

［77］柳清瑞，王君，苗红军. 企业竞争力的一种模糊多指标评价方法［J］. 中国软科学，2003.

［78］鲁晓东，连玉君. 中国工业企业全要素生产率估计：1999—2007［J］. 经济学，2012.

［79］陆杰华，李月. 居住证制度改革新政：演进、挑战与改革路径［J］. 国家行政学院学报，2015.

［80］陆铭. 为什么要让市场发挥决定性作用：对中国经济发展的纠偏［J］. 上海交通大学学报（哲学社会科学版），2014.

［81］陆益龙. 1949 年后的中国户籍制度：结构与变迁［J］. 北京大学学报（哲学社会科学版），2002.

［82］陆益龙. 户口还起作用吗：户籍制度与社会分层和流动［J］. 中国社会科学，2008.

［83］路江涌. 外商直接投资对内资企业效率的影响和渠道［J］. 经济研究，2008.

［84］罗元青. 企业竞争力的产业组织环境分析［J］. 经济管理，2004.

［85］罗紫初，洪璇. 现代文化市场体系中政府与市场的角色定位探析［J］. 出版科学，2015.

［86］马洪. 建立社会主义市场经济新体制［J］. 经济研究，1992.

［87］马林，章凯栋. 外商直接投资对中国技术溢出的分类检验研究［J］. 世界经济，2008.

［88］迈克尔·波特. 竞争优势［M］. 陈小悦，译. 北京：华夏出版社，1997.

［89］毛其淋，盛斌. 中国制造业企业的进入退出与生产率动态演化［J］. 经济研究，2013.

［90］毛其淋.外资进入自由化如何影响了中国本土企业创新？［J］.金融研究，2019.

［91］毛蕴诗，程艳萍.美国企业竞争力超过日本企业之探究［J］.南开管理评论，2001.

［92］牟秋菊，潘启龙."政府－市场"双导向扶贫开发机制初探：以贵州省为例［J］.农业经济，2015.

［93］聂辰席，顾培亮.论企业核心竞争力的性质［J］.数量经济技术经济研究，2002.

［94］聂辉华，江艇，杨汝岱.中国工业企业数据库的使用现状和潜在问题［J］.世界经济，2012.

［95］潘文卿，李子奈，刘强.中国产业间的技术溢出效应：基于35个工业部门的经验研究［J］.经济研究，2011.

［96］逢锦聚，洪银兴，林岗，等.政治经济学［M］.北京：高等教育出版社，2018.

［97］平新乔，关晓静，邓永旭，等.外国直接投资对中国企业的溢出效应分析：来自中国第一次全国经济普查数据的报告［J］.世界经济，2007.

［98］钱箭星.摆正政府与市场的关系：十八大前后关于我国深化改革观点综述［J］.中共天津市委党校学报，2015.

［99］钱学洪.利率市场化改革中的中小银行经营绩效和利率风险管理研究［D］.东北财经大学，2016.

［100］全春光，邹安全，程晓娟.基于TQCSE的企业竞争力模型及提升对策研究［J］.中国软科学，2007.

［101］桑百川，钊阳.中国利用外资的历史经验与前景展望［J］.经济问题，2019.

［102］桑百川.30年外商投资的贡献、经验与前景［J］.国际贸易，200.

［103］商德文．社会主义经济运行理论在中国的发展与模式的选择：关于三中全会后几种主要思路的回顾［J］．经济科学，1992.

［104］沈坤荣，孙文杰．投资效率、资本形成与宏观经济波动：基于金融发展视角的实证研究［J］．中国社会科学，2004.

［105］盛明泉，汪顺．年金与企业竞争力提升［J］．中央财经大学学报，2017.

［106］释启鹏．制度变迁中的时间与结构：新中国户籍制度的演化［J］．经济社会体制比较，2019.

［107］孙明华．企业竞争力研究的三个视角［J］．生产力研究，2011.

［108］田虹．企业社会责任与企业绩效的相关性：基于中国通信行业的经验数据［J］．经济管理，2009.

［109］万海远，李实．户籍歧视对城乡收入差距的影响［J］．经济研究，2013.

［110］汪瑾．外商投资与中国地区经济发展实证研究［M］．武汉：中国地质大学出版社，2013.

［111］汪晓春．企业竞争力和竞争优势：内涵、成果和趋势［J］．经济管理，2004.

［112］王琛．碳配额约束对企业竞争力的影响［J］．北京理工大学学报（社会科学版），2017.

［113］王镝，张先琪．东北三省能源资源型城市的市场机制建设与经济转型［J］．中国人口·资源与环境，2018.

［114］王东静，张祥建．利率市场化、企业融资与金融机构信贷行为研究［J］．世界经济，2007.

［115］王健，张晓媛．企业竞争力指标体系研究［J］．山东社会科学，2014.

[116] 王立勇，房鸿宇，谢付正．中国农业保险补贴政策绩效评估：来自多期 DID 的经验证据 [J]．中央财经大学学报，2020．

[117] 王玲，涂勤．中国制造业外资生产率溢出的条件性研究 [J]．经济学（季刊），2008．

[118] 王舒军，彭建刚．中国利率市场化进程测度及效果研究：基于银行信贷渠道的实证分析 [J]．金融经济学研究，2014．

[119] 王文举，范合君．我国市场化改革对经济增长贡献的实证分析 [J]．中国工业经济，2007．

[120] 王玉玲，程瑜．过度与滞后：市场机制作用"超阈"和"堕距"的经济学释析 [J]．经济问题，2016．

[121] 王志鹏，李子奈．外商直接投资对国内投资挤入挤出效应的重新检验 [J]．统计研究，2004．

[122] 卫兴华，洪银兴，魏杰．计划机制和市场机制 [J]．经济纵横，1987．

[123] 卫兴华，黄泰岩．计划经济与市场调节相结合的制约因素和实现途径 [J]．中国社会科学，1992．

[124] 魏万青．户籍制度改革对流动人口收入的影响研究 [J]．社会学研究，2012．

[125] 温忠麟，张雷，侯杰泰，等．中介效应检验程序及其应用 [J]．心理学报，2004．

[126] 吴东武，蒋海．破解农户融资难：政府手段还是市场机制？：基于江门市农户的调查数据 [J]．金融与经济，2018．

[127] 吴菁．新零售企业竞争力因子的构成、影响程度与评价机制 [J]．商业经济研究，2019．

[128] 吴旋，罗建文．新中国成立 70 年来户籍制度变革的历史逻辑与未来展望 [J]．宁夏社会科学，2019．

[129] 吴垠．中国特色新型城镇化：以刘易斯拐点期为背景的

理论、模式与政策研究 [J]．经济科学，2015．

[130] 武永红，范秀成．基于顾客价值的企业竞争力理论的整合 [J]．经济科学，2005．

[131] 武永红，范秀成．基于顾客价值的企业竞争力整合模型探析 [J]．中国软科学，2004．

[132] 冼国明，孙江永．外商直接投资的挤入、挤出效应：基于外资不同来源地和中国地区差异的视角 [J]．世界经济研究，2009．

[133] 萧成．市场机制作用与理论的演变：西方市场机制的作用和理论发展的历史研究 [M]．上海：上海社会科学院出版社，1996．

[134] 肖周燕．政府调控、市场机制与城市发展 [J]．中国人口·资源与环境，2016．

[135] 谢地，宋冬林．政治经济学 [M]．北京：高等教育出版社，2013．

[136] 辛力，邓珊珊．外商直接投资对民营投资的挤入与挤出效应 [J]．现代财经：天津财经大学学报，2007：27．

[137] 徐世义．《资本论》与配置资源的三大机制 [J]．新疆社会经济，1994．

[138] 徐亚琴，陈娇娇．利率市场化能抑制企业投融资期限错配么？[J]．审计与经济研究，2020．

[139] 许士春．环境管制与企业竞争力：基于"波特假说"的质疑 [J]．国际贸易问题，2007．

[140] 杨春学．和谐社会的政治经济学基础 [J]．经济研究，2009．

[141] 杨丹辉．跨国公司进入对中国市场结构变动的影响 [J]．经济理论与经济管理，2004．

[142] 杨杰生，赵炜. 市场、人口流动与中国户籍制度的变迁 [J]. 国外理论动态，2018.

[143] 杨柳勇，沈国良. 外商直接投资对国内投资的挤入挤出效应分析 [J]. 统计研究，2002.

[144] 杨瑞龙. 社会主义市场经济理论 [M]. 北京：中国人民大学出版社，2008.

[145] 杨帅. 美国制造业回流政策分解与效果分析：基于企业要素投入成本和竞争力视角 [J]. 西部论坛，2015.

[146] 杨晓军. 中国户籍制度改革对大城市人口迁入的影响：基于 2000～2014 年城市面板数据的实证分析 [J]. 人口研究，2017.

[147] 杨筝，刘放，李茫茫. 利率市场化、非效率投资与资本配置：基于中国人民银行取消贷款利率上下限的自然实验 [J]. 金融研究，2017.

[148] 姚洋. 非国有经济成分对我国工业企业技术效率的影响 [J]. 经济研究，1998.

[149] 叶生洪，王开玉，孙一平. 跨国并购对东道国企业竞争力的影响研究：基于中国制造业企业数据的实证分析 [J]. 国际贸易问题，2016.

[150] 易纲. 中国改革开放三十年的利率市场化进程 [J]. 金融研究，2009.

[151] 袁志刚. 新发展阶段中国经济新的增长动力：基于宏观经济的长期增长和短期波动分析框架 [J/OL]. 人民论坛·学术前沿，2021.

[152] 张红凤. 制约、双赢到不确定性：环境规制与企业竞争力相关性研究的演进与借鉴 [J]. 财经研究，2008.

[153] 张建华，欧阳轶雯. 外商直接投资、技术外溢与经济增长：对广东数据的实证分析 [J]. 经济学（季刊），2003.

[154] 张涑贤，蔺丹丹．建筑节能服务中市场机制与政府规制的互动机制研究 [J]．改革与战略，2017．

[155] 张威．以开放促改革促创新促合作（人民要论）[N]．人民日报，2019．

[156] 张伟华，毛新述，刘凯璇．利率市场化改革降低了上市公司债务融资成本吗？[J]．金融研究，2018．

[157] 张玮．居住证制度在国内的扩散路径与机制分析 [J]．信阳师范学院学报（哲学社会科学版），2018．

[158] 张晓文，于武，胡运权．企业竞争力的定量评价方法 [J]．管理评论，2003．

[159] 张银杰．市场经济理论与市场经济体制改革新论－社会主义市场经济理论疑难问题探索 [M]．上海：上海财经大学出版社，2006．

[160] 张月友，王辉，徐从才．发挥市场机制决定作用化解产能过剩：以江苏为例 [J]．经济与管理研究，2015．

[161] 章莉，李实，William A. Darity Jr.，等．中国劳动力市场上工资收入的户籍歧视 [J]．管理世界，2014．

[162] 赵春妮，寇小萱．企业文化对企业竞争力影响的实证分析 [J]．统计与决策，2018．

[163] 赵冬梅，周荣征．企业竞争力评价指标体系的设计方法研究 [J]．工业技术经济，2007．

[164] 赵军洁，范毅．改革开放以来户籍制度改革的历史考察和现实观照 [J]．经济学家，2019．

[165] 赵卿，曾海舰．产业政策管控能够提升产能利用率吗？：基于双重差分模型的实证检验 [J]．中国经济问题，2018．

[166] 钟昌标，黄远浙，刘伟．外资进入速度、企业异质性和企业生产率 [J]．世界经济，2015．

［167］钟昌标. 外商直接投资地区间溢出效应研究［J］. 经济研究，2010.

［168］钟世和. 中国利率市场化评估：基于利率价格和数量管制的视角［J］. 人文杂志，2020.

［169］周绍朋. 企业管理与核心竞争力［J］. 经济管理，2003.

［170］周叔莲，郭克莎. 资源配置与市场经济（上）［J］. 管理世界，1993.

［171］邹一南. 户籍改革的路径误区与政策选择［J］. 经济学家，2018.

［172］祖强，王凌，黄希惠. 江苏省外商投资企业实证研究［M］. 北京：中国经济出版社. 2000.

［173］Abiad A G, Oomes N, Ueda K. The Quality Effect：Does Financial Liberalization Improve the Allocation of Capital？［J］. SSRN Electronic Journal，2004.

［174］Agosin M R, Machado R. Foreign Investment in Developing Countries：Does it Crowd in Domestic Investment？［J］. Oxford Development Studies，2005.

［175］Aitken B J, Harrison A E. Do Domestic Firms Benefit from DirectF oreign Investment？ Evidence from Venezuela［J］. The American Economic Review，1999.

［176］Alfaro L, Chanda A, Kalemli – Ozcan S, et al. FDI and economic growth：the Role of local markets［J］. Journal of International Economics，2004.

［177］Argote L, Ingram P. Knowledge Transfer：a Basis for Competitive Advantage in Firms［J］. Organizational Behavior & Human Decision Processes，2000.

［178］Arnold J M, Javorcik B S. Gifted Kidsor Pushy Parents？Foreign Direct Investment and Plant Productivity in Indonesia [J]. Journal of International Economics, 2009.

[179] Barney J B. Firm Resources and Sustained Competitive [J]. Journal of Management, 1991.

[180] Barney J B. Wright P M. On Becoming a Strategic Partner: The Role of Human Resources in Gaining Competitive Advantage [J]. Human Resource Management, 1998.

[181] Bergin P R, Corsetti G. International Competitiveness and Monetary Policy: Strategic Policy and Coordination with a Production Relocation Externality [M]. Social Science Electronic Publishing, 2005.

[182] Blomström M, Sioholm F. Technology Transfer and Spillovers? Does Local Participation with Multinationals Matter? [J]. European Economic Review, 1998.

[183] Blomström M, Wolff E N. Multinational Corporations and Productivity Convergence in Mexico [M]. Social Science Electronic Publishing, 1989.

[184] Bosworth B, Collins S. Capital Flows to Development Economics: Implicantion for Saving and Investment [J]. Brooking Papers on Economic Activity, 1998.

[185] Brandt L, Biesebroeck J V, Zhang Y. Creative accounting or creative destruction? Firm-level productivity growth in Chinese manufacturing [J]. National Bureau of Economic Research, 2009.

[186] Brandt L, Biesebroeck, J V, Zhang Y. Challenges of Working with The Chinese Nbs Firm – Level Data [J]. China Economic Review, 2014.

[187] Cai, HongbinandLiu, Qiao. Competition and Corporate Tax Avoidance: Evidence from Chinese Industrial Firms [J]. Economic Jour-

nal，2009.

　　[188] Chandler A D. Organizational Capabilities and The Economic History of The Industrial Enterprise [J]. Journal of Economic Perspectives，1992.

　　[189] Chenery H B，Strout A M. Foreign assistance and economic development [J]. The American Economic Review，1966.

　　[190] Collins D J. Cynthia M A. Competing on resources：Strategy in the 1990's [J]. Harvard Business Review，1995.

　　[191] Collis D J，Montgomery C A. Competing on Resources：Strategy in the 1990s [J]. Knowledge & Strategy，1999.

　　[192] Cull R，Xu L C. Who Gets Credit? The Behavior of Bureaucrats and State Banks in Allocating Credit to Chinese State-owned Enterprises [J]. Journal of Development Economics，2003.

　　[193] Das S. Externalities and Technology Transfer through Multinational Corporations：A Theoretical Analysis [J]. Journal of International Economics，1987.

　　[194] De Backer K，Sleuwaegen L. Does foreign direct investment crowd out domestic entrepreneurship? [J]. Vlerick Leuven Gent Management School Working Paper Series，2003.

　　[195] Denison E F，Institution B. Accounting for United States economic growth，1929 – 1969 [M]. Accounting for United States economic growth，1929 – 1969：Brookings Institution，1974.

　　[196] Dimelis S，Louri H. Foreign ownership and production efficiency：a quantile regression analysis [J]. Oxford Economic Papers，2002.

　　[197] Eisenhardt K M，Martin J A. Dynamic Capabilities：What are They? [J]. Strategic Management Journal，2000.

［198］Findlay R. Relative Backwardness Direct Foreign Investment, and the Transfer of Technology: A Simple Dynamic Model ［J］. Quarterly Journal of Economics, 1978.

［199］Foster L, Haltiwanger J, Krizan C J. Aggregate Productivity Growth: Lessons from Microeconomic Evidence ［M］. Social Science Electronic Publishing, 1998.

［200］Gelos R, Gaston, et al. Financial liberalization, credit constraints, and collateral: investment in the Mexican ［J］. Journal of Development Economics, 2002.

［201］Girma S, Pisu G M. Exporting, linkages and productivity spillovers from foreign direct investment ［J］. The Canadian Journal of Economics, 2008.

［202］Globerman S. Foreign Direct Investment and Spillover Efficiency Benefits in Canadian Manufacturing Industries ［J］. Canadian Journal of Economics, 1979.

［203］Görg H, Strobl E. Multinational companies, technology spillovers and plant survival ［J］. Discussion Papers of DIW Berlin, 2003.

［204］Grant R M. The Resource – Based Theory of Competitive Advantage: Implications for Strategy Formulation ［J］. California Management Review, 1991.

［205］Grant R M. Prospering in Dynamically – Competitive Environments: Organizational Capability as Knowledge Integration ［J］. Organization Science, 1996.

［206］Harris J R, Fabio S, Siregar M G. The Effect of Financial Liberalization on the Capital Structure and Investment Decisions of Indonesian Manufacturing Establishments ［J］. The World Bank Economic Review, 1994.

［207］ Haskel J E, Pereira S C, Slaughter M J. Does Inward Foreign Direct Investment Boost the Productivity of Domestic Firms? ［J］. Review of Economics & Statistics, 2007.

［208］ He D, Wang H. Dual-track Interest Rates and the Conduct of Monetary Policy in China ［J］. China Economic Review, 2012.

［209］ Helpman E, Melitz M, Yeaple SR. Export Versus FDI with Heterogeneous Firms ［J］. The American Economic Review, 2004.

［210］ Holmes J, Schmitz A. Competition at work: railroads vs monopoly in the US shipping industry ［J］. Federal Reserve Bank of Minneapolis Quarterly Review, 2001.

［211］ Hsieh C T, Klenow P J, Misallocation and Manufacturing TFP in China and India ［J］. The Quarterly Journal of Economics, 2009.

［212］ Jaffe A B. The importance of "spillovers" in the policy mission of the advanced technology program ［J］. Journal of Technology Transfer, 1998.

［213］ Misun J, Tomsik V. Does Foreign Direct Investment Crowd in or Crowd Out Domestic Investment? ［J］. Eastern European Economics, 2002.

［214］ Shen J. Understanding Dual-track Urbanisation in post – Reform China: Conceptual Framework and Empirical Analysis ［J］. Population, Space and Place, 2006.

［215］ Keller W. International Technology Diffusion ［J］. Journal of Economic Literature, 2004.

［216］ Kinoshita Y. Technology Spillovers through Foreign Direct Investment ［J］. Ssrn Electronic Journal, 1999.

［217］ Kinoshita, Yuko. R&D and Technology Spillovers via FDI: Innovation and Absorptive Capacity ［J］. CEPR Working Paper, University of Michigan, 2001.

[218] Kokko A. Productivity Spillovers from Competition between Local Firms and Foreign Affiliates [J]. Journal of International Development, 1996.

[219] Kosová R. Do foreign firms crowd out domestic firms? Evidence from the Czech Republic 2010 [J]. Rev Econ Stat, 2010.

[220] Krishna G L, Alicia N R, Tang K K. Measuring Spillovers from Alternative form of Foreign Investment [J]. CEPA Working Papers Series, 2004.

[221] Laeven L A. Does Financial Liberalization Reduce Financing Constraints? [J]. Financial Management, 2002.

[222] Lewis W A. Economic Development with Unlimited Supplies of Labour [J]. Manchester School, 1954.

[223] Lu Y, Tao Z, Zhu L. Identifying FDI Spillovers Journal of International Economics [J]. Journal of International Economics, 2017.

[224] Blomström M, Kokko A, Zejan M. Productivity Spillovers from Competition between Local Firms and Foreign Affiliates [M]. Palgrave Macmillan UK, 2000.

[225] Blomström M, Kokko A. The Impact of Foreign Investment on Host Countries: A Review of the Empirical Evidence [J]. Policy Research Working Paper, 1996.

[226] Blomström M, Persson H. Foreign Investment and Spillover Efficiency in an Underdeveloped Economy: Evidence from the Mexican Manu facturing Industry [J]. World Development, 1983.

[227] Haddad M, Harrsion A. Are There Positive Spillovers from Foreign Direct Investment? Evidence from Panel Data for Morocco [J]. Journal of Developing Economics, 1993.

［228］ Mckinnon R L. Money and Capital in Economic Development ［M］. Brooking Institution, Washington, DC, 1973.

［229］ Rovigatti G, Mollisi V. Theory and practice of total-factor productivity estimation: The control function approach using Stata ［J］. Stata Journal, 2018.

［230］ Oliver C. Sustainable Competitive Advantage: Combining Institutional and Resource – Based Views ［J］. Strategic Management Journal, 1997.

［231］ Peteraf M A. The Cornerstones of Competitive Advantage: a Resource – Based View ［J］. Strategic Management Journal, 1993.

［232］ Porter M E. America's Green Strategy ［J］. Scientific American, 1991.

［233］ Porter M E. Competitive Strategy: Techniques for Analyzing Industries and Competitors ［J］. Social Ence Electronic Publishing, 1980.

［234］ Porter M E, Kramer M R. Strategy & Society: The Link Between Competitive Advantage and Corporate Social Responsibility ［J］. Harvard Business Review, 2006.

［235］ Powell T. Total Quality Management As Competitive Advantage: a Review and Empirical Study ［J］. Strategic Management Journal, 1995.

［236］ Prahalad C K, Hamel G. The Core Competence of The Corporation ［J］. Knowledge and Strategy, 1990.

［237］ Caves R E. Multinational Firms, Competition and Productivity in Host – Country Markets ［J］. Economica, 1974.

［238］ Rajan R G, Zingales L. Financial Dependence and Growth ［J］. Social Science Electronic Publishing, 1999.

［239］ Grant R M. The Resource – Based Theory of Competitive Advantage: Implication for Strategy Formulation [J]. California Management Review, 1991.

[240] Sembenelli A, Siotis G. Foreign direct investment, competitive pressure and spillovers, an empirical analysis of spanish firm level data [J]. CEPR Discussion Papers, 2005.

[241] Shaw E, Financial deepening in economic development [M]. Oxford University Press, 1973.

[242] Sinani E, Meyer K E. Spillovers of technology transfer from FDI: the case of Estonia [J]. Journal of Comparative Economics, 2004.

[243] Stalk G, Evans P B, Shulman L E. Competing on Capabilities: The New Rules of Corporate Strategy [J]. Harvard Business Review, 1992.

[244] Teece D J, Pisano G, Shuen A. Dynamic Capabilities and Strategic Management [J]. Strategic Management Journal, 2009.

[245] Wang Y. Exposure to FDI and New Plant Survival? Evidence in Canada [J]. Canadian Journal of Economics, 2013.

[246] Wernerfelt B. A Resource – Based View of The Firm [J]. Strategic Management Journal, 1984.

[247] Woodruff R B. Customer Value: The Next Source for Competitive Advantage [J]. Journal of The Academy of Marketing Ence, 1997.

[248] Yu M J. Processing Trade, Tariff Reductions and Firm Productivity: Evidence from Chinese Firms [J]. The Economic Journal, 2014.